# BIESIK
## Jumiekan

# BIESIK
# Jumiekan

## Introduction to Jamaican Language

Larry Chang

AN IMPRINT OF
GNOSOPHIA PUBLISHERS
WASHINGTON

Published by:
Gnosophia Publishers
Washington DC, USA
http://www.gnosophia.com
admin@gnosophia.com

ISBN  978-0-9773391-8-1
LCCN  2014938154


Portions of this book first appeared in different form at
www.jumieka.com

Book design by Larry Chang

First edition

First printing 2014

Printed in USA

di patwa we mi chat
koh frah
di bowil a di oert
mix wid blod ah ashiz
jakaas buon ah kiangkro feda
swiit no kosti yu fene
no tan laka demde
waah kongk ina deh ed
deh fi tek kingk outa deh brien
bifuo ierstail
laan fi riidi, raiti
koti swiit, kosi rait
a di guzu fi opin duo
riliis yu main ah pirit
ah gi yu bak yuself

Grammars comprise a culture of experience, a craft of use. And as such, they exist more in the minds of practitioners and in their shared culture than in textbooks. They may start as rules, but they end as a way of conceptualizing technologies, a way of thinking.
— W. Brian Arthur
*The Nature of Technology*

# CONTENTS

# ILLUSTRATIONS

TCG TCGATATCG
ATCGATATCGATCG
ATATCGATCGATATC
GATCGATATCGATC
GAPAPIGATCGATAT
CGATCGATATCGAT
CGATATCGATCGATA
TCGATCGATATCGA
TCGATATCGATCGA
ATCSHUOGATCGAT
ATCGATCGATCGAT

PUOSJINETIK KUOD SIIRIZ: PAPISHUO, 2013

EVOLUTION PROGRESSES THROUGH THE PROCESS OF SELECTION.
LANGUAGE IS A POSTGENETIC CODE PROVIDING FURTHER DIFFERENTIA-
TION AND COMPLEXIFICATION IN RESPONSE TO ENVIRONMENTAL STIMULI.
NEW CODES ARE ESTABLISHED AND SUCCESSFUL ONES SURVIVE AND ARE
PASSED ON. PATWA IS A POSTGENETIC CODE THAT IDENTIFIES JAMAICANS
AS RELIABLY AS ANY DNA.

# PREFACE

This book had to be written. As a child I was punished for speaking Patois. Sixty years later, Jamaicans are still ambivalent about their language. Like money, language is a currency we use to relate to each other. Like the genetic code, language and money are codes which determine and underpin our lives. We use them daily without much thought.

For myself and countless others who suffer, or have suffered, for how we give expression to what is in our hearts, this an attempt to sequence the postgenetic code of one particular line of the Jamaican language. Understanding the code is the first step in using information embedded in it more effectively and efficiently.

Children learning to speak imbibe the grammatical rules subconsciously. Linguists try to uncover these rules and systematize them. My task has been to set down in plain language for the non-linguist the structure and nuances of Patois as far as I understand them. My apologies are proffered in advance for any egregious errors due to the limitations of my linguistic knowledge.

Social networking has led to a proliferation of written Jamaican in ad hoc fashion. My hope is that this work may bring some order to the *chaka-chaka*. While the linguists determine among themselves *omoch dopi kiah fit ina shetpan*, we can better understand what we speak and how to write it consistently and coherently.

Unless otherwise noted, all translations and transcriptions are my own.

Piipl widoutn nalij a deh
paas ischri, *h*arijin ah kolcha
komiin laka chrii widoutn ruut.
– Marcus Garvey

# I ARIJIN
## ORIGINS

THE LANGUAGES THAT MUST HAVE BEEN IN AT LEAST PARTIAL CONTACT DURING THE LATTER SEVENTEENTH AND EARLY EIGHTEENTH CENTURIES WHEN JAMAICAN CREOLE WAS TAKING SHAPE WERE VERY NUMEROUS — ALWAYS SOME TYPE OF ENGLISH (OFTEN PROVINCIAL) AND SEVERAL WEST AFRICAN DIALECTS.
— FREDERIC CASSIDY
*MULTIPLE ETYMOLOGIES IN JAMAICAN CREOLE*

KINSTON MAAKIT

Di *h*abrij Jumiekan, di taak wa deh taak deh kaali Patwa, deh kaali Kryuol, ar aal bad Ingglish, askaadn tu ou deh fiil weda ef di smadi a-chat deh proud ar deh kaanful.

Jumiekan deh kyaah grii mongx dehself bout di langwij we di wuola dem taak di muos, liklmuos aal di taim. Alduo *h*Ingglish a di *h*ofishal langwij a di konchri, ah deh aal ab wa deh kaal Jumiekan Ingglish, a muosli bakra ah tapanaaris yu ie widi ina ayop ah *h*ofishal soerkl, anles smadi waah pap stail wid spiiki-spuoki.

Yu fain difrah-difrah taakin, frah Jumiekan Ingglish tu braad Patwa wid bout chrii gried a difrans frah wan tu di neda, noftaim ina di wan smadi siemwan kanvisieshan. Deh kaal dis *suich-kuod*, wen di smadi uu a-chat chienjop ou deh taak dipen pah we

The speech of the average Jamaican is variously described as Patois or Creole, or even as broken English, depending on the degree of pride or disdain of the speaker.

Jamaicans' attitudes themselves are very divided over the language they all speak most, if not all, of the time. Although English is the official language of the country, and a variant known as Jamaican English is acknowledged, it is mostly heard in formal situations, unless one wants to impress with "speaky-spoky."

Common usage ranges from Jamaican English to deep Patois with about three degrees of separation, often within a single speaker's conversation. This is known as *code switching* which is determined by social context in a subconscious process. For conve-

deh de, wa dem a-se, bot widoutn iibm afi a-tingk bouti. Fi kanviinians, mek wi kaal di chrii gried ar *rijista* a Patwa J1, J2 ah J3.

nience, let us refer to three modes or *registers* of Patois as J1, J2 and J3.

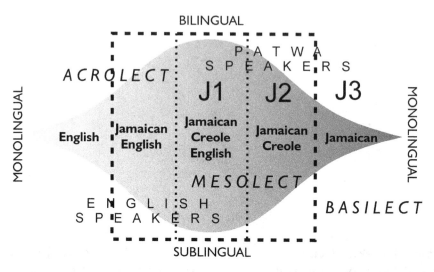

Jamaican Language Landscape: 46.4% bilingual, 17.1% monolingual English and 36.5% monolingual Patwa (Source: The Jamaican Language Unit study, 2006)

Di shiedi ieria a di dayagram shuo ou di gried-dem predout. Yu fain se di mijariti puoshan jrap ina di miglin gried ar *miizolek*, wa rienj frah Jumiekan Ingglish tu Jumiekan Kryuol, wid lesa ah lesa nomba a piipl ina di Tandad Ingglish ar Jumiekan (J3) piikin frah di tuu hen a di *kantinyuom*.

The shaded area of the diagram represents the general distribution of speech modes in Jamaica, the greater majority speaking a *mesolect* ranging from Jamaican English to Jamaican Creole, with decreasing numbers speaking standard English or Jamaican (J3) at either end of the *continuum*.

Wa muos piipl kaal Jumiekan Kryuol ar Patwa ingkluud di chrii rijista bot deh no mekout no difrans nontaal frah wan tu teda, wa vierians deh pikop deh se a riijinal difrans askaadn tu di dischrik.

Most references to Jamaican Creole or Patois include all registers and do not make any distinction between them, attributing what variations noted to merely regional differences.

Dis buk schrikli fuokos pah J3, wa lingguis kaal di *bazilek*.

The focus of this book is on J3, known to linguists as the *basilect*.

MISHANERI KOM A VILIJ, James M. Phillippo, 1843

## Arijin a Jumieka taak
Origins of Jamaican speech

Wa lingguis aidentifai az "pyuor" Jumiekan, deh fain se ichat muosli a konchri, wid riijinal difrans, komiin laka wah mixcho a sebmtiin sentri chried langwij ar pijin, espeshal wan we niem Gini Kuos Kryuol Ingglish, ah British riijinal dayalek wid Wes Afrikan, muosli Akan, kanschrokshan ah vokiabileri, wid som Panish ah Puotigiis fling ina di mixop tu.

Frah taim di Maruundem kanekop di Taino, Panish ah Ingglish influens wid nof Akan rimembrans, ah deh paas dem dong to wi. Aal tide deh iibm kipop "diip langwij," wah faam a Oultaim Jumiekan, azwel Kromanti wa deh onggl yuuz ina deh parangglz.

Di *h*axent ah sing-sang koh frah Skatish ah *h*Arish, pred pah tap a soertn dairek Wes Afrikan ridim. Ef wi kansida di ischri a Jumieka, dis ano nuo sopraiz

Linguists have identified "pure" Jamaican, now spoken mostly in rural areas, with regional differences, as an amalgam of seventeenth century trade languages or pidgins, specifically Guinea Coast Creole English, and British regional dialects with West African, mostly Akan, constructions and vocabulary, with some Spanish and Portuguese thrown in for good measure.

The Maroons provided continuity, linking Taino, Spanish and English influences with Akan retentions. They even have preserved "deep language," a form of Archaic Jamaican, and Kromanti, used in their rituals.

The accents and cadences have been derived from Scottish and Irish, overlaying a distinctively West African rhythm. Considering the history of

sens di bolk a di papilieshan dem a disendant frah slieb kyaa kom frah Wes Afrika, fos bai di Panish, den di lieta wandem laan Ingglish frah deh British uona, busha, advenchara, ah mishaneridem.

Jamaica, this should not be surprising as the bulk of the population are descendants of slaves brought from West Africa, first by the Spanish, then taught English by their British owners, overseers, adventurers, and missionaries.

## Korant stietos
Current status

Potenshal, faib milian piipl, di papilieshan a Jumieka ef yu *h*inkluud di dayaspora, taak Jumiekan ina wan faam ar di neda. Laka *h*eni *h*ada libm langwij, ichienj ah galang-galang chienj uoba taim. Mosa *h*onggl *f*yuu tagoram baka bush a konchri, ar ina Brixtan ar Bruklin kotaaf frah waa gwaan, kiah kot di braad Patwa, ar wa wi kuda kaal Klasikal Jumiekan, wa wi a-kaal J3 nou. Di mijariti ebridie taakin wi jrap somwe ina di migl a di spekchrom.

Potentially, five million people, the population of Jamaica including the diaspora, speak Jamaican in one form or the other. Like any other living language, it changes and continues to change over time. It must be only a few old-timers in the bush of the countryside, or isolated in Brixton or Brooklyn from current usage, who can still speak deep Patois, or what may come to be known as Classical Jamaican, what we refer to as J3. The majority everyday speech will fall somewhere in the middle of the spectrum.

Deh *h*aazwie a mekop nyuu wod laka *haatikal* ah *tapanaaris*, ar chuu ou *h*intanashinal chrabl ah *h*ilekchranik komiunikieshan *h*iizi, baara dem frah elswe, laka *bling-bling* frah ip-ap. Di langwij boun fi chienj bot inaa ded far itekiin eni nyuu wod ah Jumiekanaiz dem. Solangx Jumiekan deh piich patan no chienj, deh wi kantiniu tek di siem Ingglish ah toni ina deh uona langwij.

New words are always being created, like *haatikal* and *tapanaaris*, or through the ease of international travel and electronic communication, borrowed from elsewhere, like *bling-bling* from hip-hop. The language will change but it will never die for it absorbs new words and Jamaicanizes them. As long as Jamaicans' speech patterns do not change, they will continue to take English and turn it into their own language.

No kia umuch deh wah opuoz ar sopresi, a *h*it Jumieka piipl wi *h*aazwie taak. Idon du aredi. A deh langwij muo dah *h*eniting els we maak dem az deh uona piipl, a wah *h*intigral paat a nashinal aidentiti. Som aal a-kaali nieshan langwij.

No matter how much it is opposed or suppressed, this is what Jamaicans will always speak. It is so already. It is their language more than anything else that sets them apart as a people, an integral part of national identity. Some regard it as nation language

TAINO FISHNIN

## Aborijinal krebe
## Aboriginal legacy

Di fos inabitant a di *h*ailant wi nuo bout wena di Tainodem uu eh taak Arawak langwij. Deh get waipout likl afta di Paniad dem bokop pah di *h*ailant wen deh ena saach-saach fi Cathay, di lan a guol a di *h*lis. So di Tainodem node bout lang anof fi *h*influens di divelopment a Jumiekan. Di fyuu wod we deh dedlef gi wi *h*inkluud *orikien, savana, kasaava, amok, kalalu* ah *guaava.* Di niem Jumieka iself ah di pliesdem niem Liganii ah Guanaboa koh frah Arawak.

The first inhabitants of the island we know about were the Tainos who spoke the Arawak language. They were exterminated shortly after the Spaniards arrived on the island in their search for Cathay, the land of gold in the East. So the Tainos were not around long enough to influence the development of Jamaican. The few words they have left us include *orikien, savana, kasaava, amok, kalalu* and *guaava.* The name Jamaica itself and the place-names Liguanea and Guanaboa are from Arawak.

KOLOMBOS KLIEM POZESHAN FI SPIEN, 1494

## Aibiirian toch
Iberian touch

Di Panish dem neh lef moch muo dah fyuu wod laka *pasiero* frah *pasajero*, ah *eskobiich* frah *escabechar*. Plies-niem laka Sivil, Uocho Rayas, Raya Kuoba, Raya Byuuno ah Puoto Siiko maak deh paas.

Aalduo di Puotigiis neba ruul Jumieka, deh weh de aal bout a Afrika ah di Kiaribiyan chuu di Migl Pachiz a chried slieb. Fi dem wod *pequeninho* a di *h*arijin fi *pikni* ah aal voerjan a it we fain ina kryuol ah pijin langwij. Wi get *gizaada* frah *guisado* ah *palaava* frah *palavra*. Panish ah Puotigiis Juudem kom a Jumieka fi *h*exkiep di *h*Ingkwizishan, ah som kom frah Suurinam ah *h*ada *h*els paat a di Kiaribiyan tu. Deh gi wi niem laka Lindo, Levy, Dacosta, Garcia ah Aguilar.

The Spanish themselves did not bequeath much more than a few words like *pasiero* from *pasajero*, and *eskobiich* from *escabechar*. Place-names like Seville, Ocho Rios, Rio Cobre, Rio Bueno and Puerto Seco mark their path.

Although the Portuguese never ruled Jamaica, they were all about Africa and the Caribbean through the Middle Passage trading slaves. Their word *pequeninho* is the origin of *pikaninny* and all versions of it found in creole and pidgin languages. We got *gizaada* from *guisado*, and *palaava* from *palavra*. Both Spanish and Portuguese Jews fled to Jamaica to escape the Inquisition and some came from Suriname as well. They gave us names like Lindo, Levy, Dacosta, Garcia and Aguilar.

BUSHA WACH KIEN GRAIN, 1849

## Di British tamp
The British stamp

Chuu deh nena du so wel fi kanchuol di Nyuu Wol gens di Panishdem, soh hIngglish admiral disaid se dem ago tekwe Jumieka fi Oliver Cromwell no tuu bex wid dem. Di Panishdem nena hexpek fi get atak so deh neh pripier nontaal so deh get jraibout fuos nof a dem fi ronwe go a Kyuuba. Som a deh slieb tek di hapachuniti fi hexkiep guop ina di ildem fi jain Maruun.

Frah da taim de hIngglish tek ruut, taak bai di suoja ah sieladem, ah lieta bai di sekladem wid deh busha, buk-kipa, hindencha saabant ah mishineridem. Som a demaya taak difrah-difrah riijinal British dayalek ou koms wi get di Skatish ah hArish influens.

Since they were not very successful in wresting control of the New World from the Spanish, some English admirals decided to seize Jamaica to palliate Oliver Cromwell. The Spanish were not expecting an attack so were not prepared, forcing many of them to seek refuge in Cuba. Some of their slaves took the opportunity to escape into the hills to join the Maroons.

From this time on English would take root, spoken by the soldiers and sailors, and later by the settlers with their overseers, book-keepers, indentured servants and missionaries. Some of these spoke different regional British dialects which is how we got the Scottish and Irish influences.

Nof piipl wanda wamek Jumiekan jrap iech ar puti wepaat ino fi de, braad out /a/ ah no pronouns soertn tingz laka ou *h*Ingglish piika se dem. Demaya a som a di riizn.

Many people have wondered why Jamaicans drop aitches or put them where they should not be, broaden /a/ and do not pronounce certain things the way English speakers say them.

## Migl Ingglish  Middle English

### No yuuz agen ina Ingglish  |  Now archaic in English

| | | | | |
|---|---|---|---|---|
| for to | > | for to | > | **fi** |
| woman | > | 'oman | > | **uman** |

## 17 Sentri *h*Ingglish  17th Century English

### No yuuz agen ina Ingglish  |  Now archaic in English

| | | | |
|---|---|---|---|
| moonshine | > | **muunshain** | *moonlight* |
| peradventure | > | **paravencha** | *perhaps* |
| tinnen | > | **tinin** | *tin* |
| varges | > | **baaj** | *sour pickle* |

### Riplies /v/ wid /b/  |  Replace /v/ with /b/

| | | | | | |
|---|---|---|---|---|---|
| *devil* | > | **debl** | *never* | > | **neba** |
| *vittle* | > | **bikl** | *serve* | > | **saab** |
| *love* | > | **lob** | *liver* | > | **liba** |
| *very* | > | **beri** | *vex* | > | **bex** |

### /i/ or /y/ vowil (glaid) ad afta /k/ ah /g/ soun
/i/ or /y/ vowel (glides) added after /k/ and /g/ sounds

| | | | | |
|---|---|---|---|---|
| *can* | > | c **y** an | > | **kiah / kiang** |
| *car* | > | c **y** ar | > | **kyaar** |
| *care* | > | c **y** are | > | **kia / kier** |
| *girl* | > | g **y** arl | > | **gial** |
| *garden* | > | g **y** arden | > | **gyaadn** |
| *garbage* | > | g **y** arbage | > | **gyaabij** |

## /w/ vowil (glaid) ad afta /b/ /p/ ah /g/ soun
### /w/ vowel (glide) added after /b/ /p/ and /g/ sounds

| boy | > | b **w** oy | > | bwai |
|-----|---|-----------|---|------|
| boil | > | b **w** oil | > | bwail |
| spoil | > | p **w** oil | > | pwail |
| going | > | g **w** oing | > | gwaih |
| go on | > | g **w** o on | > | gwaan |

## Kompoun wod  |  Compound words

| *before-time* | **bifuo-taim** | *bull-cow* | **bul-kou** |
|---------------|----------------|------------|-------------|
| *morning-time* | **maanin-taim** | *meat-kind* | **miit-kain** |
| *nose-hole* | **nuoz-uol** | *ram-cat* | **ram-pus** |
| *self-same* | **sed-siem** | *puss-kitten* | **pus-kitn** |

Da patan ya (azwel Wes Afrikan influens – chek p. 32) yuuz fi mek nof muo wod:

This pattern (along with West African influence – see p. 32) gave rise to many other words:

**nek-bak** *nape*
**iez-kaana** *temple*
**rat-bat** *bat*
**gial-pikni** *girl child*
**fuos-raip** *precocious*

**an-migl** *palm (of hand)*
**kaan-piis** *corn field*
**aad-iez** *stubborn*
**man-rien** *heavy rain*
**rak-tuon** *stone*

**fut-batam** *sole*
**manggo-waak** *mango orchard*
**uman-polis** *policewoman*
**man-pupaa** *male papaya*
**tiicha-uman** *female teacher*

## Naatikal arijin  Nautical origin

| gie | **gi** | *give* |
|-----|--------|--------|
| cow | **kou** | *any kind of cattle* |
| bowl | **baul** | *cup ("baul a bwailin kaafi")* |
| jigger | **jiga** | *unit of measure* |
| chain | **chien** | *unit of length* |
| store-room | **stuor-ruum** | *warehouse* |

PUOT RAYAL

## Landan ah Kuot Ingglish   London and Court English

### Stail ah fashin fi di taim fì riplies /i/ soun bai /e/
Fashionable at the time to replace /i/ sound with /e/

| | | | | |
|---|---|---|---|---|
| *if* | > | ef | > | **ef** |
| *till* | > | tell | > | **tel** |
| *since* | > | sence | > | **sens** |
| *hinder* | > | hender | > | **enda** |

## 18 Senchri Landan Ingglish   18th Century London English

### Jrap inishal 'h' soun,  ar ad tu wod taat wid vowil
Initial 'h' sound dropped, or added to words beginning with vowels

| | | | | |
|---|---|---|---|---|
| *him* | > | 'im | > | **im** |
| *horse* | > | 'orse | > | **aas** |
| *house* | > | 'ouse | > | **ous** |
| | | | | |
| *all* | > | hall | > | **haal** |
| *arm* | > | harm | > | **haam** |
| *even* | > | heven | > | **hiibm** |

## Katish Ingglish   Scottish English

| | | | |
|---|---|---|---|
| *why* | how | > | **ou** |
| *wait for* | wait on | > | **wiet pah** |
| *able* | eable | > | **iebl** |
| *there* | theare | > | **dier** |
| *maid* | my'ed | > | **mied** |
| *clothes* | cluose | > | **kluoz** |
| *bore* | buore | > | **buor** |
| *wheedle* | gow | > | **gyou** |
| *reside* | stay | > | **stie** |
| *commotion* | stooshie | > | **stush** |
| *steady* | studdie | > | **todi** |

## Arish Ingglish  Irish English

### Braad /aa/ soun | Broad /aa/ sound

| | | | |
|---|---|---|---|
| *want* | > | w<u>aa</u>nt > | **waah** |
| *call* | > | c<u>aa</u>ll > | **kaal** |
| *learn* | > | l<u>aa</u>rn > | **laan** |

### Riplies 'th' soun wid /d/ | Replace 'th' sound with /d/

| | | | |
|---|---|---|---|
| *the* | > | de | > | **di** |
| *them* | > | dem | > | **dem** |
| *father* | > | fader | > | **faada** |

### Ada | Other

| | | | |
|---|---|---|---|
| *dew* | > | jew | > | **juu** |
| *tune* | > | chune | > | **chuun** |
| *film* | > | filim | > | **flim** |
| *cold* | > | cowld | > | **koul** |

"at all, at all"
tu di *h*exchriim, yuuz fi hemfasis
whatsoever, used for emphasis

mi no laik im **at aal, at aal**
dat kyaah du **at aal, at aal**
no fain **nontaal, at aal**

ARISH SLIEB

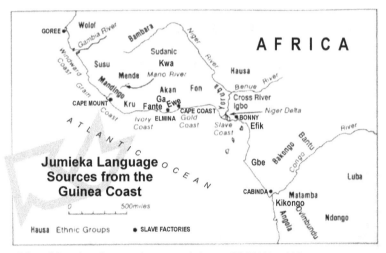

*Adapted from http://www.andrew.cmu.edu/course/79-326/slave01.htm*

## Wes Afrikan Ruut
## West African Roots

Wails nobadi kyaah mek mistiek se ano di British gi wi muos a di wod fi di langwij, fulop a muosli *h*Inggglish kaina lexikan, enibadi we *h*ie Jumiekan a-taak wi tingk se a som Afrikan langwij. Ano onggl di soun bot som a di vokiabileri, sintax ah kanschrokshan kiah chries rait baka Wes Afrika tu di dairek lingguistik gruup we deh kom fram.

Demya langwij bilangx tu di Nijer-Kongo gruup, ah deh abop bitwiin deh wan aneda nof a di siem tingz. Deh taak Igbo ah Efik nou a Naijiria; Akan, Fanti ah Ewe chat ina madoern Gaana. Kikongo, wah Bantu langwij, chat tide ina Angguola ah di Demokratic Ripoblik a Kongo.

While the British put their unmistakable stamp on the language with a mostly English-based lexicon, anyone who hears Jamaican being spoken might think that it is some African language. Not only the sound but also some of the vocabulary, syntax and construction can be traced right back to specific West African linguistic groups.

These languages which belong to the Niger-Congo group, share many similarities. Igbo and Efik are now spoken in Nigeria; Akan, Fante and Ewe are spoken in modern Ghana. Kikongo, a Bantu language, is spoken today in Angola and the Democratic Republic of Congo.

## Soun patan   Sound pattern

| | | | | | |
|---|---|---|---|---|---|
| send | > **sen** | mind | > **main** | last | > **laas** |
| just | > **jos** | Spanish | > **Panish** | squeeze | > **kwiiz** |
| scratch | > **krach** | stand | > **tan** | spoon | > **puun** |

Wes Afrikan langwij jinarali no ab tuu kansonant kom tugiada so wi jrapaaf wan ar mix dem op wid vowil. Sieka dat di arijinal Ingglish wod chienjop-chienjop fi fala di Wes Afrikan patan KVKV.

West African languages generally do not have two consonants together so we omit one or alternate them with vowels. As a result, the original English lexifier word is modified after the West African pattern CVCV.

Adawaiz, wah *hexchra* vowil jrapiin bitwiin di tuu kansonant fi kip dem apaat:

Otherwise, an extra vowel is placed between consonants to separate them:

| | | | | | |
|---|---|---|---|---|---|
| *small* | > **sumaal** | *snake* | > **siniek** | *Smith* | > **Simit** |
| *smile* | > **sumail** | *sneaky* | > **siniki** | *smooth* | > **simuud** |
| *smell* | > **sumel** | *smoke* | > **sumuok** | *worm* | > **worom** |

## Intuonieshan   Intonation

Ina som kies tuon a vais mek a difrans tu wa di smadi miin. Di yuus a difrah-difrah tuon fi di siem wod kuda kom chuu Wes Afrikan influens. Wuoliip a Nijer-Kongo piipl yuuz tuon ina fidem langwij.

In some cases tone makes a difference in what is meant. The use of rising and falling pitch could have come through West African influence. The vast majority of Niger-Congo languages utilize tonality.

| | |
|---|---|
| **Suuzi no tel im** | *Suzy has not told him* |
| **Suuzi no tel im?** | *has Suzy not told him?* |
| **Suuzi no tel im!** | *Suzy has told him!* |
| **Suuzi, no tel im!** | *Suzy, don't tell him!* |
| | |
| **ih no gi dem we** | *he does/did not give them away* |
| **ih no gi dem we?** | *does/did he not give them away?* |
| **ih no gi dem we!** | *he has given them away!* |

## Pluuralaizieshan  Pluralization

Wan wie fi tel se a muo dah wan dege sitn a fi ad **dem**, di 3rd poersn pluural pruonoun baka di noun, fala di Wes Afrikan patan:

One way to indicate plural number is to add **dem**, the 3rd person plural pronoun after the noun, like the West African pattern:

| | | | | |
|---|---|---|---|---|
| Ewe | *men* | man + they | > | ame wo |
| Akan | *fathers* | father + they | > | agya nom |
| Yoruba | *children* | they + child | > | awon omonde |
| | | | | |
| Jumiekan | *women* | woman + they | > | **umandem** |
| | *children* | child + they | > | **piknidem** |
| | *soldiers* | soldier + they | > | **suojadem** |
| | *leaves* | leaf + they | > | **liifdem** |

## Siirial voerb  Serial verbs

Ikaman fi fain wah wuol chring a voerb, wan afta di neda afta di neda. Iyuuz fi diskraib akshan a-fala baka akshan. *Kyaa go bring kom* a di bes egzampl nof piipl uda nuo.

It is not uncommon to find a string of verbs, one after the other. It is used to describe a sequence of actions. *Kyaa go bring kom* is perhaps the best known example.

| | | |
|---|---|---|
| Ewe | carry him + go | wotsone yia |
| | | |
| Jumiekan | carry him  + go | **kyaa im go** |
| | bring it + come + put down | **bringi kom pudong** |
| | run + go + tell | **ron go tel** |
| | send + go + give | **sen go gi** |
| | carry one + bring + come | **kyaa wan bring kom** |

YONG WES AFRIKAN SLIEB

## Otarans maaka  Utterance marker

Dis maaka a fi mek di lisna nuo se wa fi kom a *h*opinian, jojment, ripuot, ar soch. Yu fain se *se* yuuz siem wie ina Igbo ah Akan, alduo ikuda kom frah Ingglish *say* tu.

This marker alerts the listener that what follows is opinion, judgment, report, or the like. *se* is used in a similar way in Igbo and Akan although it could have come from English *say* as well.

| | | |
|---|---|---|
| Yoruba | mo mo pe o daa | *I know (say) it is good* |
| | mo ro pe o daa | *I think (say) it is good* |
| Jumiekan | **mi nuo <u>se</u> igud** | *I know (say) it is good* |
| | **mi tingk <u>se</u> igud** | *I think (say) it is good* |

**Ada hegzampl** |  Other examples:

| | | |
|---|---|---|
| **biliib se** *believe* | **figat se** *forget* | **fiil se** *feel* |
| **ie se** *hear* | **kansida se** *consider* | **memba se** *remember* |
| **shuo se** *be sure* | **peni se** *conclude* | **bikaazn se** *because* |
| **fieba se** *looks as if* | **jriim se** *dream* | **buos se** *brag* |
| **uop se** *hope* | **disaid se** *decide* | **kaali se** *call it* |

## Tapikalaizieshan  Topicalization

Fi fuokos pah di tapik, di voerb put a di bignin a di stietment ah ripiit. Sohtaim **a** *it is/was, there is/was* put bifuo it. (Chek  p. 39)

To focus on the topic, the verb is put at the beginning of the statement and repeated. Often, preceded by **a** *it is/ was, there is/was.* (See p. 39)

| | | |
|---|---|---|
| Akan | boa na Kofi re-boa Ama | *(helping) Kofi is helping Ama* |
| Akan | hwe na Kwasi hwe ase | *(fell) Kwasi fell down* |
| Yoruba | gbigbe ni won gbe e lo | *(take) they take it away* |
| Jumiekan | **<u>elp</u> Kofi a <u>elp</u> Ama** | *(helping) Kofi is helping Ama* |
| | **<u>faal</u> Kuasi <u>faal</u> dong** | *(fell) Kwasi fell down* |
| | **a <u>tek</u> deh <u>teki</u> gaan** | *(it is took) they took it away* |
| | **<u>taak</u> wa deh <u>taak</u>** | *(talk) what they talk* |

## Kompoun wod  Compound words

Muotaim nyuu wod mekop bai jainop tuu ada wod tugiada. Jumiekan ah nof Wes Afrikan langwij shier dis sed gruup a wod.

New words are often derived by combining two other words. This particular group of words is shared by Jamaican and many West African languages.

| | | | | |
|---|---|---|---|---|
| Mandinka | nye ji | eye + water | > | *tears* |
| Igbo | anya ukwu | big + eye | > | *greedy* |
| | | | | |
| Jumiekan | **yai-waata** | eye + water | > | *tears* |
| | **mout-waata** | mouth + water | > | *saliva* |
| | **red-yai** | red + eye | > | *covetous* |
| | **swiit-mout** | sweet + mouth | > | *flattery* |
| | **duo-mout** | door + mouth | > | *entrance* |

SLIEB MAAKIT

MARUUN A-NIGOSHIET WID BRITISH

## Riflek bak
Reflecting back

Sieka Yuropiyan kalanaizieshan ina *h*Afrika ah di Kiaribiyan, ebriwe deh go, deh langwij mixop wid di luokal piipldem taakin fi gi dem *h*aadaz ah lou chried fi gwaan. Outa dis, wah wuola faambli a langwij divelop wa deh kaal pijin ah kryuol. Nof a dem ab wuoliip a di siem tingz we fieba deh wan aneda faa deh kumout frah di siem lingguistik yaad.

Pah tap a dat, Jumieka Kryuol ton roun influens ada plies chuu Jumiekan mishineri ah woerkadem pred aalbout a farin. Sieka dat, som a di langwij ina Kamaruun Kamtok ah Siera Liwon Krio a siem Jumieka taakin.

Because of colonization by Europeans in Africa and the Caribbean, wherever they went, their languages blended with the local tongue for giving orders and facilitating trade. Out of this, an entire family of languages developed known as pidgins and creoles. They have many things in common for they share similar linguistic origins.

In addition, Jamaican Creole in turn influenced other places as Jamaican missionaries and workers spread abroad. Because of that, some of the language, in Cameroon Kamtok and Sierra Leone Krio, is identical to Jamaica talk.

Den Jumiekandem maigriet go luk wok aal a Panamaa, Andyuuras ah Kyuuba, ah lieta aan tu Landan, Bruklin ah Taranto, ah deh kyaa deh langwij wid dem. Aal nou, di Jumiekan maigrant jinarieshan a Limon, Kasta Riika, taak wa deh kaal Mekatelyu. Disendant a slieb frah Jumieka kyaa go a di Kolombian ailant San Anjres ah Providensia til chat Patwa.

As Jamaicans migrated to seek work in Panama, Honduras and Cuba, and later to London, Brooklyn and Toronto, they took their language with them. Even now, the descendants of Jamaican migrants to Limon, Costa Rica speak what they call Mekatelyu. Descendants of Jamaican slaves taken to the Colombian islands of San Andres and Providencia still speak Patois.

## Tide ah tumaara
## Today and tomorrow

Wails wi chrai fi raitdong di langwij fi shieri, wi afi paintout se nof a wa pudong maita no wa yu wi ier so kaman-kaman outa chriit a Kinston ar pan di hintanet. Dem smadi de muosli a-chat miizolek, di hinbitwiin faam. Dis fala di ronins we deh kaal dikryuolizieshan we di langwij shifwe frah di bazilek muo tu di *akrolek.*

Chuu di hintanashinal papilariti a Jumiekan myuuzik ah Jumieka ayop pruofail fii saiz, inchres ina Jumiekan langwij neba nof so yet. Taim ah tingz chienj frah wen piipl yuus fi kaan "bad-taakin" Patwa ah Kryuol piika, tel nou wen nof smadi, hespeshal di yuutdem

While we have tried to write down the language to share it, we must point out that what is written may not be what is heard commonly on the streets of Kingston or on the internet. Those speakers use mostly the mesolect, the in-between form. This adheres to the process known as decreolization where the language shifts away from the basilect toward the *acrolect.*

Through the international popularity of Jamaican music and Jamaica's inordinately high profile for its size, interest in the Jamaican language has never been as great. Attitudes have

we baan a *h*Ingglant ah Moerka wid Jumiekan pierans ar grampierans, a-kilop dehself fi taaki. Aal uu no riili ab no Jumiekan ruut a-chrai kechi tu. Wi uop da buk ya wi elp dem likl bit.

Wan ting soertn-shuor se Jumiekan a libm langwij an iwi gwaah gruo ah ivalv galang siemwie. Muos impuotant duo a di impak litaresi ina Jumiekan wi mek dong di lain.

Tingkin ah taat expres chuu di midiom a langwij. Ef di langwij kramp, den di kualiti ah rienj a taat lakdong tu. Solangx wi laan fi riid ah rait ina di midiom wi yuuz fi tingk ina den di chokcha a taat—filasafi, sayans, ischri, lichicha, kritisizam ah bayagrafi—kiah benta ah mek pempeni rienj a kansep, aidie ah pasibiliti avielobl tu wi. Nashinal divelinop ah yuuman potenshal a-baalout fi dis.

shifted from when "bad-talking" Patois and Creole speakers were disparaged, to now when many, especially youngsters born in England or America with Jamaican antecedents, are falling over themselves to speak it. Even those without Jamaican connections are trying to master it. We hope this book will help a bit.

One thing for sure is that Jamaican is a living language that will continue to grow and evolve. Most important though is the impact that literacy in Jamaican will have.

Thinking and thought are expressed through the medium of language. If language is limited, then the quality and range of thought is likewise constrained. Once we learn to read and write in the medium we use to think then philosophy, science, history, literature, criticism and biography can explore and expand the range of concepts, ideas and possibilities available to us. National development and human potential demand this.

FYUUCHA SAYANTIS

In reality, languages grow organically; grammar is something people without anything more exciting to do in their lives codify into a book.
— Nassim Nicholas Taleb
*The Black Swan*

# 2 GRAMA
## GRAMMAR

THIS CREOLE SPEECH, OR DIALECT, IS BY NO MEANS HOMOGENEOUS. IT EXISTS IN RATHER ARCHAIC FORMS IN SOME ISOLATED SETTLEMENTS, AND, BEING ALWAYS UNDER THE INFLUENCE OF ENGLISH AS THE LANGUAGE OF PRESTIGE, ADAPTS ITSELF IN VARYING DEGREES IN THE USAGE OF COMMUNITIES, INDIVIDUALS, AND SOCIAL LEVELS, TO STANDARD ENGLISH USAGE ... THE PART OF SPEECH CATEGORIES OF STANDARD ENGLISH ARE NOT ALWAYS APPLICABLE TO THE JAMAICAN FOLK GRAMMAR, WHERE FUNCTIONS ARE OFTEN SYNCRETIZED, OR SYNTACTIC GROUPS ARE SUSCEPTIBLE TO MORE THAN ONE ANALYSIS.
~ FREDERIC CASSIDY
*DICTIONARY OF JAMAICAN ENGLISH*

## BIESIK  BASIC

Ano onggl di fos leta fi di alfabet bot ikyaa nof-nof impuotans wid wuoliip a yuus. Ilikl boti talawa.

It is not only the first letter of the alphabet but it is very significant with various uses. It is small but potent

## Pripozishan | Preposition

| | | | |
|---|---|---|---|
| Place *at, in, on* | **a di tap** <br> *on the top* | **de a yaad** <br> *at home* | **lib a konchri** <br> *lives in the country* |
| Time *at, in* | **a dietaim** <br> *in the day* | **kuik a klak** <br> *in quick time* | **a monten** <br> *at end of month* |
| Motion *to* | **gaan a tong** <br> *gone to town* | **go a maakit** <br> *go to market* | **sen im a shap** <br> *send him/her to the shop* |
| *of* | **kwaat a milk** <br> *quart of milk* | **man a yaad** <br> *head of house* | **wuoliip a mango** <br> *abundance of mangoes* |

## Voerb | Verb

| | | | |
|---|---|---|---|
| *to be (See copula p. 52)* | **mi a di baas** <br> *I'm the boss* | **nuo a wa** <br> *know what it is* | **tumatis a riili fruut** <br> *tomato is really a fruit* |
| continuous action marker | **im a-kom** <br> *he is coming* | **rien a-faal** <br> *it is raining* | **briiz a-bluo**  (p. 45) <br> *wind is blowing* |

phrase

*it is, there is/are* – cf. French *c'est, il y a,* or Spanish *hay*

| | | |
|---|---|---|
| **a so** <br> *it is so* | **a fiim** <br> *it is his/hers* | **a nof a dem dide** <br> *there were many there* |
| **a huufa?** <br> *whose is it?* | **a wen?** <br> *when is it?* | **ano tiif Sami tiif** <br> *it is not that Sammy stole* |

## Advoerb | Adverb
Yuuz fi mek advoerb azwel (p. 57) | Also used to make adverbs (p. 57)

# NOUN NOUNS

Laka ina *h*Ingglish, noun no chienjop fi suut nomba, kies nar jenda. Demaya shuo adawaiz ar di kantex wi tel yu.

Like in English, nouns are not inflected to indicate number, case and gender. These are shown otherwise or the context will tell.

## PLUURAL | PLURALS

Pluuralaizieshan fala di dairek patan fain ina nof Wes Afrikan langwij (p. 30):

Pluralization follows closely the pattern found in many West African languages (p. 30):

noun + 3d poersn pluural pruonoun
**dem**

noun + 3rd person plural pronoun
**dem**

pus + dem    >    **pusdem**    *cats*

Adawaiz, pluural indikiet bai kualifaya ar kantex.

Otherwise, plurals are indicated by qualifier or context.

| | | | |
|---|---|---|---|
| **wan bwai** | *one boy* | **tuu bwai** | *two boys* |
| **som bwai** | *some boys* | **demde bwai** | *those boys* |
| **di bwaidem** | *the boys* | **nof bwai** | *many boys* |

Som wod kip deh Ingglish pluural faam fi buot singgiula ah pluural:

Some words have kept their plural English form for both singular and plural:

| | | | |
|---|---|---|---|
| **wah ans** | *an ant* | **nof ans** | *many ants* |
| **wan flowaz** | *one flower* | **six flowaz** | *six flowers* |
| **wah shuuz** | *a shoe* | **pier a shuuz** | *pair of shoes* |
| **wan brejrin** | *one brother* | **som brejrin** | *some brethren* |

KAITMAN

## POZESHAN | POSSESSION

Di noun wa refa tu di pozesa put fronta di wod we riprizent di ting pozes. Sohtaim **fi** yuuz fi emfasis.

The noun referring to the possessor is placed in front of the word referring to what is possessed. Often **fi** is added for emphasis.

| | |
|---|---|
| (fi) **di bwai saikl** | *the boy's bicycle* |
| (fi) **Suzet ongkl waif** | *Suzette's uncle's wife* |
| (fi) **dem piipl de bizniz** | *those people's business* |
| (fi) **sebm mont wot** | *seven months' worth* |
| (fi) **di pruogram kiepobiliti** | *the program's capability* |

## JENDA | GENDER

Noun no ab jenda az soch, bot wen jenda a paat a di diskripshan, iyuujal lingkop ina kompoun noun.

Nouns do not have gender per se, but when gender is a part of the description, it is usually expressed as a compound noun.

| | | | |
|---|---|---|---|
| **bwai-pikni** | *male child* | **gial-pikni** | *female child* |
| **man-aas** | *stallion* | **bul-kou** | *bull* |
| **man-rien** | *heavy rain* | **ram-guot** | *ram* |
| **man-piaba** | *herb for men* | **man-pupaa** | *male papaya* |
| **uman-piaba** | *herb for women* | **uman-pupaa** | *female papaya* |
| **man-kluoz** | *male clothing* | **uman-kluoz** | *female clothing* |

| | |
|---|---|
| **uman-poliis** | *female officers in general* |
| **poliis-uman** | *policewoman* |
| **man-paasn** | *male clergy in general* |
| **paasn-man** | *male minister* |

KONCHRI CHOK

# PRUONAMINAL PRONOMINALS

## PRUONOUN | PRONOUNS

| | | | |
|---|---|---|---|
| **mi** waak | *I walk* | smadi laik **mi** | *someone likes me* |
| **yu** ron | *you run* | Jan og **yu** op | *John hugs you* |
| **ih** / **i**' jomp | *he/she/it jumps* | sen **im** / **i**' we | *send him/her/it away* |
| • **wi** niam | *we eat* | muma tel **wi** | *mum tells us* |
| **unu** kom | *you (pl) come* | daag fala **unu** | *dog follows you (pl)* |
| **deh** tan | *they stay* | mek **dem** gue | *let them go away* |

## POZESIV | POSSESSIVES

| | | | |
|---|---|---|---|
| **mi** buk | *my book* | a **fimi** | *it is mine* |
| **yu** kompyuuta | *your computer* | **fiyu** ron faas | *yours runs fast* |
| **ih**' fies | *his/her/its face* | **fiim**' luk gud | *his/hers looks good* |
| | | **fii(t)** kiba dis | this is *its cover* |
| **wi** faambli | *our family* | **fiwi** big | *ours is large* |
| **unu** tong | *your (pl) town* | **fuunu** de for | *yours (pl) is far away* |
| **deh** konchri | *their country* | **fidem** iizi | *theirs is easy* |

## DITOERMINA | DETERMINERS

| | | | |
|---|---|---|---|
| **Definet aatikl** | Definite article | **di** | *the* |
| **di** bwai | *the boy* | **di** hen a taim | *the end of time* |
| **Indefinet aatikl** | Indefinite article | **wah** | *a(n)* |
| **wah** arinj | *an orange* | **wah** fuon kaal | *a phone call* |

---

' Pronouns are genderless as they are in Twi, Ewe, Yoruba and Bantu (Jekyll 1907, 1966) but shi/har occurs in mesolect (J1, J2).

### Dimonschrativ | Demonstrative

**dis**(ya) uman / **dis** uman **ya** — *this woman*
**daa**(de) smadi / **daa** smadi **de** — *that person*
**demya**\* kluoz / **dem** kluoz **ya** — *these clothes*
**demde** manggo / **dem** manggo **de** — *those mangoes*

*\*variant* **demaya**

## INDEFINET | INDEFINITES

| | |
|---|---|
| **smadi** a-kom | *someone is coming* |
| **sitn** / **sinting** du yu | *something is wrong with you* |
| **som** tingz yu kyaah elp | *some things you can't help* |
| maago **somwe** | *i'm going somewhere* |
| **enibadi** kiah dwiit | *anyone can do it* |
| **eni** wan wi du | *any one will do* |
| **enitaim** gud | *anytime is good* |
| faini **eniwe** | *find it anywhere* |
| yu kiah se **eniting** | *you can say anything* |
| **ebri** die a **sitn** nyuu | *every day it's something new* |
| **aal** a dem | *all of them* |
| **non** a dat | *none of that* |
| **nof** kain a bod | *many kinds of birds* |
| **wuoliip** a bikl wies | *much food was wasted* |
| **sofishant** elp kom | *enough help turned up* |
| **nowe** no beta dah yaad | *nowhere is better than home* |
| **nobadi** naa du dat | *nobody does/is doing that* |
| **notn** no go so | *nothing like that* |
| **wasoeba** yu kiah fain | *whatever you can find* |

## RELITIB | RELATIVES

**Jinaral yuus** | General use      **wa / we**  *who, that, which, whose*

| | |
|---|---|
| **we** yu a du ya? | *what are you doing here?* |
| di gial **wa** sing | *the girl who sings* |
| wah mashiin **we** stich | *a machine that stitches* |
| prodok **wa** du di jab | *product which does the job* |

**uu**     *who*

| | |
|---|---|
| **uu** dat? | *who is that?* |
| mi nuo a **uu** dwiit | *I know who did it* |

**uufa**     *whose*

| | |
|---|---|
| **uufa** plies dis? | *whose place is this?* |
| di smadi **uufa** kyaar paak bad | *the person whose car is badly parked* |

**wa / wara**     *what*

| | |
|---|---|
| **wa / wara** du yu ? | *what is wrong with you?* |
| ih gat **wara-wara** fi sel | *(s)he has what-have-you for sale* |

**ush**     *which*

| | |
|---|---|
| **ush** wan yu pik? | *which one do you choose?* |
| tel mi **ush** wan yu waah | *tell me which one you want* |

**wen**     *when*

| | |
|---|---|
| **wen** ih kom(?) | *when he comes/did he come?* |
| toni aaf **wen** ibwail | *turn it off when it boils* |

**(wa)mek / ou**     *why*

| | |
|---|---|
| **wamek** a so? | *why is it so?* |
| **ou** yu no kom? | *why didn't you come?* |

**we, wepaat / ushpaat**     *where*
**wasaid / ushsaid**

| | |
|---|---|
| **we** fimi? | *where is mine?* |
| **ushpaat / wepaat** ide? | *where is it?* |
| **ushsaid / wasaid** yu de | *where you are* |

**ou**     *how*

| | |
|---|---|
| **ou** yu nuo | *how (do) you know* |
| wanda **ou** dat apm | *wonder how that happened* |

# VOERBAL VERBALS

Voerbdem no hinflek; deh no chienj askaadn tu nomba, kies ah tens, no laka Ingglish ah *h*ada *h*els langwij. Di kantex wi yuujal indikiet se a wa. Adawaiz, soh *h*aaxileri voerb ar paatikl de fi maak tens.

Verbs are not inflected; they do not change according to number, case and tense, unlike English and other languages. The context usually indicates what they are. Otherwise, there are some auxiliary verbs or particles to mark tense.

| affirmative | **mi taak** | *I talk/talked* |
|---|---|---|
| negative | **mi no taak** | *I do/did not talk* |

continuous aspect marker – affirmative **a- / da- / de-** [2]
[hyphenated to distinguish from copula (p. 52) similar to English *a-walking*, etc.]

> **mi a-taak**
> **mi da-taak**          *I am talking*
> **mi de-taak**

continuous aspect marker – negative **naa / noda / node** [2]

> **mi naa taak**
> **mi noda taak**          *I am not talking*
> **mi node taak**

continuous past aspect marker – affirmative **ena / bena / wena / mina / enda / benda / wenda / minda / ende / bende / wende / minde** [2]

> **mi ena taak**
> **mi benda taak**          *I was talking*
> **mi wende taak**
> **mi mina taak**

continuous past aspect marker – negative **nena / no bena / no wena / no mina / nende / no bende / no wende / no minde** [2]

> **mi nena taak**
> **mi no bende taak**          *I was not talking*
> **mi no wena taak**
> **mi no minde taak**

---

[2] Regional variants.

remote past aspect marker – affirmative  **eh** / **beh** / **weh** / **mih** [3]
**en** / **ben** / **wen** / **min** esp.  if following word begins with vowel

> mi **eh** taak
> mi **beh** taak              *I had talked*
> mi **weh** taak
> mi **mih** taak

remote past aspect marker – negative  **neh** / **no beh** / **no weh** / **no mih**
**nen** / **no ben** / **no wen** / **no min** [3] esp. if following word begins with vowel

> mi **neh** taak
> mi **no beh** taak           *I had not talked*
> mi **no weh** taak

perfect aspect marker – affirmative  **don**

> mi **don** taak [4]          *I have talked*

perfect aspect marker – negative  **neba**

> mi **neba** taak             *I have not talked*

future aspect marker – affirmative  **ago** / **dago** / **dego** [3]

> mi **ago** taak
> mi **dago** taak             *I will talk*
> mi **dego** taak

future aspect marker – negative  **naago** / **nodago** / **nodego** [3]

> mi **naago** taak
> mi **no dago** taak          *I will not talk*
> mi **no dego** taak

future intent – affirmative  **gwaih** / **gweih** / **gaah** [3]

> mi **gwaih** taak
> mi **gweih** taak            *I am going to talk*
> mi **gaah** taak

future intent – negative  **no gwaih** / **no gweih** / **no gaah** [3]

> mi **no gwaih** taak
> mi **no gweih** taak         *I am not going to talk*
> mi **no gaah** taak

---

[3] Regional variants.
[4] Also *I have finished talking*, depending on context.

future continuous intent – affirmative  **ago a- / ago da- / ago de-** [3]

    mi ago a-taak

    mi ago da-taak          *I will be talking*

    mi ago de-taak

future continuous intent – negative  **naago a- / naago da- / naago de-** [3]

    mi naago a-taak

    mi naago da-taak          *I will not be talking*

    mi naago de-taak

obligation marker  **fi**

    ih fi dwii(t)             *he should do it*

    yu fi nuobout           *you should be informed*

    mi fi go luk fa         *I should go look for it*

    Kiati fi du beta        *Kathy should do better*

neccessity marker  **afi**

    mi afi gwaan siemwie    *I have to continue as is*

    yu afi manij widouti    *you have to manage without it*

    deh gweih afi yuuz di    *they are going to have to use*

       nex wan             *the other one*

    Tamsn no bada afi dwiit   *Thompson no longer has to do*

       agen               *it*

inceptive marker  **gofi**

    mi dis gofi kaal yu    *I was just about to call you*

    yu gofi mek di siem mistiek  *you were about to make the*

                            *same mistake*

    ih gofi *h*opm di leta    *he was about to open the letter*

    Biechis nieli gofi giiwe   *Beatrice nearly gave it away*

purposive marker  **gofigo**

    mi gofigo kaal yu bot mi   *I intended to call you but I lost*

       laas di nomba         *the number*

    ih gofigo marid tu ar tel   *he planned to marry her until*

       ih fainout se shi ab man   *he found out she had a man*

    deh gofigo chaaj im bot   *they were going to charge him*

       deh *h*iiz im op       *but they let him off*

    Delrai gofigo kotaaf di   *Delroy intended to turn off the*

       lait bot deh mikies pie   *electricity but they quickly*

       di bil               *paid the bill*

## Imperatib | Imperative

**Imperatib a fi wen yu waah tel smadi**   Imperatives are for commanding,
**wa fi du, weda fi aada dem ar fi beg**   requesting, pleading or instructing.
**dem dwiit.**

| affirmative | **kom ya** | *come here* |
| | **kom ya kuik** | *come quickly* |
| | **ron kom** | *come quickly* |
| | **mikies kom** | *come quickly* |
| | **beg yu kom** | *please come* |
| | **yu fi kom** | *you should come* |
| | **yu afi kom** | *you have to come* |
| | **mek wi go** | *let's go* |
| | **kom yaa** | *you had best come* |
| | **kom no** | *come, won't you* |
| | **kom ya likl** | *here, just a moment* |
| | **kom agen** | *say it again* |
| | **gwaah go dwiit** | *go do it* |
| | **tap di naiz** | *be quiet* |
| | **tan** | *hold on a minute* |
| | **lisn mi** | *hear this* |
| | **lou im** | *let him/her* |
| | **lef im** | *leave him/her* |
| | **mek ih tan** | *leave him/her be* |
| | **mek ih tan de** | *let him/her stay* |
| negative | **no kom** | *don't come* |
| | **no bada kom** | *don't even think of coming* |
| | **yu naa kom** | *you will not be coming* |
| | **yu no fi kom** | *you should not come* |
| | **yu no afi kom** | *you don't have to come* |
| | **beg yu no siso** | *please don't say that* |
| | **mek yu kyaah ie** | *why don't you listen* |
| irregular | imperative form of **luk  >  ku** | |
| | **ku ya** | *look here* |
| | **ku de** | *look there* |
| | **ku deh piipl** | *look at those people* |
| | **ku pah yu** | *look at you* |

## Muodal agzileri  |  Modal auxilaries

### Di muos kaman wandem  |  The most common of these

| | | | |
|---|---|---|---|
| mos | *must* | shuda | *should, ought* |
| kuda | *could* | maita | *may, might* |
| afi | *have to* | fi | *ought to* |
| bounfi | *be bound to* | kiah | *can, may* |
| wi | *will* | kyaah | *can't, cannot* |
| wuoh | *won't, will not* | kudn | *couldn't* |
| shudn | *shouldn't* | mosn | *mustn't* |
| uda | *would* | udn | *wouldn't* |
| maitn | *mightn't* | mos kiah | *should be able to* |

## Voerbal agzileri  |  Verbal auxiliaries

### Voerb wid wah nex wan madifai di miinin.
A verb with another one modifies the meaning.

| | | | |
|---|---|---|---|
| bring + kom | > | bring kom | *bring it here* |
| kyaa + kom | > | kyaa kom | *carry it here* |
| kom + kom | > | kom koh | *come with express purpose* |
| kyaa + go | > | kyaa go | *carry there* |
| tek + go | > | tek go | *take there* |
| go + go | > | go go | *go with express purpose* |

## Madifaya  |  Modifiers

### Demaya a muosli pripozishan ad tu wod fi gi nyuu miinin.
These are mostly prepositions added to verbs to give new meaning.

| | | | |
|---|---|---|---|
| laik + aaf | > | laikaaf | *to favor, be infatuated with* |
| klier + aaf | > | klieraaf | *go away, you are joking* |
| niam + aaf | > | niamaaf | *totally consumed, none left* |
| sel + aaf | > | selaaf | *sold out, popular, successful* |
| go + aan | > | gwaan | *to continue, proceed; to act, behave* |

| | | | |
|---|---|---|---|
| mek + aan | > | **mekaan** | *added, attached, built on to* |
| set + aan | > | **setaan** | *to incite, instigate* |
| | | | |
| kom + iin | > | **komiin** | *to appear, seem* |
| ruop + iin | > | **ruopiin** | *to recruit, enlist, volunteer* |
| | | | |
| dash + out | > | **dashout** | *let loose, be uninhibited* |
| klier + out | > | **kirout** | *dismissal: get out!* |
| niam + out | > | **niamout** | *devoured, eat ravenously* |
| lang + out | > | **langout** | *stretched, to extend* |
| | | | |
| ab + op | > | **abop** | *to resent or bear grudge; to keep, harbor grievance* |
| kin + op | > | **kinop** | *to grimace, show distaste* |
| kip + op | > | **kipop** | *to commemorate, celebrate* |
| lik + op | > | **likop** | *to stir up; to collide* |
| | | | |
| bongx + dong | > | **bongxdong** | *to hit or knock down* |
| jres + dong | > | **jresdong** | *to adjust position and make room; to berate, tell off* |
| put + dong | > | **pudong** | *to set aside, reserve; to execute, perform* |
| sima + dong | > | **simadong** | *to relax, settle down* |
| | | | |
| bax + bout | > | **baxbout** | *to loiter, go about aimlessly* |
| nak + bout | > | **nakbout** | *to be around nearby, hang about* |
| | | | |
| brok + we | > | **brokwe** | *to collapse; to escape* |
| get + we | > | **getwe** | *to get away, get loose, escape; to avoid* |
| lik + we | > | **likwe** | *to hit away; launch, propel* |
| tiif + we | > | **tiifwe** | *to abscond, duck out* |

KONCHRI MAAKIT

# NEGITIB NEGATIVES

## dobl negitib | double negative

No laka *h*Ingglish bot laka nof ada *h*els langwig, dobl negitib yuuz fi *h*expres nigieshan.\* Dis a fi *h*emfasis.

Unlike English but like many other languages, a double negative is used to express negation.\* This is for emphasis.

| | |
|---|---|
| mi **naa** du **notn** | *I'm not doing anything* |
| ih **naa** go **nowe** | *he's not going anywhere* |
| **non no** di de | *there is none there* |

## chripl negitib | triple negative

| | |
|---|---|
| **nobadi no** nuo **notn** | *nobody knows anything* |
| **non no** dide fi **nobadi** | *there's none there for anyone* |
| **ano nowe** yu **neba** go | *it's not somewhere you haven't been* |

\* Exception - single negative used with **nof** *much, plenty*

| | |
|---|---|
| nof **neh** de de | *not much was there* |
| nof smadi **no** kom | *many people did not come* |
| *but* nof a wi **no** get **non** | *many of us did not get any* |

KONCHRI SHAP

# KAPIULA COPULA

Kapiula a wod ar paatikl we kanek sobjik tu prediket, muostaim fi tel ou ibi ar ou itan. *h*Ingglish ab wan mien infinitib, *to be*, bot Panish ab tuu: *ser* fi tel ou ibi ar ou itan; ah *estar* fi se we ide. Jumiekan komiin laka Panish yaso, but widoutn inflekshan. Muostaim, di voerb *fi bi* no yuuz ah lefout altugiada: **di skai daak, ih hogli laka wa.**

Copulas are words or particles that connect subject to predicate, usually indicating being. In English there is one main infinitive, *to be*, but Spanish has two: *ser* to express being in a state or condition; and *estar* for being in place. Jamaican is like Spanish in this regard, but without inflections. Often, the verb *to be* is omitted: the sky (is) dark, s/he (is) so ugly.

### Ekuatib | Equative  **a**

| | |
|---|---|
| mi **a** tiicha | *I am a teacher* |
| im **a** di siem | *he is the same* |
| dem **a** fambili | *they are related* |
| orikien **a** kraasiz | *hurricanes are disastrous* |

**Negitib** | Negative    a + no >    **ano**

| | |
|---|---|
| **ano** so | *it is not so* |
| im ah dem **ano** fren | *s/he and they are not friends* |

### Lokatib | Locative   **da / de**

| | |
|---|---|
| dopi **de** (bout) | *ghosts exist (around)* |
| wepaat deh **de** | *where they are* |
| Dela **da** a Uochi | *Della is in Ochi* |
| tong piipl **de** pah ies | *town-folk are in a hurry* |

**Negitib** | Negative    no + da / de >    **noda / node**

| | |
|---|---|
| ih **noda** a yaad | *(s)he is not home* |
| no noers **node** pah kaal | *no nurse is on call* |

Kieful se yu no kanfyuuz demaya wid di maaka fi akshan wa a-galang ah we deh fieba bot mekout difrah wid aifn. (Chek p. 45)

Care should be taken not to confuse these with the continuous action markers that appear similar but are differentiated by hyphens. (See p. 45)

## VOERBAL FLEXIBILITI  VERBAL FLEXIBILITY

Wan ting bout Jumiekan a ou di piika lou fi yuuz wan paat a piich fi aneda, sohtaim aal mekop nyuu wod pah di spat. So ih kiah ton ajitib ah noun ina voerb, ah voerb ina noun ah *h*ebribadi til andastan wa im a-se siemwie.

One of the most distinctive verbal mechanisms of Jamaican is that the speaker is allowed to use one part of speech for another. Thus, one can turn adjectives and nouns into verbs, and verbs into nouns without loss of comprehension.

| **ajitib** \| adjective | + op | > | **voerb** \| verb |
|---|---|---|---|
| priti + op | **pritiop** | | *to make pretty* |
| doti + op | **dotiop** | | *to soil, make dirty* |
| naasi + op | **naasiop** | | *to make filthy* |
| kaul + op | **kaulop** | | *to make cold* |
| nof + op | **nofop** | | *to expand, enlarge* |
| laivli + op | **laivliop** | | *to excite, enthuse* |
| red doert + op | **red-doertop** | | *to soil with red dirt* |

| **voerb** \| verb | + ifai | > | **ajitib** \| adjective |
|---|---|---|---|
| priich + ifai | **priichifai** | | *bombastic, pompous* |
| juok + ifai | **juokifai** | | *given to making jokes* |
| ramp + ifai | **rampifai** | | *boisterous, playful* |
| buos + ifai | **buosifai** | | *boastful, conceited* |

| **voerb** | verb | + op | > | **ajitib** | adjective |
|---|---|---|---|
| ben + op | benop | | *bent* |
| brok + op | brokop | | *broken* |
| chap + op | chapop | | *chopped* |
| sheg + op | shegop | | *uncooperative* |
| sliip + op | sliipop | | *coagulated, solidified* |
| ton + op | tonop | | *upright, amplified* |

## Noun az voerb | Nouns as verbs

im **intenshan** fi bai di prapati
ah bil ous

*he intends to buy the property
and build a house*

di laaya **advantij** mi yuuz mi
dipazit fi ihself

*the lawyer took advantage of
me using my deposit for himself*

mi **kompolshan** go a toun
laas wiik

*i was compelled to go to town
last week*

deh **samanz** im fi go a kuot
nex mont

*they summoned him to attend
court next month*

wen yu **komparisn** dem yu
si se da wan ya beta

*when you compare them you see
this one is better*

## Doblop | Doubling

Wah nex ting wi du fi swiitn di taakin a fi doblop di wod fi gii muo fuosful ifek: diskripta get chrangga, *h*intensifai; *h*akshan get jragout, kyaah tap.

Another rhetorical device is to repeat a word to modify the effect: descriptors become stronger, intensified; action becomes continuous, relentless.

| | |
|---|---|
| **priti-priti** | *very pretty, decorative, attractive* |
| **kaul-kaul** | *extremely cold, freezing* |
| **nof-nof** | *great amount, whole lot* |
| **likl-likl / sumaal-likl** | *very small, diminutive* |
| **red-red** | *intense red* |
| **chaa-chaa** | *chew relentlessly, gnaw to bits* |
| **waak-waak** | *walking all about, wandering aimlessly* |
| **lingga-lingga** | *lingering longer, dawdling, foot-dragging* |
| **fala-fala** | *following doggedly, stalk* |
| **chat-chat** | *talkative, garrulous* |
| **sluo-sluo** | *slowly, very slow* |
| **kuik-kuik** | *quickly, very quick* |

## Galang-galang | Extended Play

Wod kiah ripiit az moch taim az di piika waah tel ih tingk ih get ih paint akraas. Sohtaim, di lain a akshan lef opm fi shuo se ino don-don ...

Words may be repeated as many times as the speaker chooses until s/he thinks s/he has got the point across. Sometimes the sequence is left open...

di bwai niam, ih niam, ih niam, ih niam ...

ih galang galang galang galang galang sotel ...

yu waah si mango mango mango mango kyaah don

staam kom ah irien irien irien irien tel mi tingk wuuda wash we

## Plitop | Splitting

Wod aada kiah chienjop-chienjop. Noftaim wan wod wi plit an a nex piis jrapiin.

Word order can change. Often a word is split and another particle fit in.

| | | | | |
|---|---|---|---|---|
| disya wok | = | dis wok ya | | *this work* |
| demde sitn | = | dem sitn de | | *those things* |
| daade chok | = | daa chok de | | *that truck* |
| giimi | = | gii tu im | | *give it to him* |
| aalopi | = | aali op | | *haul it up* |
| divelopi | = | diveli op | | *develop it* |
| mixopi | = | mixi op | | *mix it up* |
| rondong di man | = | ron di man dong | | *chase the man* |
| niamaaf di dina | = | niam di dina aaf | | *ate the meal* |

## Vais chienj | Voice change

Voerb kiah tan siemwie ah no afi chienj fi chienj vais. Di setop tel se idifran.

Verbs remain the same and do not change with voice. The syntax indicates the difference.

**aktib** | active

**pasib** | passive

deh **kuk** bikl ina koersiin pan
*they cook food in kerosene tins*

bikl **kuk** ina koersiin pan
*food is cooked in kerosene tins*

PWD **kot** nyuu ruod chuu
*PWD cut a new road through*

nyuu ruod **kot** chuu bai PWD
*a new road was cut through by PWD*

di diijie **mix** chuun gud-gud
*deejay mixes tunes well*

chuun **mix** gud-gud bai di diijie
*tunes are mixed well by the deejay*

GLENGOFFE, SIN KIACHRIN

# ADVOERB  ADVERBS

**Advoerb faam ina 4 wie**  |  Adverbs are formed in four ways:

1  **frah ajitib**                                    from adjectives

    waak **gud**                          *walk well*
    ih niam **agish**                    *s/he eats greedily*
    im a-gwaan tuu **bringgl**      *s/he is acting over the top*
    jraib **simuud** pah di nyuu ruod  *ride smoothly on the new road*
    kiah **iiziwel** dwiit              *can do it easily*
    yu **welah** nuo                     *you absolutely do know*

2  **frah doblop ajitib**                         from doubled adjectives

    ron kom **kuik-kuik**              *run quickly here*
    waanti **nou-nou**                   *want it right now*
    laiki weni kuk **saafi-saafi**  *like it when it's made soft*
    afi a-taak **loud-loud**           *having to speak loudly*
    anggli **kieful-kieful** ar iwi brok  *handle it carefully or it'll break*
    kiah dwiit **iizi-iizi**             *can do it easily*
    shaini **kliin-kliin**              *polished thoroughly*
    don dem aaf **kliin-kliin**     *finished off entirely*

3  **adaan di sofix -li laka Ingglish**    appending the suffix **-li** as in English

| | | | |
|---|---|---|---|
| aad + li | > | **aadli** | *hardly* |
| bier + li | > | **bieli** | *barely* |
| nier + li | > | **nieli** | *nearly* |
| puo + li | > | **puoli** | *poorly, not well* |
| kies + li | > | **kiesli** | *scarcely* |

4  **adaan di sofix -a** *of*                   appending the suffix **-a** *of*

| | | | |
|---|---|---|---|
| bak + a | > | **baka** | behind |
| front + a | > | **fronta** | before, in front of |
| said + a | > | **saida** | beside |
| tap + a | > | **tapa** | top of |

# AJITIB  ADJECTIVES

Wi don si aredi ou ajitib kiah mek frah voerb (pp. 53-54), ah ou deh ifek kiah get chrangga bai doblop, ar chienjop-chienjop bai putaan madifaya. Wail ajitib no *h*inflek fi mach di sobjik, deh ab nof muo digrii a komparisn dan ina Ingglish we gat onggl chrii: pazitib, komparitib ah supoerlitib.

We have seen how adjectives may be derived from verbs (pp. 53-54), and how their effect may be intensified by doubling, or changed with the use of modifiers. While adjectives are not inflected to match the subject, there are many more degrees of comparison than in English which has three: positive, comparative and superlative.

|  | *positive* |  | *comparative* |  | *superlative* |
|---|---|---|---|---|---|
| English | big | +er | bigger | +est | biggest |
| Jumiekan | **big** | +a | **biga** | +is | **bigis** |
|  |  | +ara | **bigara** | +ares | **bigares** |

Yu kuda kaali se di komparatib ab tuu digrii fi iself: komparatib komparaitib ah supoerlitib komparitib. Pah tap a dat, yu kiah yuuz **muo** ah **muos**. Di chaat pah di nex piej shuo beta di komparisn digriidem fi di regla ajitib **nof,** ah di ajitibdem **gud** ah **bad**, iregla siemwie laka ou deh tan ina Ingglish.

One could say the comparative has two degrees of its own: comparative comparative and superlative comparative. In addition, *muo* and *muos* may be used. The chart overleaf shows better the degrees of comparison for the regular adjective *nof*, and for the irregular adjectives, as they are in English, *gud* and *bad*.

ESTIET WOERKA

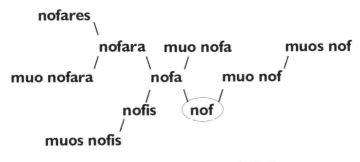

REGULAR ADJECTIVE

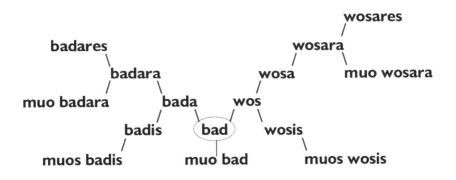

IRREGULAR ADJECTIVES

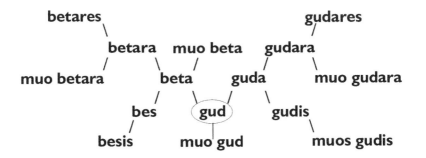

**Ebri leta fi soun,
aazwie soun siemwie.**

Every letter is pronounced,
the same way every time.

# 3  AATAGRAFI
## ORTHOGRAPHY

THIS SYSTEM HAS NO SILENT LETTERS AND EACH LETTER OR LETTER COMBINATION IS ALWAYS PRONOUNCED THE SAME WAY. THE SYSTEM IS, THEREFORE, EASY TO LEARN ... BECAUSE JAMAICAN IS A LANGUAGE IN ITS OWN RIGHT AND NOT JUST A FORM OF ENGLISH, A WORD THAT IS PRONOUNCED THE SAME IN THESE TWO LANGUAGES IS OFTEN WRITTEN DIFFERENTLY ... HOWEVER, SINCE JAMAICAN IS NOT ENGLISH, THE SOUNDS WHICH THE LETTERS CARRY IN THE CASSIDY SYSTEM FOR JAMAICAN ARE DIFFERENT FROM THOSE WHICH THEY CARRY IN ENGLISH.
~ HUBERT DEVONISH

Tel nou, Jumieka Taak a onggl wah *h*uoral langwij, paasdong an tu an, chuu wod-a-mout. Di fyuu piipl we chrai fi raiti raiti aal difrah kaina wie tel ebribadi dis kangkluud se iaad fi rait ah dis no bada widi. So wi no gat nomoch badi a lichicha fi luk pan muo dah fi Claude McKay ah fi Louise Bennett puoym, ah fyuu Nansi tuori. Iibm dem raitout ina wah saat a *h*Inggglish we no du jostis tu di soun ah powa a di langwij.

Until now, Jamaican has been an oral language passed on by word-of-mouth. The few who have tried to write it used a variety of spellings, making it difficult to standardize, and therefore discouraging further writing and reading. There is no body of literature beyond Claude McKay's and Louise Bennett's poems and a few Anancy stories. Even those are written in near-English, which do not do justice to the sound and power of the language.

## Fonimik sistim
### Phonemic system

Klier bak frah 1950-ad wah lingguis niem Frederic Cassidy divelop wah sistim fi raitout Jumieka Taak fi riprojuus di soun siemwie laka ou itaak. Sens lietli, di Jumiekan Langwij Yuunit op a Yunivoersiti a di Wes Indiz tek di Cassidy sistim fi divelopi, kandok pailat prajek ina skuul, ah inchajuusi tu di poblik az di tandad aatagrafi. Fi dem voerjan a di sistim nuo az Cassidy/JLU; a *h*it yuuz rait chuu da buk ya wid likl-likl madifikieshan.

Di mien dipaacha a di yuus a *h* fi maak niezalaiz vowil ina wod laka *ah, deh, ih, koh, suuh*; ou di glaid ar semi-vowil /w/ ah /y/ yuuz; ah ou wi yuuz /oer/.[5]

As far back as the 1950s, a linguist named Frederic Cassidy developed an orthography, that reproduces closely the sound of Jamaica Talk. Latterly, the Jamaican Language Unit at the University of the West Indies took the Cassidy system to develop it, conduct pilot projects in schools, and introduce it to the public as standard orthography. Their version of the system is known as Cassidy/JLU; that is the system used in this book with some modification.

The main departures are the use of *h* to mark nasalized vowels in words like *ah, deh, ih, koh, suuh*; how the glides or semi-vowels /w/ and /y/ are used; and how we use /oer/.[5]

---

[5] Cassidy/JLU appends 'hn' to mark nasalized vowels; favors /w/ and /y/ for glides; and maintains /or/ as the morpheme replacing the English *er, ir, or* and *ur*.

*h*Emfasaiz yu *h*iech dem, yu *h*ignarant *h*aas – stail wi kech frah 18t Senchri Landan.

Waneda *h*inovieshan wi mek a fi chrai riprizent di *h*inishal aspiriet, ar 'h' soun we kom bifuo muos wod we taat wid vowil. Dis shuo az luwa kies aitalik *h*. Laka wid nof Wes Afrikan langwij, tuu vowil no fi kom tugiada, so ef di wod bifuo en ina vowil *h* afi put a di ed a di nex wod ef itaat wid vowil.

Sens Jumiekan a wah *h*uoral langwij we wi a-chrai tandadaiz, den ispel sens fi ritien di *h*uoral kualitidem az moch az pasobl. Chuu dis, wi uop fi *h*extablish di *h*aatagrafi fi rikaad ah prizaab di langwij fi pasteriti bifuo *h*eni muo a *h*it laas.

Fi meki libit iizia fi riid, wen di dege leta /i/ miinin di shaat faam a *it* okor, wi shub<u>i</u> pan di rilietid wod laka priifix ar sofix. Ef a di sobjik <u>i</u>go bifuo di voerb, ef a *h*abjik <u>i</u>go baka di voerb. Egzampl de ina deh tuu sentans. Wi fain se muos piipl a-kom tu dis frah *h*Ingglish ah *h*out fi riid /i/ az 'I', fos posn singgiula.

Jumieka piipl no taak suoso wan wie bot sebral, frah di Kwiin Inggglish, ar wa wi kaal piiki-puoki, tu braad Patwa. Som tingz kiah se aal faib difrah wie (suich-kuod), meki aal di muo aad fi raitdong kansistant ebritaim. So no wan rait wie node fi se notn; idipen pah di piika *h*ih bakgrong, braatopsi ah *h*edikieshan, ah di *h*okiejan, ou ih se wa ih se.

*h*Emphasize your *h*aitches, you *h*ignorant *h*ass – feature we inherited from 18th century London.

Another innovation we have made is to represent the initial aspirate, or 'h' sound which comes before most words that begin with vowels. This is shown as a lower case italic *h*. As in many West African languages, two vowels should not come together, so if the preceding word ends in a vowel an *h* has to be put before the next word if it begins with a vowel.

Since Jamaican is an oral language which we are attempting to standard-ize, then it makes sense to retain the oral qualities as closely as possible. By this means, it is hoped to establish an orthography to record and preserve the language for posterity before any more of it is lost.

To make it a bit easier to read, when the single letter /i/ meaning *it* occurs, we attach it to its related verb as a prefix or suffix. Two examples are in that sentence (See Jamaican text). We have found that most people come to this from English and tend to read /i/ as 'I', first person singular.

Jamaicans have several modes of speaking, from the Queen's English, referred to as "speaky-spoky," to broad Patois. Some things are pro-nounced in up to five different ways (code switching), making it all the more difficult to establish an othography. There is no one correct pronunciaton; it depends on the speaker's background, upbringing and education, and the occasion how s/he says what.

## Nof wie fi se di siem ting
## Many ways of speaking

Askaadn tu di tiori a *daiglasia*, wen tuu langwij bokup, wan get ai stietos ah raitdong ah yuuz faamal, wails di *h*ada wan chat muo, no raitdong, ah piipl luk dong pani. Ina dis kies, Ingglish a di ai wan deh kaal di *h*akrolek wails Jumiekan uda bi di luo wan deh kaal bazilek. Di tuu langwij sohtaim kriskraas ah mixop fi gi wah inbitwiin taakin deh kaal miizolek. Wi kiah mekout chrii gried ar rijista a Jumieka taakin, di fos tuu faam di miizolek ah di toerd wan di bazilek. Egzampl a di spekchrom a *h*expreshan lisout ina kalom pah di nex piej.

Di majariti a Jumiekan taak miizolek muos a di taim; di *h*onggl piipl we a-kot bazilek uda muosli di *h*uola wandem a konchri, *h*ar els deh lef konchri lang taim ah de a *h*Ingglant, Panamaa, Kyuuba ar dem plies de wepaat Jumiekandem maigriet. Iuda foni ef itonout se a farin prizaab Jumiekan3 (J3) di besis.

Di kuod ar rijista wi ago fuokos pan rait chuu dis buk a J3 bazilek. Kip ina yu main se di patandem wi ago diskraib maita *h*aplai tu onggl it. Dis ano di laas ar onggl wod pah Jumieka langwij boti shuda pravaid a gud foundieshan.

According to the theory of *diglossia*, when two languages interact, one is given high status, is written and used formally, while the other may be spoken more, not written, and considered low. In this case, English would be the high one called the acrolect while Jamaican would be the basilect. The two languages sometimes criss-cross and blend to give an in-between speech known as the mesolect. We differentiate three grades or registers of Jamaica talk, the first two forming the mesolect with the third the basilect. Examples of the spectrum of expression is listed on the next page.

The majority of Jamaicans speak the mesolect, the only people speaking the basilect being mostly older ones in the rural areas, or those who have left the country a long time ago and now live in England, Panama, Cuba or places where Jamaicans migrated. It would be ironic if it turned out that Jamaican3 (J3) was preserved best abroad.

The code or register we will focus on in this book is J3 or basilect. Bear in mind the patterns we describe may apply only to it. This is not the last or only word on the Jamaican language but it should provide a foundation.

| Acrolect | Mesolect | | Basilect |
|----------|----------|---|----------|
| **English** | **J1** | **J2** | **J3** |
| *Jamaica* | Jamieka | Jomieka | **Jumieka** |
| *bottle* | botl | batl | **bakl** |
| *cold* | koal | kuol | **kaol / kaul** |
| *forget* | faget | figet | **figat** |
| *only* | onli | uonli | **onggl** |
| *somebody* | sombadi | sumadi | **smadi** |
| *something* | somting | sohting | **sinting / sitn** |
| *spoil* | spwoil | spwail | **pwail** |

| English | *we are going to market* |
|---------|--------------------------|
| J1 | wi iz goin tu maakit |
| J2 | wi gwain tu maakit |
| **J3** | **wi a /  da / de go a maakit** |

| English | *she went to the doctor yesterday* |
|---------|-----------------------------------|
| J1 | shi did go tu di dakta yestude |
| J2 | shi go a dakta yeside |
| **J3** | **ih (b/w)eh go a dakta yeside** |

| English | *I had told you not to come* |
|---------|------------------------------|
| J1 | a did tel yu nat tu kom |
| J2 | mi did tel yu no fi kom |
| **J3** | **mi (b/w)eh tel yu no fi kom** |

| English | *he came to fix the faucet* |
|---------|-----------------------------|
| J1 | ii did kom tu fix di paip |
| J2 | ih kom fi fix di paip |
| **J3** | **ih koh-koh fix di paip** |

| English | *the other one makes for better eating* |
|---------|------------------------------------------|
| J1 | di ada wan iit beta |
| J2 | di eda wan niam beta |
| **J3** | **teda wan niam betara** |

## SHAAT VOWIL SHORT VOWELS

| a | *as in* | <u>a</u>t | b<u>a</u>n | r<u>a</u>p | | |
|---|---|---|---|---|---|---|
| | **dat** | **bak** | **fala** | **sata** | **bada** | |
| | *that* | *back* | *follow* | *contemplate* | *bother, worse* | |

| e | *as in* | <u>e</u>gg | l<u>e</u>nd | t<u>e</u>ll | | |
|---|---|---|---|---|---|---|
| | **beg** | **get** | **lebl** | **sheg** | **tegereg** | |
| | *beg* | *get* | *level* | *obstruct* | *crass person* | |

| i | *as in* | <u>i</u>nk | g<u>i</u>ve | m<u>i</u>lk | | |
|---|---|---|---|---|---|---|
| | **di** | **lif** | **fimi** | **lili** | **sinting** | |
| | *the* | *lift* | *mine* | *very little* | *something* | |

| o | *as in* | d<u>o</u>ne | f<u>u</u>n | s<u>o</u>me | | |
|---|---|---|---|---|---|---|
| | **bot** | **fos** | **olo** | **sok-sok** | **sorop** | |
| | *but* | *first* | *deceit* | *iced confection* | *syrup* | |

| u | *as in* | b<u>u</u>ll | f<u>oo</u>t | p<u>u</u>t | | |
|---|---|---|---|---|---|---|
| | **yu** | **luk** | **fufu** | **guzu** | **tuku** | |
| | *you* | *look* | *yam* | *magic* | *stocky* | |

## LANG VOWIL LONG VOWELS

| aa | *as in* | b<u>a</u>r | c<u>a</u>r | p<u>a</u>lm | | |
|---|---|---|---|---|---|---|
| | **aal** | **aas** | **saaf** | **taak** | **baagin** | |
| | *aal/hall* | *horse* | *soft* | *talk* | *bargain* | |

| ii | *as in* | d<u>ea</u>l | m<u>ee</u>t | mach<u>i</u>ne | | |
|---|---|---|---|---|---|---|
| | **biit** | **iip** | **siin** | **biini** | **kwiin** | |
| | *beat* | *heap* | *seen* | *tiny* | *queen* | |

| uu | *as in* | y<u>ou</u> | fl<u>u</u> | b<u>oo</u>t | | |
|---|---|---|---|---|---|---|
| | **buut** | **fuud** | **skuul** | **yuut** | **tuu** | |
| | *boot* | *food* | *school* | *youth* | *too, two* | |

## NIEZALAIZ VOWIL  NASALIZED VOWELS

For the sounds that perhaps give the most difficulty
to represent, we append the letter *h* [6]

ah    as in French p<u>ein</u>t, s<u>ain</u>t
    **ah**    **dah**    **gaah**    **pah**
    *and*    *than*    *going*    *(up)on*

eh    as in French p<u>ei</u>gner
    **eh**    **deh**    **neh**    **weh**
    *did*    *they*    *didn't*    *did*

ih    as in French l<u>ig</u>ne, s<u>ig</u>ne
    **ih**    **ih-ih**    **hih**    **hih**
    *he/she*    *no*    *his/her*    *here you are/go*

oh    as in French <u>on</u>t, s<u>an</u>s
    **doh**    **koh**    **soh**    **woh**
    *don't*    *came*    *some*    *won't*

uh    **suuh**
    *soon*

## VOWIL BONGGL  VOWEL CLUSTERS

To minimize **vowil bonggl** confusion when 3 vowels come together
- /i/ is converted to /y/ [7]
- /u/ is converted to /w/

ai    *as in*  b<u>uy</u>  f<u>i</u>le  l<u>igh</u>t
    **bai**    **ail**    **sait**    **taim**    **nain-nait**
    *buy*    *oil*    *sight*    *time*    *ninth night*

aia > **aya**    *as in*  b<u>uye</u>r  h<u>ire</u>  l<u>ia</u>r
    **baya**    **faya**    **layad**    **tayad**    **mayal**
    *buyer*    *fire*    *liar*    *tired*    *mayal*

---

[6] Cassidy/JLU appends *hn*.    [7] Cassidy/JLU <u>adds</u> /y/.

| | | | | | |
|---|---|---|---|---|---|
| **au** | *as in German* fr<u>au</u>, *Spanish* R<u>au</u>l | | | | |
| | **aul** | **baul** | **kaul** | **mauli** | |
| | *old* | *bowl* | *cold* | *moldy* | |
| | | | | | |
| **ei** | *as in* | b<u>ay</u> | n<u>eigh</u> | gr<u>ea</u>t | |
| | **abei** | **gweih** | **rei-rei** | | |
| | *taunt* | *going* | *bla-bla* | | |
| | | | | | |
| **ia** | *as in* | f<u>ia</u>t | sim<u>ia</u>n | best<u>ia</u>l | |
| | **diam** | **niam** | **gias** | **gialan** | |
| | *damn* | *eat* | *gas* | *gallon* | |
| | | | | | |
| iaa > **yaa** | *as in* | l<u>a</u>go | P<u>ia</u>rco | t<u>ia</u>ra | |
| | **yaad** | **kyaa** | **kyaar** | **gyaad** | **nyaamps** |
| | *yard* | *carry* | *car* | *guard* | *pest* |
| | | | | | |
| **ie** | *as in* | Dan<u>ie</u>l | *French* p<u>ie</u>d | | |
| | **ier** | **iet** | **bied** | **mien** | **nieli** |
| | *hair* | *eight* | *bathe* | *main* | *nearly* |
| | | | | | |
| uie > **wie** | *as in* | qu<u>ie</u>sce | | | |
| | **wie** | **kwiel** | **wies** | **wiet** | **aazwie** |
| | *way* | *quail* | *waste* | *wait* | *always* |
| | | | | | |
| **io** | *as in* | D<u>io</u>r | f<u>jo</u>rd | k<u>io</u>sk | |
| | **Lio** | **pio** | **Rio** | **tiori** | |
| | *Leo* | *pure* | *Rio* | *theory* | |
| | | | | | |
| iuu > **yuu** | *as in* | d<u>u</u>ty | f<u>eu</u>d | b<u>eau</u>ty | |
| | **fyuu** | **dyuuti** | **byuuti** | **kyuut** | **myuuzik** |
| | *few* | *duty* | *beauty* | *cute* | *music* |
| | | | | | |
| **ou** | *as in* | r<u>ou</u>nd | m<u>ou</u>th | b<u>ough</u>/b<u>ow</u> | |
| | **dout** | **boun** | **lou** | **kount** | **sout** |
| | *doubt* | *bound* | *allow* | *count* | *south* |
| | | | | | |
| **oer** [8] | *as in* | f<u>er</u>n | <u>ear</u>n | f<u>ir</u>st | t<u>ur</u>n |
| | **foern** | **poerl** | **skoert** | **toerm** | **bloertniit** |
| | *fern* | *pearl* | *skirt* | *term* | *(interjection)* |

[8] Cassidy/JLU uses /or/.

| uaa > | **waa** | as in | b<u>wa</u>na | n<u>oir</u> | q<u>ua</u>lm | |
|---|---|---|---|---|---|---|
| | | **gwaan** | **kwaat** | **swaati** | **waah** | **tuwaad** |
| | | *go on* | *quart* | *stocky* | *want* | *toward* |
| | **ue** | as in | d<u>ue</u>t | p<u>ue</u>rile | s<u>we</u>at | |
| | | **gue** | | **suel** | **suet** | **kuestian** |
| | | *go away* | | *swell* | *sweat* | *question* |
| | **uo** | as in | d<u>uo</u> | q<u>uo</u>rum | | sin<u>uo</u>us |
| | | **fuo** | **guot** | **muos** | **tuod** | **puochri** |
| | | *four* | *goat* | *most* | *toad* | *poetry* |
| uii > | **wii** | as in | *French* <u>oui</u> | s<u>ui</u>te | t<u>wee</u>t | |
| | | **dwiit** | **kwiin** | **swiit** | **skwiil** | **bitwiin** |
| | | *do it* | *queen* | *sweet* | *squeal* | *between* |

Di ifek a di ruul fi niezalaizieshan ah vowil bonggl shuo klier-klier ina disaya gruup a wod we soun simila wid slait difrans ah difrah-difrah miinin. Wah mieja benifit a fi mekout *kiah* difrah frah *kyaah*. Ina Cassidy/JLU i-aad fi pikout *kyahn* frah *kyaahn* pah di kwik.

The effect of the rules for nasalization and vowel clusters is clearly shown in this group of words that sound similar with subtle differences and divergent meanings. In Cassidy/JLU it is difficult to distinguish *kyahn* from *kyaahn* at a glance.

| | | |
|---|---|---|
| | **kia** | *care* |
| 2 vowels – as is | **kia-kia** | *ha-ha (laugh)* |
| | **kiah / kian** | *can* |
| | **kyaah** | *can't* |
| 3 vowels – 'i' changed | **kyaa** | *carry* |
| to 'y' | **kyaat** | *cart* |

# KANSANANT CONSONANTS

**ch**     is the only use of 'c'

| **chat** | **choch** | **chuu** | **chuut** | **chuocho** |
|---|---|---|---|---|
| *chat* | *church* | *true* | *truth* | *chocho* |

**chr**     replaces most instances of 'str' and 'tr'

| **chrang** | **chrii** | **chriet** | **chrai** | **chraptin** |
|---|---|---|---|---|
| *strong* | *three* | *straight* | *try* | *strapping* |

**h**     aspirate (optional, indicated by italics) placed before words
        starting with vowels when the previous word ends with a vowel

| *h*aal | *h*ab | *h*enda | *h*iizi | *h*opm |
|---|---|---|---|---|
| *all* | *have* | *hinder* | *easy* | *open* |

**h**     nasalization of some vowels giving them a "French" sound

| **deh** | **ih** | **kiah** | **kyaah** | **soh** |
|---|---|---|---|---|
| *they* | *he/she* | *can* | *can't* | *some* |

**k**     replaces 'c' in all other instances

| **kak** | **kech** | **kuul** | **kukumba** | **kuoknat** |
|---|---|---|---|---|
| *cock* | *catch* | *cool* | *cucumber* | *coconut* |

**k**     replaces 'q'

| **kwiel** | **kuik** | **kuint** | **kwiin** | **kwayat** |
|---|---|---|---|---|
| *quail* | *quick* | *squint* | *queen* | *quiet* |

**jr**     replaces most instances of 'dr'

| **jraa** | **jrap** | **jriim** | **jriep** | **jregz** |
|---|---|---|---|---|
| *draw* | *drop* | *dream* | *drape* | *dregs* |

**ng**     as in English, but differentiated from following /g/

| **lang** | **ting** | **anggl** | **onggri** | **manggo** |
|---|---|---|---|---|
| *long* | *thing* | *handle* | *hungry* | *mango* |

**sh**     as in English

| **ashiz** | **osh** | **shap** | **shuga** | **stuoshos** |
|---|---|---|---|---|
| *ashes* | *hush* | *shop* | *sugar* | *showy* |

**w**      semi-vowel combinations

|  |  |  |  |
|---|---|---|---|
| **bwail** | **swiit** | **gwaih/gweih** | **pwail** |
| boil | sweet | going to | spoil |

**x**      retained in its customary function [9]

|  |  |  |  |  |
|---|---|---|---|---|
| **six** | **sax** | **bex** | **ox** | **kax** |
| six | socks | vex | husk | cogging (of dice) |

**y**      semi-vowel combinations in place of /i/

|  |  |  |  |  |
|---|---|---|---|---|
| **ayan** | **gyaad** | **kyaar** | **tayad** | **myuuzik** |
| iron | guard | car | tired | music |

**zh**      occurs only in mesolect as in *measure* which becomes /j/ in basilect [10]

|  |  |  |
|---|---|---|
| **mieja** | **pleja** | **voerjan** |
| measure | pleasure | version |

**Di res a kansonant dem regla**  |  Remaining consonants are regular

PATI LIEDI

---

[9] Cassidy/JLU substitutes /ks/.

[10] /zh/ was not naturalized as an English sound until the seventeenth century … It is also lacking in both Twi and Ewe. (Cassidy, 1980, 2002; lx).

## KANCHRAKSHAN CONTRACTIONS

Kaman ina kanvasieshan so yu expek fi faini nof ina langwij we onggl uoral tel nou.

Typical in a conversation so expected to be preponderant in a language that has been mostly oral until now.

| | | | |
|---|---|---|---|
| du it | > | **dwiit** | *do it* |
| si it | > | **siit** | *see it* |
| yu nuo | > | **ino** | *you know* |
| go a | > | **gaa** | *go to* |
| go aan | > | **gwaan** | *go on* |
| go alang | > | **galang** | *go along* |
| gu we | > | **gue** | *go away* |
| mi ago | > | **maago** | *I'm going* |
| yu ago | > | **yaago** | *you're going* |
| no ago | > | **naago** | *not going* |
| no a | > | **naa** | *not have* |
| no ab | > | **naab** | *not have* |
| no afi | > | **naafi** | *not have to* |
| yu afi | > | **yaafi** | *you have to* |
| mek ies | > | **mikies** | *hurry up* |
| tek kia | > | **tikia** | *take care* |
| duoh kia | > | **dongkia** | *careless* |
| wa a apm | > | **waapm** | *what's happening* |
| wa a gwaan | > | **waa gwaan** | *what's going on* |
| mi uda | > | **muuda** | *I would* |
| wi uda | > | **wuuda** | *we would* |
| yu uda | > | **yuuda** | *you would* |
| fi im | > | **fiim** | *his/hers, for him/her* |
| fi i(t) | > | **fii(t)** | *its, for it* |
| fi unu | > | **fuunu** | *yours (pl.) for you all* |
| de de | > | **dide** | *is there* |
| de uoba so | > | **duuba so** | *is over there* |
| di ada/eda | > | **deda / teda** | *the other* |
| se so | > | **siso** | *say that* |

## KANVOERJAN CONVERSION

Sens Ingglish soplai muos a di vokiabileri, i*h*iizi fi kanvoert di woddem tu Jumiekan askaadn tu patan don set aredi ah lef gi wi we diil wid chienj ina di soun. Teda adaptieshan aplai tu pelin wen di soun tan siemwie, ar fieba ina buot langwij, bot we wi a-luk aatagrafik kansistensi. Dis nesiseri fi di langwij ivalv ah kip pies wid taim.

Since English provides most of the vocabulary, it is easy to convert words to Jamaican following patterns already set and handed down that apply to changes in sound. The other adaptation applies to spelling where the sound may remain the same, or similar, in both languages, but where orthographic consistency is sought. This is necessary for the language to evolve and keep pace with the times.

### Sound change

| Sound change | | | Examples | |
|---|---|---|---|---|
| a/ai/ay | > | ie | bay > **bie** | raise > **riez** |
| | Except: | | make > m**e**k | take > **tek** |
| ea/ee | > | ie | dear > **dier** | beer > **bier** |
| e | > | i | deduct > **didok** | envelope > **invilop** |
| | Except: | | measure > mi**e**ja | |
| o | > | a | top > **tap** | follow > **fala** |
| o/oa/oo/or | > | uo | most > m**uos** | boat > b**uot** |
| | | | poor > p**uo** | force > f**uos** |
| oi | > | ai | oil > **ail** | noise > **naiz** |
| au/ou | > | aa | taunt > t**aan**t | nought > **naat** |
| ar/or | > | aa | part > p**aat** | north > **naat** |
| -er | > | -a | never > neb**a** | bigger > big**a** |
| ir/or/ur | > | o | bird > b**od** | worse > **wos** |
| | | | turn > t**on** | curse > **kos** |
| -en | > | m | even > iib**m** | seven > seb**m** |
| v | > | b | vex > **b**ex | ever > e**b**a |
| st- | > | t | stand > **t**an | stop > **t**ap |
| | Except: | | stupid > **ch**upid | |
| str-/tr- | > | chr- | string > **chr**ing | strapping > **chr**aptin |
| -sion | > | -jan | decision > disi**jan** | version > voer**jan** |
| -sion/-tion | > | -shan | mission > mi**shan** | edition > idi**shan** |
| -tial | > | -shal | partial > paa**shal** | essential > isen**shal** |
| -sure/-zure | > | -ja | pleasure > ple**ja** | seizure > sii**ja** |

| | | | | | | | | |
|---|---|---|---|---|---|---|---|---|
| -ture | > | -cha | future | > | fyuu**cha** | picture | > | pi**cha** |
| -ct | > | -k | fact | > | fa**k** | product | > | prodo**k** |
| -nd | > | -n | mind | > | mai**n** | send | > | se**n** |
| -rd | > | -d | pardon | > | paa**dn** | standard | > | tanda**d** |
| -st | > | -s | last | > | laa**s** | must | > | mo**s** |
| th | > | t | thin | > | **t**in | thought | > | **t**aat |
| | Except: | | the | > | **d**i | that | > | **d**at |
| | | | this | > | **d**is | them | > | **d**em |
| -tl | > | -kl | little | > | li**kl** | settle | > | se**kl** |
| ess | > | -is | goodness | > | gudn**is** | essential | > | **is**enshal |
| -ism | > | -izam | socialism | > | suoshal**izam** | | | |

### Spelling change       Examples

| | | | | | | | | |
|---|---|---|---|---|---|---|---|---|
| c | > | k | come | > | **k**om | cork | > | **k**aa**k** |
| ea | > | e | bread | > | br**e**d | sweat | > | su**e**t |
| ea/ee | > | ii | each | > | **ii**ch | meat/meet | > | m**ii**t |
| een/ene | > | iin | teen | > | t**iin** | gene | > | j**iin** |
| er/ir/or/ur | > | oer | verse | > | v**oer**s | purse | > | p**oer**s |
| oo | > | uu | boot | > | b**uu**t | soon | > | s**uu**n |
| oo/ou | > | u | wood/would | > | w**u**d | should | > | sh**u**d |
| ow/ough | > | ou | cow | > | k**ou** | bough/bow | > | b**ou** |
| ou/ough/ue | > | uu | soup | > | s**uu**p | through/true | > | ch**uu** |
| u | > | o | up | > | **o**p | fun | > | f**o**n |
| dg/dj | > | j | edge | > | e**j** | fudge | > | fo**j** |
| ph | > | f | phone | > | **f**uon | pharmacy | > | **f**aamasi |
| sch | > | sk | school | > | **sk**uul | schedule | > | **sk**edyuul |
| y | > | i | hilly | > | il**i** | sunny | > | son**i** |

### Examples with multiple shifts

| | | |
|---|---|---|
| tra - vell - er | str - uc - ture | tho - rough - fare |
| chra - bl - a | chr - ok - cha | ta - ra - fier |
| | | |
| Mon - te - go Bay | con - fir - ma - tion | quin - tes - sen - tial |
| Man - ti - ga Bie | kan - fa - mie - shan | kuin - ti - sen - shal |
| | | |
| per - spec - tive | e - pi - pha - ny | a - dju - di - ca - tor |
| po - spek - tib | i - pi - fa - ni | a - ju - di - kie - ta |

... the most directly African element in Jamaican culture is verbal — most of all storytelling, but also just in simple turns of phrase and in the social attitudes that go with those turns of phrase.
– Edward Lucie-Smith

# 4  **VOKIABILERI**
## VOCABULARY

SOME DIALECT WORDS ARE OF VERY NARROW RANGE: THEY WOULD BE
KNOWN ONLY IN A SMALL COMMUNITY OR ONLY TO INDIVIDUAL
SPEAKERS. OTHERS ARE WIDESPREAD AMONG THE FOLK BUT WOULD NOT
BE GENERALLY KNOWN BY THE EDUCATED. OTHERS AGAIN ARE WELL
KNOWN TO EVERY JAMAICAN, THOUGH THEY MIGHT NOT BE USED
NORMALLY BY THE EDUCATED. (AND THERE ARE MANY WORDS USED BY
JAMAICANS, EDUCATED OR NOT, WHICH WOULD NOT BE KNOWN TO THE
OUTSIDER.)
— FREDERIC CASSIDY
*DICTIONARY OF JAMAICAN ENGLISH*

## WOD GRUUP  WORD GROUPS

### NOMBA | NUMBER

| | | | |
|---|---|---|---|
| 1 wan *one* | 1s fos *first* | 2 tuu *two* | 2n sekan *second* |
| 3 chrii *three* | 3d toerd *third* | 4 fuo *four* | 4t fuot *fourth* |
| 5 faib *five* | 5f fif *fifth* | 6 six *six* | 6x six *sixth* |
| 7 sebm *seven* | 7t sebmt *seventh* | 8 hiet *eight* | 8t hiet *eighth* |
| 9 nain *nine* | 9t naint *ninth* | 10 ten *ten* | 10t tent *tenth* |
| 11 lebm *eleven* | | 11t lebmt *eleventh* | |
| 12 tuelb *twelve* | | 12b tuelb *twelfth* | |
| 13 toertiin *thirteen* | | 13t toertiint *thirteenth* | |
| 14 fuotiin *fourteen* | | 14t fuotiint *fourteenth* | |
| 15 fiftiin *fifteen* | | 15t fiftiint *fifteenth* | |
| 16 sixtiin *sixteen* | | 16t sixtiint *sixteenth* | |
| 17 sebmtiin *seventeen* | | 17t sebmtiint *seventeenth* | |
| 18 hietiin *eighteen* | | 18t hietiint *eighteenth* | |
| 19 naintiin *nineteen* | | 19t naintiint *nineteenth* | |
| 20 tuenti *twenty* | | 20t tuentiet *twentieth* | |
| 30 toti *thirty* | | 30t totiet *thirtieth* | |
| 40 faati *forty* | | 40t faatiet *fortieth* | |
| 50 fiti *fifty* | | 50t fitiet *fiftieth* | |
| 60 sixti | | 60t sixtiet *sixtieth* | |
| 70 sebmti *seventy* | | 70t sebmtiet *seventieth* | |
| 80 hieti *eighty* | | 80t hietiet *eightieth* | |
| 90 nainti *ninety* | | 90t naintiet *ninetieth* | |
| 100 onjrid *hundred* | | 100t onjrit *hundredth* | |
| 1000 touzn *thousand* | | 1000t touznt *thousandth* | |
| 1000000 milian *million* | | 1000000t miliant *millionth* | |
| 1/4 kwaata *quarter* | | 1/3 toerd *one-third* | |
| 1/2 aaf *half* | | 3/4 chrii-kwaata *three-quarters* | |

| | |
|---|---|
| hongx *ounce* | pong *pound* |
| kiilo *kilo* | paint *pint* |
| kwaat *quart* | gialan *gallon* |
| dala *dollar* | sent *cent* |
| hinch *inch* | fut *foot* |
| yaad *yard* | mail *mile* |
| sentimiita | *centimeter* |
| kilamita | *kilometer* |

## TAIM | TIME

sekan *second*
wiik *week*
deked *decade*
Sonde *Sunday*
Wenzde *Wednesday*
Satide *Saturday*
Maach *March*
Juun *June*
Septemba *September*
Disemba *December*
pah taim *on time*
hiivlin *evening*
staam *storm*
man-rien *heavy rain*
at-at *very hot*
mikies *hurry up*
suuh / suun *soon*
sohtaim *sometimes*

minit *minute*
faatnait *fortnight*
senchri *century*
Monde *Monday*
Toerzde *Thursday*
Janiweri *January*
lepril *April*
Julai *July*
Aktuoba *October*
hoerli *early*
bifuodie *pre-dawn*
weda *weather*
laitnin *lightning*
juu *dew, drizzle*
koul *cold*
pah ies *in a hurry*
aadli *hardly*
noftaim *often*

howa *hour*   die *day*
mont *month*   ier *year*
mileniom *millenium*
Tyuuzde *Tuesday*
Fraide *Friday*
Febiweri *February*
Mie *May*
Aagas *August*
Novemba *November*
liet *late*
dielait *dawn*
briizbluo *hurricane*
tonda *thunder*
at *hot*
kaul *very cold*
alidie *holiday*
neba *never*
regla *regularly*

## KUALITI | QUALITY

liili *tiny*
li / likl *little*
donggruo *undersized*
migl *middle*
nof *much, many*
taal *tall*
tap *top*
aastierin *very large*
suingk *shrunken*
juki-juki *prickly*
airi *nice, cool*

biini *tiny*
sumaal likl *very small*
shaat *short*
miglin *medium*
wuoliip *many*
lang *long, tall*
batam *bottom*
elaba *extensive*
suelop *swollen*
bununus *delightful*
buonifai *genuine*

sumaal *small*
winji *undeveloped*
midiom *medium*
laaj *large*
banz *many*
langilaala *very tall*
singkuma *oversized*
jraadong *reduced*
simuud *smooth*
aarait *alright*
bofro *coarse*

AAFWE-CHRII CHRANSPUOT SENTA

## PLIES | PLACE

| | | | |
|---|---|---|---|
| a *at, in, to* | pah *on* | ina *in, into* | for *far* |
| nier *near* | anda *under* | uoba *over* | bituix *between* |
| ya, yaso *here* | de, deso *there* | rong *around* | konchri *country* |
| hop *up* | dong *down* | goli *gully* | tong *town, Kingston* |
| naat *north* | sout *south* | iis *east* | wes *west* |
| mongx *among* | kuos *coast* | siisaid *beach* | mouhn *mountain* |
| il *hill* | riba *river* | weti-weti *wet* | poto-poto *muddy* |
| dosi *dusty* | ruod *road* | paas *path* | raktuon *stone* |

KAANWAL

MIGLSEX    SORI

★
KINSTON

JUMIEKA KOUNTI

| | |
|---|---|
| Kinston *Kingston* | Mandibl *Mandeville* |
| Mantiga Bie *Montego Bay* | Mobie *Mobay* |
| Mie Pen *May Pen* | Falmot *Falmouth* |
| Panish Tong *Spanish Town* | Morant Bie *Morant Bay* |
| Anata Bie *Annotto Bay* | Puot Antuoni *Port Antonio* |
| Uochi Rayas *Ocho Rios* | Sablamaar *Savlamar* |
| Brongx Tong *Brown's Town* | Aligeta Pan *Alligator Pond* |
| Jongshan *Junction* | Bag Waak *Bog Walk* |
| Puot Maraya *Port Maria* | Raki Paint *Rocky Point* |
| Blak Riba *Black River* | Aigiet *Highgate* |
| Elsha *Hellshire* | Luusi *Lucea* |
| Sin Tamas *St. Thomas* | Sin Kiachrin *St. Catherine* |
| Sint An *St. Ann* | Sin Mieri *St. Mary* |
| Chrilaani *Trelawny* | Sin Jiemz *St. James* |
| Anuova *Hanover* | Wesmalan *Westmoreland* |
| Puotlan *Portland* | Klarindan *Clarendon* |
| Sint Ilizabet *St. Elizabeth* | Manchesta *Manchester* |
| Afrika *Africa* | Iesha *Asia* |
| Yuurop *Europe* | Aaschrielia *Australia* |
| Naat Amoerka *North America* | Sout Amoerka *South America* |
| Moerka *USA* | Kianada *Canada* |
| Ingglant *England* | Chaina *China* |
| Frans *France* | Joermani *Germany* |

Kiaribiyan *Caribbean*
Kyuuba *Cuba*
Ieti *Haiti*
Mesiko *Mexico*
Kasta Riika *Costa Rica*
Antiiga *Antigua*
Puoto Riiko *Puerto Rico*

Chrinidad *Trinidad*
Babiedoz *Barbados*
Gayana *Guyana*
Sin Kits *St Kitts*
Sin Vinsn *St Vincent*
Sin Luusha *St Lucia*
Suurinam *Suriname*

ans *ants*            maskita *mosquito*
laan *lawn*           nailan *asphalt*
yaad *home*           hafis *office*
shap *shop*           aspital *hospital*
otel *hotel*          ges ous *guest house*
ariina *arena*        shuo *show*
lakop *jail*          wokous *prison*
jiel *jail*           simichri *cemetery*

bangkin *bank, verge*
patuol *pot-hole*
outaduo *outside, outdoors*
dakta shap *pharmacy*
tieta *theater*
kansoert *concert*
penitenshri *penitentiary*
choch *church*

NYUU PUOT ANTUONI KUOTOUS

## KANEKSHAN | CONNECTIONS

mi *I, me*              yu *you*                ih *he, she*              im *him, her*
i(t) *it*               unu *you all*           wi *we, us*               deh *they*
dem *them*              bra, breda *brother*    sista *sister*            ongkl *uncle*
anti *aunt*             waif *wife*             ozban *husband*           pitni *child*
biebi *baby*            washbeli *last child*   daata *daughter, female*
grani, grandi, gang-gang, nana, nenen *grandmother*
fambili *family, relatives*              grampa, taata *grandfather*
pa, pupa, faada *father*                 faadahlaa *father-in-law*
ma, mada, muma *mother*                  madahlaa *mother-in-law*
biebimada *child's mother*               biebifaada *child's father*
jakit *child of another man, unknown to partner*
mien skwiiz *current lover*              swiitaat *lover*
kombolo *associate, peer*               paadi *friend, partner*
pasiero *friend*                        brejrin *friend, acquaintance*
kii spaar *best buddy*                  aijrin *friend, acquaintance*

## Die niem | Day names

| Miel | | | Fiimiel |
|------|------|------|------|
| Kuashi | Sonde | *Sunday* | Kuashiba |
| Kojo | Monde | *Monday* | Juba |
| Kubena | Chuuzde | *Tuesday* | Bene |
| Kuako | Wenzde | *Wednesday* | Kuba |
| Kwao | Toerzde | *Thursday* | Aba |
| Kofi | Fraide | *Friday* | Fiba |
| Kuamin | Satide | *Saturday* | Mimba |

FAMBILI

# PIIPL | PEOPLE

jinarieshan *relatives*
aikola *light-skinned*
klierskin *light-skinned*
jred *Rastafarian*
bobo *Rastafarian*
red Ibo / Niega *light-skinned person of African descent*
Kuuliraayal *person of African/Indian descent*
Chainiraayal *person of African/Chinese descent*
babu *address to Indian male*
'sa Chin *address to Chinese male*
poliis, redsiim *police*
babilan *police, the system, the West*
yuut *child(ren), young man*
puosmisis *postmistress*
empii *Member of Parliament*
kaapi, kaapral *corporal*

nieshan *nation, race*
brounin *brown-skinned person*
bakra *white person, ruling class*
Niega *person of African descent*
nati *Rastafarian*

tiicha *teacher*
paasn *parson, minister*
hafisa *officer*
jogis *drug dealer*
puosi *postman*
kongsla *councillor*
dan *warlord*
saajan *sergeant*
mirana *address to judge*
shuumeka *cobbler*
dokta *conductor*
igla *vendor*

laaya *lawyer*
kiapmta *carpenter*
tinsimit *tinsmith*
tiicha *teacher*

joj *judge*
jaki *jockey*
dakta *doctor*
noers *nurse*

## BADI | BODY

ier *hair*
nuoz *nose*
jaa *jaw, cheek*
chin *chin*
nekbak *nape*
an *hand, arm*
elbo *elbow*
chis *chest*
bres *breast*
said *rib cage*
ip *hip*
leg *thigh*
engkl *ankle*
tuo *toe*

farid *forehead*
nuozuol *nostril*
yai *eye*
tiit *tooth*
moutwaata *saliva*
shuolda *shoulder*
big fingga *thumb*
likl fingga *pinkie*
bak *back*
krachiz *crotch*
bati *buttocks*
nii *knee*
futbatam *sole*
bigtuo *great toe*

ed *head*
lip *lips*
yailash *eyelash*
tong *tongue*
iez *ear*
aampit *armpit*
fingga *finger*
marid fingga *wedding finger*
beli, beli batam *abdomen*
tomok *stomach*
byain *behind*
kyaaf *calf*
fut *foot, entire lower limb*
likltuo *little toe*

fies *face*
mout *mouth*
yaibrou *eyebrow*
nek *neck*
iezuol *earhole*
iezkaana *temple*
fingganiel *fingernail*

muol *top of skull*
sheng *shin*

## NIAMIN | EATING

niam *eat*
naif *knife*
sib *sieve*
shuga *sugar*
ail *oil*
bwail *boil*
suok *soak*
krips *crisp*
pat *pot*
kekl *kettle*
pier *avocado*
aki *ackee*
kiabij *cabbage*

bikl *food*
supuun *spoon*
kaamii *cornmeal*
saal bota *margarine*
saaya saas *soya sauce*
ruos *roast, roasted*
pepa *pepper, hot taste*
bon *burn, burnt*
grieta *grate, grater*
bita, bichrish *bitter*
tumatis *tomato*
pongkin *pumpkin*
plaahn *plantain*
kyaarat *carrot*

niniam *food*
rais *rice*
schuu *stew*
saal *salt*
liki-liki *greedy*
frai *fry, fried*
ox *husk*
bon-bon *burnt crust*
chapop *chop, chopped*
ash *sharp-tasting*
bambai *left-overs*
chaklata *left-overs for breakfast*
siiznin *thyme & escallion*
kukumba *cucumber*

pliet *plate*
flowa *flour*
krakri *tableware*
kechop *ketchup*
muorish *appetizing*
kriebn *gluttonous*
swiit *sweet, tasty*

uonian *onion*   gyaalix *garlic*   skelian *escallion*

pitieta *potato*   tonip *turnip*   gyaadneg *eggplant*

pupaa *papaya*   tambrin *tamarind*   kuoknat *coconut*

laim *lime*   arinj *orange*   griepfruut *grapefruit*

ginop *guinep*   manggo *mango*   sowasap *soursop, graviola*

gwaava *guava*   banaana *banana*   niizberi *naseberry, sapodilla*

plom *plum*   tonton *polenta*   pongganat *pomegranate*

puok *pork*   mins *ground beef*   motn *goat meat*

labsta *lobster*   suimz *shrimp*   sinapa *snapper*

buon *bone*   saalfish *salted cod*   saalting *salted meat*

kin *skin*   pigtiel *pork tail*   saalbiif *corned beef*

axtiel *oxtail*   joerk puok *jerk pork*   bulibiif *canned corned beef*

*sachiz* *sausage* redpiiz *kidney beans*   gungupiiz *congo or pigeon peas*

koriguot *curried goat*   schuupiiz *kidney bean stew*

kachbanit *Scotch Bonnet pepper (capsicum)*

(es)kobiich *style of cooking with vinegar, usually fish*

rondong *style of cooking in coconut milk, usually pickled mackerel*

bluu jraaz / dukunu / tailiif *steamed cornmeal sweet in banana leaf*

rak / bos-mi-jaa / bosta bakbuon *type of hard coconut candy*

kiek *cake*   tuoto *coconut cake*

bon *sweet spicy bread*   bula *molasses cake*

pudn *pudding*   pati *pastry with savory filling*

puon *pudding*   kaamiipap *cornmeal porridge*

kiandi *candy*   kotkiek *type of coconut confection*

grieta kiek *coconut candy*   asham *ground corn confection*

kakshan *popcorn confection*   soksok *frozen confection*

hais *ice*   kriim *ice cream*

sorop *syrup*   suoda / jingx *soda pop*

bier *beer*   brebij *lemonade*

beliwash *lemonade*   waataz *liquor*

rom *rum*   shandi *beer/ginger ale mix*

bush tii *herbal tea*   kaafi (tii) *coffee*

koko (tii) *cocoa*   chaaklit (tii) *hot chocolate*

jraa *infuse*   notneg *nutmeg*

wanggla *candied sesame or nuts*   gizaada *type of coconut pastry*

pinda kiek *peanut cake*   jraps *type of coconut candy*

# TEKNALAJI | TECHNOLOGY

achitek *architect*
kanchrakta *contractor*
lektrishan *electrician*
soerkit *circuit*
kiapasiti *capacity*
rizistans *resistance*
kompyuuta *computer*
iimiel *email*
dongluod *download*
dijitaiz *digitize*
saach *search*
blain kapi *blind copy*
muodem *modem*
satilait *satellite*
braadkyaas *broadcast*
nyuuklier *nuclear*
riplikieshan *replication*
kuantom *quantum*
algoridim *algorithm*
sayans *science*
invairanment *environment*
maikro-aaganizam *microorganism*
vairos *virus*
imyuuniti *immunity*
molekiula *molecular*
minichraizieshan *miniaturization*
omiostasis *homeostasis*
singkrani *synchrony*

injinier *engineer*
chokcha *structure*
kanekshan *connection*
pruograma programer
chranzmishan *transmission*
friikuensi *frequency*
rezaluushan *resolution*
analag *analog*
saabis pravaida *service provider*
ilekchranik *electronic*
brouza *browser*
inkripshan *encryption*
jinarieshan *generation*
amplityuud *amplitude*
juplikiet *duplicate*
jinetik *genetic*
chranskriptiez *transcriptase*
aplikieshan *application*
siikuens *sequence*
riisoerch *research*
bayosfier *biosphere*
baktiiria *bacteria*
infekshan *infection*
malikyuul *molecule*
gigabait *gigabyte*
krayojenix *cryogenics*
metabalizam *metabolism*
kwaak *quark*

## IDIAM IDIOMS

**aaba shaak** *predator, scavenger*

**aal dat** *precisely, exactly so*

**aal ah aal** *absolutely all*

**aal di** *however much, no matter how much*

**aal di siem** *just the same*

**aal di wail** *always, habitually*

**aal nou** *even now, still, yet*

**aal yu** *people like you*

**aas ded ah kou fat** *drawn-out, evasive excuse or explanation*

**ab mi hexkyuuz** *please excuse me*

**ab wait liba** *sexually insatiable*

**a chuu** *it's true, that's right*

**a da(t) mek** *that's why*

**a dat** *that's it*

**agani** *sexual ecstasy*

**angl laka bwai / daag** *treat shabbily*

**an no jain choch** *capable, uncon-strained, unrestricted*

**ano se** *it is not that*

**ano tide** *for a long while*

**a so** *how it is, is that so?*

**a wamek** *why that is / why is that?*

**awe frah** *except, apart from*

**awuo** *had better be so*

**ax paadn** *pardon me, excuse me*

**baan baka kou** *backward, slow, ignorant, unexposed*

**baan ya** *born here, native*

**bad fiilin** *vague ill-health, malaise*

**bad main** *ill will*

**badi komdong** *rectal prolapse*

**bag ah pan** *belongings, junk*

**bai pus ina bag** *purchase or transact sight unseen*

**baka yaad** *at home*

**bati ah bench** *inseparable*

**baxbout** *hang about*

**baxkova** *exclamation of surprise*

**beg ef mi kiah** *may I ... ?*

**beg exkyuuz** *pardon me, excuse me*

**beg yu** *please*

**beli** *pregnancy* —**get beli** *become pregnant* —**dash we beli** *have abortion*

**bich lik** *strong blow*

**bifuo kak putaan jraaz** *pre-dawn*

**bifuo yu kiah se kem** *in a jiffy*

**big ah suoso** *large but worthless*

**biitop yu gom** *blathering, futile complaining*

**bilz** *cash*

**bliich** *to go without sleep, stay up late*

**blodfaya** *condemning curse*

**blouwou** *mild expletive*

**blouz-ah-skoert** *mild expletive*

**bon faya** *condemn*

**bon kiangl fi** *put hex on*

**bosout** *break out, lose inhibitions*

**bos shot** *make effort, exert*

**bos tuu klaat** *swear vociferously*

**bot si ya** *see here, look at this*

**bot tap** *hold on a minute*

**bring kom** *bring it here*

**brok pakit** *broke, penniless*

**brok yu dox** *make initial score*

**bulboka** *fearless combatant*

**bon (bad) kianggl / lamp** *invoke misfortune on another*

**byain Gad bak** *remote, cut-off*

**chek fi** *like, approve of, support*

**ches ai** *ambitious*

**chrash ah redi** *stylish, fashionable*

**chrentan** *pork*

**chuo wod** *to taunt, to insinuate*

**chupsi** *term of endearment*

**chuu ting** *it's true, that's right*

**chuu tu ou**  *because, since*
**chuu wod**  *truth*
**daa wi du**  *that'll do*
**daag niam yu sopa**  *expect trouble, you're going get it*
**dali**  *to perform weaving motion, especially on a bike*
**dali ous mashop**  *disruption of accustomed or comfortable situation*
**dan gaagan**  *chief warlord*
**de (wid)**  *to be in a relationship (with)*
**de bout**  *to be around, nearby*
**de pah**  *to insist, pressure*
**de pah ies**  *to be in a hurry*
**ded fi**  *dying to*
**ded fi onggri**  *extremely hungry*
**ded wid laaf**  *dying with laughter*
**dedaz**  *meat, meat products*
**dede / dide**  *is/are there*
**dem taim (de)**  *at that time*
**di maroz**  *tomorrow*
**di Rak**  *island of Jamaica*
**dis az chiip**  *just as well*
**disaid yu main**  *make up your mind*
**dis said**  *here*
**dongkia**  *carefree, shiftless*
**donz(ai)**  *money*
**dopi kangkara**  *ghost buster*
**duomout**  *doorway, threshold*
**duont?**  *isn't that so?*
**du yu notn**  *caused offense*
**ebri jakman**  *all without exception*
**ef ano so a nieli so**  *not quite but almost*
**ef a so a so**  *so be it*
**ef a heg mi ina di red**  *count me in*
**ef laif spier**  *God willing*
**ef yu tingk yu bad**  *dare you*
**el ah pouda ous**  *major disturbance*
**enzop**  *hands up, show of hands*
**es di spat**  *leave quickly*

**fain yu yaad**  *go home*
**fala baka mi**  *follow me*
**falafashin**  *copycat*
**farin**  *abroad, imported* —**gaa farin** *go abroad*
**fi chuu**  *really and truly*
**fi six**  *to the extreme (cricket boundary)*
**fies fieba**  *mild put-down*
**fiil a wie**  *to feel embarrassed, slighted, uncomfortable*
**flai paas yu nes**  *inappropriate, presumptuous*
**frah ih yai de a ih nii**  *since (s)he was little*
**frah Wapi kil Filop**  *long time ago (ref. an early gun homicide, in 1951)*
**fraitn fi si**  *surprised to see*
**fuos raip**  *premature, precocious*
**gaa**  *go to*
**gaan klier**  *succeed*
**gaan tu bed**  *in the extreme*
**gastu**  *must, similar to American gotta*
**get a blai**  *given a chance, an opening*
**get bon**  *be cuckolded*
**get chuu**  *succeed*
**gi baaskit fi kyaa waata**  *assign pointless or impossible task*
**gi bon**  *to cheat on sex partner*
**gi six fi nain**  *deceive, pull a fast one*
**gialis**  *ladies' man, womanizer*
**giets**  *home*
**ginigag**  *person of influence, power*
**gladbag bos**  *overjoyed*
**glamiti**  *female genitals*
**go chuu**  *proceed*
**gwaan laka se**  *act as if*
**huol yu kaana**  *maintain position, stay as/where you are*
**ie ya**  *listen to this (sarcasm)*
**ie im no?**  *would you listen to him? (sarcasm)*

ih-ih  *no*

iih?  *what do/did you say?*

iih-hi  *yes*

iih-hi nou  *yes, now we'll see*

ina yu gunggu / haki  *in your element, feeling good*

Jamdong  *Jamaica*

jamin  *dancing*

jangkro bati  *unrefined rum*

Jie-ie  *JA (Jamaica)*

jiizam piis  *mild expletive*

jos kuul  *relax*

jraa bad kyaad  *have bad luck*

jraadong  *to lose weight, appear unwell*

jraa lang bench  *to discuss at length*

jrai-ed  *thin hair*

jraifut  *(person) of no consequence*

jraifuud  *processed, packaged food, e.g. bread, snacks*

jrailan tuoris  *local tripper; one given to putting on airs*

jrap fut  *to dance*

jrap ina suup  *gain advantage, get lucky*

jrap jraaz  *ultimate insult or public protest, moon*

jrap wod  *to hint, insinuate*

jrapi  *express it*

jres pus  *dressed up or overdressed*

jres tu pus (bak) fut  *overdressed or dressed ostentatiously*

jriepop  *to arrest, restrain by holding by trouser waist*

juok mi a-mek  *just kidding*

kaak(op)  *stopped up, jammed, crowded*

kaak yu iez  *don't listen*

kaaldong kroud  *create a stir*

kaali se  *virtually, just about*

kaanaz  *location, neighborhood*

kaka (faat)  *expletive*

kak yu iez  *listen closely*

kak nat iibm putaan jraaz  *too early in the day*

kakop  *to raise; relaxed pose of the nonchalant*

kakop de  *yeah, right (sarcasm)*

kakout  *to push out, protrude*

kech di riek  *get hint, insight*

kech fait  *come to blows*

kech fried  *become afraid*

kech ih lent  *find one's stride*

kechi-shubi  *haul-and-pull, give-and-take; have sex*

kech waal kola  *become part of the furniture*

kiari-go-bring-kom  *gossip, rumor*

kii spaar  *best friend, main man*

kil wait foul  *perform ritual sacrifice for nefarious end*

kin pupalik  *somersault*

kintiit  *grin, false smile*

kirout!  *get out!*

kis mi nek  *exclamation of surprise*

kistiit  *make sucking sound through protruding lips as expression of disgust, disdain*

klieraaf!  *go away!*

komiin laka  *is like, similar to*

kot ten  *to sit with legs crossed*

kot yai  *to look at, then away from someone in disdain*

kou baalin  *very vocal weeping*

kraabtuo  *bad handwriting*

krai krii  *to call time-out*

kramp stail  *inhibit, detract*

krisaz  *brand new, especially car*

kruushal  *important*

ku de  *look there*

kuchi  *communal smoking pipe*

kuk ah kori  *all set, ready to go*

kumout!  *get out!*

**kuul yu fut** *relax*
**ku ya** *look here*
**kyaah du beta** *have no choice*
**kyaah don** *unending, limitless*
**kyaah mash ans** *helpless, impotent*
**Laad a masi!** *Lord have mercy!*
**laaf tel a pap(op)** *collapse in laughter*
**laaj** *renowned*
**laala!** *exclamation similar to 'O my!'*
**laas kyaah fain** *irretrievable, lost forever*
**Laax!** *euphemism for Lord!*
**laikaaf** *to be fond of, soft on*
**laka se** *as if*
**lap fraktiel** *show defiance, gird loins*
**lap tiel** *admit shame, embarrassment*
**legobiis** *unrestrained person*
**lef tu ou** *depending on how*
**lef tu yu** *it's up to you*
**letaaf a smaalz** *give handout*
**libati tekin** *presumptuous attitude or act*
**libati kom chuu kielisnis** *akin to 'familiarity breeds contempt'*
**lik dem fi six** *go all out*
**lik ed** *(hit head and) get crazy*
**likl muor** *later*
**luk a wie** *seem odd, questionable*
**luk-ah-juk** *hunt-and-peck way of typing*
**luk fi mi wid wan yai** *I may show up*
**luk frah wen** *for a long while*
**maak yu fies** *remember you as a result of slight or insult*
**maali graip ah floxi komplien** *indeterminate maladies*
**main de** *watch out, out of the way*
**main tel mi** *believe, reckon, have a hunch, thought as much*
**main ron pah** *thought of*
**main yu fut** *get your foot out of the way*

**mait az chiip** *may as well*
**man-a-yaad** *(male) head of household*
**manaz** *said after belching, akin to 'pardon me'*
**masi mi maasa** *exclamation akin to 'mercy, Lord'*
**mi beli** *exclamation of amusement, cynicism, incredulity*
**mi mada** *exclamation of amusement, cynicism, incredulity*
**mi kia?** *do i care?*
**mi nekbak** *mild expletive*
**mi no biniz** *not concerned, don't care*
**mi no kia** *not concerned, don't care*
**mi no smadi tu?** *don't I count?*
**mi no tel yu** *told you so*
**mikies** *hurry up*
**moni no kech** *not enough cash*
**mos-ah-boun** *obligated, required*
**mosa / mosi** *it must be*
**muo taim** *see you later*
**naida dii nar dou** *not one or other*
**nat a piis a dat** *absolutely not, no way*
**nat a wan** *none at all*
**nati jred** *Rastafarian*
**neba si kom si** *parvenu*
**nekbak** *exclamation of surprise*
**niamaaf** *eat completely*
**niamaaf ed** *berate, scold*
**niam don** *finish eating*
**no anggl mi so** *don't treat me like that*
**no big ting** *not of concern*
**no bikaa** *just because*
**no biniz** *don't care, not concerned*
**no biyevia** *inconsiderate, lacking upbringing*
**no chuu?** *isn't that true?*
**no du yu notn** *does not affect you*
**no fiil no wie** *not to be sorry, not to take offense, not to be affected, not to be taken personally*

**no fret** *don't worry*

**no iebl fi yu** *can't deal with you*

**no kia ou** *no matter how*

**no mata mi** *not my business, don't care*

**no mek juok fi** *wastes no time*

**no mek nait kech** *don't get caught by nightfall*

**nomo** *alone, only, solely, nothing more, except that*

**nomos** *of course, certainly*

**no nuo ie frah bulfut** *ignorant, uneducated, illiterate, clueless*

**no nuo wa klak a chraik** *naive, unaware*

**no puoshan** *not much*

**no put pah praktis** *don't make it a habit*

**no Sangki no sing so** *what nonsense! whoever heard of that?*

**no siso** *don't say that*

**no so** *not like that, not that much*

**no so?** *isn't that so?*

**no so tuu** *not that much, hardly*

**no tek tii** *not compatible, not agreeable*

**no tu dat** *not that much*

**nuo ou waata waak go a pongkin beli** *know how things work*

**puo mi bwai / gial** *poor, little old me*

**ou kipin?** *how are you?*

**outaduo** *outside, outdoors*

**outa haada** *rude, impudent*

**outfi** *to be about to*

**ou yu du?** *how are you?*

**pah rapid** *quickly*

**pap stail** *aspire, adopt style or manner*

**pap tori gi mi** *tell me the story, give me the dirt*

**pikop fut** *hurry*

**pik sens outa nansens** *make the best of a bad situation, find saving grace*

**pinch mi tel mi** *hint at, tip off*

**plie fuul fi kech waiz** *feign ignorance*

**pul fut** *run, get away*

**put guot mout pah** *invoke misfortune*

**put kuestian tu** *infer that questioner is of lower status, or question is dubious, unacceptable; ask for sex*

**puo no choch mous** *poor as a church mouse*

**rakaz** *type of reggae*

**rei-rei** *excessive chatter, 'blah-blah'*

**ron buot** *cooperative ad hoc cooking, e.g., in the bush, on a construction site*

**rondong** *to chase after, to argue insistently*

**ruopiin** *join in, lend a hand*

**saab im a saas** *get back at him/her*

**saal(t)** *down on luck, broke*

**se fe** *invite or provoke dare*

**setaan** *instigate, provocateur*

**shegop** *undependable, unreliable; to disappoint, inconvenience*

**shet pan** *food container with cover and handle, often made from repurposed cheese tin*

**siem mi tu** *me too*

**siemwie** *just like that*

**si de nou** *told you so*

**siim de** *there he/she is*

**siin az ou** *since, that being the case*

**siit de** *there it is, there you have it*

**simadong** *quiet down, relax*

**si mi dayin chrayal** *final test of my faith, why me?*

**skruu** *get upset*

**skuips-skuips** *sound made by hand-washing laundry*

**so igo** *that's how it is*

**so itan** *that's how it is*

**sopm ina sopm**  *there's more to it*

**sok saal chuu hudn spuun**  *suffer hardship*

**sotel**  *to the extreme*

**stamp-ah-go**  *saltfish fritter*

**step**  *to leave*

**suun a maanin**  *early in the morning*

**suuh kom**  *maybe sometime when good and ready*

**spirit tek**  *have affinity*

**suap blak daag fi mongki**  *pointless exchange*

**tai ed**  *head wrap*

**tan de**  *remain in that delusion*

**tantodi**  *be still*

**tap**  *hold on, wait a minute*

**tapi**  *stop it*

**tap tel tuori**  *stop lying*

**tara-wara**  *euphemism for expletives*

**tek bad sinting mek juok**  *make light of misfortune, laugh it off*

**tek libati**  *be presumptuous*

**tek set**  *pay unwelcome attention*

**tengki**  *thank you*

**tidedie**  *today*

**ties yu an / pat**  *taste your cooking*

**ton fuul**  *become irrational or enthralled*

**ton an mek fashin**  *improvise*

**(noun) tu**  *ersatz, wannabe*

**tuori kom tu bomp**  *dramatic development, matters come to a head*

**tuu shilin fi nak tugiada**  *adequate funds*

**uol a chienj**  *get money*

**uol a fresh**  *bathe or shower*

**uol dong tekwe**  *uneven match, walk-over*

**uu fi tel?**  *who knows?*

**wa deh kaali**  *what they call it*

**wa die**  *the other day*

**wa du yu?**  *what's the matter with you?* —**wa du yu duo iih?**  *rhetorical question*

**wa dwiim**  *what's wrong with him/her*

**wa dwiit**  *what happened to it*

**wa fi du**  *what can be done? it's no use*

**wait skwaal**  *extreme hunger*

**wamek**  *why*

**waa gwaan?**  *greeting, cf. Eng. how goes?, Fr. ca va?, Sp. como va?*

**waagen?**  *what else?*

**waak gud**  *goodbye*

**waapm?**  *greeting, similar to* waa gwaan

**wach de**  *watch out, out of the way*

**wach ya nou**  *now look here*

**wandie-wandie**  *sometime, someday*

**wan-wan**  *one by one, singly*

**wan ah tuu**  *few*

**wan main tel mi**  *thought as much*

**wantaim**  *once, once upon a time*

**wanggagot**  *glutton*

**wara-wara**  *euphemism for expletives*

**washmout**  *early morning tea*

**wash mout pah**  *to defame, slander*

**wat a kraasiz**  *that's too bad*

**wat a wie**  *how remarkable*

**welah nuo**  *absolutely do know*

**wen saalfish shinggl oustap**  *long ago, bygone times*

**wuum komdong**  *uterine prolapse*

**yaa**  *yes? you hear?*

**yaba mout**  *big mouth, talkative*

**yai mek fuo**  *exchange looks*

**yu don nuo**  *you know*

**yu fraitn mi**  *you startled me for a moment*

**yu lik yu ed**  *you're crazy*

**yu no iizi**  *you're something else*

**yu no siit?**  *don't you see?*

**yu tuu faas**  *none of your business*

**yu tuu tuori**  *you're making it up*

# PRAVOERB PROVERBS

## APACHUNITI

Ag wash ina di fos waata ih kech.

Guot no krach ih byain tel ih si waal.

Daag kintiit laafata bucha.

Katn chrii faaldong, daag jomp uoba-i.

Ebri pwail a stail.

Wa jrap aafa ed jrap pah shuolda.

Wen aas ded kou get fat.

Kou nuo wiik fens fi jomp uoba.


## BRIENZ

Byain daag a daag, bifuo daag a Misa Daag.

No kos *h*aligeta lang mout tel yu kraas di riba.

Yu suuh fainout we waata waak go a pongkin beli.

Sumaal ax chapdong big chrii.

Lili pepa bon big man mout.

No ebriting gud fi *h*iit gud fi taak.

Taak ah ties yu tong.

Wen fish koh frah riba batam se *h*aligeta dong de, biliib im.

Wan-yai man a king ina blain man konchri.

Yu kech kou bai ih aan bot man bai ih wod.

Ton an mek fashin.

Dakta bod a koni bod, aad bod fi ded.

Saabi so mek mek so tan so.

Sabi uman ab yai bot no ie.

Kou kyaah get waata fi wash ih pitni fies, ih tek ih tong.

Waiz mongki nuo ush chrii fi klaim.

Boul go paki kom.


## FIET

Bad lok wos ah uobia.

Pus ah daag no ab di siem lok.

Daag nuo uu fi bait ah dopi nuo uu fi fraitn.

Puo kech Kuba a luo grong ih ton saabant fi daag.

Tide fimi, tumaara fiyu.

Ebri daag ab ih die, ebri pus ih fuo aklak.

Waa fiyu kyaah bi an-fiyu.

Man baan fi heng kyaah joun.

## FUFUUL

Faya de a musmus tiel ih tingk a kuul briiz.

Ef guot eh nuo di saiz a *h*ih byain, ih *h*udn swaala mango siid.

Foul neba si *h*eg, kiakl wen ih si wait tuon.

Nieli tuon no kil no bod.

Aigl jakaas pikop kien-bomp teli kech pong.

Aigl daag kyaa jakaas go a poun.

Kiangkro neba mek ous tel rien kom.

Wa no ded, no kaali dopi.

No kaal man ded tel ih beri.

Aal dangki mout wait, yu no nuo ush wan niam flowa.

Yu fried fi yai, yu neba niam ed.

Ef siniek bait yu ah yu si lizad, yu ron.

## IEJ & STIEJ

Ben di chrii weni yong.

Ano di siem die liif jrap a ribabatam iratn.

Taim langga dah ruop.

Yu tingk a wan die mongki waah waif.

Yong bod no nuo orikien.

Tek sliip maak det.

Di uola di muun di braita di shain.

Mi aul bot mi no kaul.

Nyuu bruum swiip kliin bot oul bruum nuo di kaana.

## JOS SO

Wen chobl tek yu, pitni shot fit yu.

Si ah blain, ie ah def, bai ah sel.

So mi geti, so mi seli.

Waanti-waanti kyaah geti, geti-geti no waanti.

Abi-abi no waanti, waanti-waanti kyaah geti.

Tiif frah tiif Gad laaf.

Tiif no laik si tiif wid lang bag.

Bul fut brok, ih niam wid mongki.

Pus beli ful ih se rata bati bita.

Man beli ful ih brok pat.

Wen beli ful pitieta ab kin.

Kansikuenshal mek kraab no gat no ed.

Jakaas se wol no lebl.

Paasn krisn ih pitni fos.

No mata ou ai kiangkro flai, ih afi kom a grong fi niam.

Ebri we yu ton maka juk yu.

No beta baril, no beta erin.

Rien a-faal bot di doti tof.

Wa yai no si, aat no liip.

Mout mek plenti jraaz, bati no wier non.

Raktuon a ribabatam no nuo sonat.

Mi chuo mi kaan, mi no kaal no foul.

## KAASHAN

Kakruoch no biniz ina foul fait.

Wa swiit nani-guot ago ron ih beli.

Wa swiit yu gweih sowa yu.

Kuati bai chobl onjrid poun kyaah kyuor.

Pong wot a fret neba pie kuati wot a det.

Shaat kot jraa blod, lang ruod jraa suet.

Tomoch a wan ting gud fi notn.

Daag ab tomoch yaad go widoutn dina.

Sari fi maaga daag, maaga daag ton roun bait yu.

Kaanful daag niam doti pudn.

Aadiez pitni niam raktuon.

Aadiez pitni gaa maakit tuu taim.

Shain-yai gial a chobl tu a man.

Kak mout kil kak.

Ef fish neba opm ih mout ih udn get kech.

Chikin meri, aak de nier.

Kowad man kip soun buon.

Ai siit kil Mis Tamas pus.

Di aya mongki klaim di muo ih biyain expuoz.

Yu shiek man an yu no shiek ih aat.

Wan taim a mistiek, tuu taim a poerpos.

## KOMBOLO

A lang taim deh marid, deh dis neba choch.

Koh si mi a wan ting, koh lib wid mi waneda.

Plie wid popi, popi lik yu mout.

Yu lidong wid daag, yu mos gitop wid flii.

Yu flai wid kiangkro, yu wi niam ded miit.

Ombl kyaaf jringk di muos milk.

Ef yu lob di kou yu mos lob di kyaaf.

Yu kyaah sidong pah kou bak so kos kou kin.

Beta fi gi juok ah laaf dah waak ah tel kou maanin.

Kozn ah kozn bwail gud suup.

Oul fayatik iizi fi kech.

Gud fren beta dah pakit moni.

## PRIPARIESHAN

Laan fi daans a yaad bifuo yu go *h*abraad.

Ebri die bokit go a wel, wan die di batam mos jrap out.

Mango siizn pat ton dong.

Mongki shuda nuo we im ago put ih tiel bifuo ih go bai pans.

Kiangkro waah go liiwod siibriiz koh bluo im de.

Ebri tob mek fi sidong pan yuona batam.

Wen kiangkro si maaga kou, ih ruos plaahn fiim.

No wiet tel jrom biit bifuo yu grain yu *h*ax.

Uu no vii no vaa, ah uu no vaa no vii.


## RONINZ

Ef yu kyaah kech Kuako yu kech ih shot.

Siem naif wa tik shiip tik guot.

Wan-wan kuoko ful baaskit.

Ebri mikl mek a mokl.

Brik pah brik bil ous.

Foul grii fi ach dok *h*eg, no fi laan dok pitni fi swim.

Mi kom ya fi jrink milk, mi no kom ya fi kount kou.

Ef yu laik ruos kaan, yu fingga mos bon;
Ef yu waah gud, yu nuoz afi ron.

Kompolchri wi mek mongki fok pus.

Pieshans man raid jakaas.

Finga neba se kuya, ih se kude.

Sailant riba ron diip.

Emti machiz bax/baril mek di muos naiz.

Wa gaan bad a maanin kyaah kom gud a *h*iivlin.

Chuo stuon ina ag pen, di wan we baalout a im ilik.

## UOP

Ebri huo ab ih tik a bush.

Ebri kiangkro tingk ih pitni wait.

Laad, tek di kies ah gi mi di pila.

Tek kintiit kiba aatbon.

Yu kyaah plaah kaan ah riip piiz.

Ef yu lib ina uop yu naa ded a Kanstan Spring.

# KLAAT
*Expletives*

Ef a wan ting piipl nuo bout Jumiekan a se deh kiah kos som siiros badwod an a di fos ting nof piipl waah fi ie. Di badwoddem kom ina tuu kiatigari: di huoldem dong biluo ah di klaat we yuuz pah dem.

One thing Jamaicans are known for is their colorful way of cursing, some of the first words others want to learn. The expletives fall into two categories: the nether orifices and the cloth used for them.

**bombo**  *vagina*     **pusi**  *vagina*     **raas**  *arse*

in combination with each other and amplified with

**klaat**  *cloth*                **huol**  *hole*

Di wod *klaat* aal kom fi miin badwod iself: **kos tuu klaat**. Deh weh kaal dem faati-shilin wod far a dat dem yuus fi fain yu ef deh bring yu op a kuot ah yu get chaaj fi indiistan langwij.

The word *klaat* has even come to mean expletive: **kos tuu klaat**, referred to as forty-shilling words as that was the fine if found guilty of using indecent language.

Bot az ou wi waah stail wiself az diistant smadi pikni, wi chrai fain wie fi naisop di taakin. Wah speshal klaas a yuufimizam divelop, muos a dem taat wid pluosib 'b' ah kansis a tuu silabl.

In a nod to gentility, a special class of euphemisms has developed, most beginning with a plosive 'b' and consisting of two syllables.

| | | |
|---|---|---|
| bahain | bakfut | baksaid |
| bati | baxfront | baxkova |
| blouwou | bloernaat | bloertniit |
| blouz-ah-skoert | bombaat | nekbak |
| raa | raatid[11] | raatid-kop |

---

[11] May be derived from, or related as well to *wrothéd* from *wroth*.

# CHRIESN
*Insults*

Yu muma / sok yu muma

Yu fies fieba

Poun a klip, kuati wot a hier

Yu ed fieba sitn we kiangkro jraa briek ina

Yu ed fieba sense foul nes

Blak laka faib paas midnait

Yu tingk se mi sliip a fayasaid

Yu mosi tingk mi baan baka kou

Yu tingk mi baan big so. Ef a so mi no *h*uda kil mi mada?

Mi neh baan wen mi mada gaan a maakit

Bot unu si mi dayin chrayal?

Si ya, pitni, no luk pah mi wid daade tuon a vais

A suuh klip yu wing

Yu doti jangkro / kruo biet

Yu tiit kin laka deh chuo fayatik gi daag

Yu futdem jrai laka wa

Yu tuu fut fieba laka se Gad tan for fling dem aan

Ef mi no kech yu a muunshain mi wi kech yu a daak nait

Kot-ai kot-ai kyaah kot mi ina tuu
peni-peni kyaah bai nyuu shuuz

# RIGL

*Rigl mi dis ah rigl mi dat*
*Ges mi dis rigl ar praps nat.*

1.    Ruop roun dangki lidong.

2.    Ruum ful, aal ful, kyaah get a spuunful.

3.    Wan piis a wait yam saab di wuol wol.

4.    Op chin-chieri, dong chin-chieri,
      Nat a man kiah klaim chin-chieri.

5.    El a tap, el a batom, aliluuya a migl.

6.    Mi faada ab a ous wid chrii duo bot kiah waak chuu onggl wan.

7.    Mi faada ab a daag ina ih yaad, ebri baak ih baak ih baak faya.

8.    Mi faada ab a tengk ina ih yaad, wen irien ebi ino kech no
      waata, wen ijrizl ihuol nof waata.

9     Mi faada ab a pepa-chrii ina ih yaad, ebri nait aal di pepa raip,
      ebri maanin yu kyaah fain wan pepa pah di chrii.

10    Jan Redman tikl Jan Blakman tel ih laaf puka-puka.

11    Ebri jomp shaini jomp waiti uoli bak.

12    Op di il ah dong di il bot kyaah tayad.

13    Swiit waata tanop.

14    Wan kiangkro sidong pah chrii katn chrii.

15    En ab six chikin, huol di en, di chikin krai.

16    Sen bwai fi dakta, dakta kom bifuo bwai.

17    Gwein a tong mi kuot tieri-tieri
      nat a semchris a tong kuda suo-i.

18    Baan frah di wol mek ah neba a mont uol yet.

19    Soh wait uman a-waak go a tong, aal di waak deh waak deh
      kyaah kech deh wan aneda.

20    Fuo breda a-waak a ruod nat wan kiah toch di neda.

21    A man a-go a tong si tuu ruod ah tek buot.

22    Fuo fut sidong anda fuo fut a-wiet fi fuo fut.

23    Mi faada ab a huol Gini ship a piipl ebri wan a deh ed blak.

24    Mi faada ab a ous ful a pikni ebri wan ed ton outaduo.

25    Mi faada ab a aas, huol im a ih tuu iez, ih bait a ih tiel.

26    Jig a ruum, jig a haal, tanop ina kaana.

27    Waa di difrans bitwiin plaahn ah tiela?

## Ansa

1 pongkin | 2 sumuok | 3 muun | 4 sumuok | 5 pitieta puon | 6 jrai kuoknat | 7 gon | 8 kuoko liif | 9 staar | 10 kekl a-bwail | 11 niigl ah chred | 12 ruod | 13 kien | 14 kukin pat pah chrii stuon | 15 gitaar wid six chring | 16 bwai a-pik kuoknat | 17 banaana liif | 18 muun | 19 mail puos | 20 bogi wiil | 21 chouziz | 22 pus anda tiebl a-kech rata | 23 aki | 24 niel | 25 sizaz | 26 bruum | 27 Plaahn fit fi kot ah tiela kot fi fit

## PLIE-PLIE
*Nursery rhymes and ring games*

Maanin bodi / mi no bodi fi yu
uu den / Misa Tena
wich a tena / tena saa
wich a saa / saaka baya
wich a baya / baya stiil
wich a stiil / stiil a go
wich a go / go da fara
wich a fara / fara maa
wich a maa / maama dogl
wich a dogl / dogl flash
wich a flash / flasha benit
wich a benit / Bennett a di man
da go plie fi di yong gial
rozidentikal, mamadentikal
foni laka fimi gial – wups!
kou da bok mi dangki dong – krach

Bapsi kaisiko pinda shel

Maskita wan, maskita tuu
Maskita jomp ina at kalaluu

Ratn pitieta gruo pah chrii
Vii vaa / vap maka pup tingk

Iih-hi nou Panish Tong
Mama a-go biit yu wid di duudu tik

Yu niam ginop?
Yu bati kinop

Cho fi chuocho ah bota fi fish

Krai-krai biebi muunshain daalin
Pikop yu buk ah go a skuul
Wen yu riich a skuul
Tiicha kaal yu mongki fuul

Roun ah roun a besi dong
Laka bam-bam besi dong
A besi dong, a besi dong, a besi dong

Rien a-faal, briiz a-bluo
Chikin bati outaduo

Tonda ruol ah brok mi nek
Gad sin mi ef a lai mi a-tel

Laad a masi, daag a fasi
Uu a-go washi? Ongkl Jashi

Mi lai? Yu jrai!
Yu sokout mata outa dangki yai
Ah marid tu ginggi flai
Laas ier Julai

Bul ina pen, kyaah kumout
Bul ina pen, kyaah kumout

Faati die ah 40 nait
40 domplin kech a fait
Fish komiin se dat no rait
Daag komiin ah tek a bait
Uu fi ded? Tuu fish ed
Uu fi beri? Tuu niizberi
Uu go a jiel? Tuu daag tiel
Uu a di dakta? Tuu elikapta
Uu a di noers? Tuu wait oers
Uu a di tiif? Tuu buli biif

# JAMA
*Songs for work and play*

## Di riba beh komdong

Di riba beh komdong, di riba beh
  komdong, di riba beh komdong
Ah mi kudn kumuoba
Wai-uo, wai-uo, wai-uo
Den ou yu kumuoba?

Mi luk ina di waata, mi luk ina di waata,
  mi luk ina di waata
Ah mi si granji-granji
Wai-uo, wai-uo, wai-uo
Den ou yu kumuoba?

Mi tek piis a diil-buod, mi tek piis a
  diil-buod, mi tek piis a diil-buod
Ah mi choki pah di waata
Wai-uo, wai-uo, wai-uo
Den ou yu kumuoba?

Mi jomp pah di diil-buod, mi jomp pah
  di diil-buod, mi jomp pah di diil-buod
Ah mi si jijikuoba
Wai-uo, wai-uo, wai-uo
Den ou yu kumuoba?

Mi rak so, mi dip so, mi rak so, mi dip
  so, mi dip so, mi rak so
Mi raki kumuoba
Wai-uo, wai-uo, wai-uo
Den ou yu kumuoba?

Mi raki kum uoba, mi raki kum uoba,
  mi raki kumuoba
Di braad doti waata
Wai-uo, wai-uo, wai-uo
Den ou yu kumuoba?

Mi jomp aaf di diil-buod, mi jomp aaf
  di diil-buod, mi jomp aaf di diil-buod
Ah mi lan pah di bangkin
Wai-uo, wai-uo, wai-uo
A so yu kumuoba?

Wi glad yu kumuoba, wi glad yu
  kumuoba, wi glad yu kumuoba
Di braad doti waata
Wai-uo, wai-uo, wai-uo
Wi glad yu kumuoba.

## Manyuel Ruod

Gudong a Manyuel Ruod,
  gial ah bwai
Fi go brok raktuon,
  gial ah bwai
Brok dem wan bai wan,
  gial ah bwai
Brok dem tuu bai tuu,
  gial ah bwai
Brok dem chrii bai chrii,
  gial ah bwai
Fingga mash no krai,
  gial ah bwai
Memba a plie wi de-plie,
  gial ah bwai.

## Bad Madahlaa

*Bad madahlaa-o, bad madahlaa-o*
*Bad madahlaa-o sidong ah tel tuori*
*Bad madahlaa-o, bad madahlaa-o*
*Bad madahlaa-o sidong ah tel tuori*

Wanda we mi du yu mek mi niem
  da-kaal
Wanda we mi du yu mek mi niem
  da-kaal
Wanda we mi du yu mek mi niem
  da-kaal
Rata tieraaf mi kluoz ah mi kyaah
  gudong de

*Chorus*

Raya Grandi kumdong ah mi kyaah
  guoba
Raya Grandi kumdong ah mi kyaah
  guoba
Raya Grandi kumdong ah mi kyaah
  guoba
Rata tieraaf mi kluoz ah mi kyaah
  gudong de

*Chorus*

Chrienja afi tel mi se mi kin daaduo
Chrienja afi tel mi se mi kin daaduo
Chrienja afi tel mi se mi kin daaduo
Faa deh tieraaf mi kluoz ah mi kyaah
  gudong de

*Chorus*

## Sami Ded

Sami plaah piis a kaan donga goli
  m-hm
An ibier teli kil puo Sami, m-hm
Sami ded, Sami ded, Sami ded-o
Sami ded, Sami ded, Sami ded-o

Ano tiif Sami tiif mek deh kil im
  m-hm
Ano lai Sami lai mek ih ded, m-hm
Bot a grojful, yes a grojful mek deh kil
  im, m-hm
Bot a grojful, yes a grojful mek deh kil
  im, m-hm

Niega kyaah bie fi si Niega florish
  m-hm
Niega kyaah bie fi si Niega florish
  m-hm
Sami ded, Sami ded, Sami ded-o
Sami ded, Sami ded, Sami ded-o.

Sami gaan donga el fi shuut blakbod
  m-hm
Ano lai Sami lai mek ih gude, m-hm
Bot a grojful, yes a grojful kil Sami
  m-hm
Bot a grojful, yes a grojful kil Sami
  m-hm.

## Il ah Goli Raid-O

Il ah goli raid-o, il ah goli
Il ah goli raid-o, il ah goli
Ah yu bendong luodong, il ah goli
Ah yu bendong luodong, il ah goli
Ah yu luodong besidong, il ah goli
Ah yu beta main yu tombldong, il ah
  goli.

## Chi-chi Bod

A chi-chi bod-o
Som a dem a-hala, som a-baal
  Som a kling-kling
Som a dem a-hala, som a-baal
  Som a chik-man-chik
Som a dem a-hala, som a-baal
  Som a pii dov
Som a dem a-hala, som a-baal
  Som a kiangkro
Som a dem a-hala, som a-baal.

## Iiva

Kak a-kruo – Iiva gaan, Iiva
Kak a-kruo – Iiva gaan, Iiva
Kak a-kruo – Iiva gaan, Iiva
Wa mi gwaih du wid dat falalain gial?

Iiva falalain gaan, Iiva ron kom bak, Iiva
Iiva falalain gaan, Iiva ron kom bak, Iiva
Iiva falalain gaan, Iiva ron kom bak, Iiva
Wa mi gwaih du wid dat falalain gial?

Iiva waak go a Kinston, Iiva ron kom
  bak, Iiva
Iiva waak go a Kinston, Iiva ron kom
  bak, Iiva
Iiva waak go a Kinston, Iiva ron kom
  bak, Iiva
Wa mi gwaih du wid dat falalain gial?

Dem put Iiva ina bed, Iiva udn sliip, Iiva
Dem put Iiva ina bed, Iiva udn sliip, Iiva
Dem put Iiva ina bed, Iiva udn sliip, Iiva
Put ar pah di fluor, Iiva sliip laka biebi.

## Shain-yai Gial

Di shain-yai gial iz a chobl tu a man
Di shain-yai gial iz a chobl tu a man
Di shain-yai gial iz a chobl tu a man
Shi waant ah shi waant
Ah shi waant ebriting

Lip fieba liba ah shi waant liptik
Lip fieba liba ah shi waant liptik
Lip fieba liba ah shi waant liptik
Shi waant ah shi waant
Ah shi waant ebriting

Wies fieba waya ah shi waant braad
  belt
Wies fieba waya ah shi waant braad
  belt
Wies fieba waya ah shi waant braad
  belt
Shi waant ah shi waant
Ah shi waant
ebriting.

## Kudelia Broun

O Kudelia Broun,
  wamek yu ed so
  red?
  Yu ed so red?
O Kudelia Broun,
  wamek yu ed so red?
  Yu ed so red?
Yu sidong ina sonshain wid notn pah
  yu ed
O Kudelia Broun, wamek yu ed so
  red?
Yu ed so red, yu ed so red.

## Dis Langtaim Gial

Dis langtaim gial mi neba si yu
Kom mek mi huol yu an
Dis langtaim gial mi neba si yu
Kom mek mi huol yu an

*Piiled kiangkro sidong pah chriitap*
*Pikaaf di blasam*
*Mek mi huol yu an gial*
*Mek mi huol yu an*

Dis langtaim gial mi neba si yu
Kom mek wi waak ah taak
Dis langtaim gial mi neba si yu
Kom mek wi waak ah taak

*Chorus*

Dis langtaim gial mi neba si yu
Kom mek wi wiil ah ton
Dis langtaim gial mi neba si yu
Kom mek wi wiil ah ton

*Chorus*

Mek wi wiil ah ton tel wi tombldong
Mek mi huol yu an gial
Mek wi wiil ah ton tel wi tombldong
Mek mi huol yu an gial

## Jakaas wid ih Lang Tiel

Jakaas wid ih lang tiel, bag a kuoko
 komin dong
Jakaas wid ih lang tiel, bag a kuoko
 komin dong
No wori im, no tiiz im
No mek di ampa kwiiz im
Jakaas wid ih lang tiel, bag a kuoko
 komin dong
Jakaas wid ih lang tiel, bag a kuoko
 komin dong

Jakaas wid ih lang tiel, bag a minti
 komin dong
Jakaas wid ih lang tiel, bag a minti
 komin dong
No chretn im, no biit im
No mek deh bwai malchriit im
Jakaas wid ih lang tiel, bag a minti
 komin dong
Jakaas wid ih lang tiel, bag a minti
 komin dong

Jakaas wid ih lang tiel, bag a yampi
 komin dong
Jakaas wid ih lang tiel, bag a yampi
 komin dong
No raid im, no akl im
No mek jinji flai takl im
Jakaas wid ih lang tiel, bag a yampi
 komin dong
Jakaas wid ih lang tiel, bag a yampi
 komin dong.

Ah mi nuo se dem a libm pruuf dat deh fuul-fuul
piipl no nuo wa dem a-chat bout wen deh se dat
fiwi Jumiekan langwij impavrish ah no ha no
rienj. Mi antidem mek mi nuo se wen piipl chat
dem saat a chat, a robish dem a-chat.
–Winston James
*A Fierce Hatred of Injustice*

# 5 TEX
## TEXTS

BECAUSE SOCIAL ATTITUDES HAVE AFFECTED THE COMPILATION, SURVIVAL,
OR EXTINCTION OF WRITTEN RECORDS, EVIDENCE OF HISTORICAL
VARIATION FROM ONE CENTURY TO THE NEXT AND OF SOCIAL VARIATION
AT ANY ONE PERIOD IS SUBTLE AND ELUSIVE ... IN THE RARE CASE OF A
DOCUMENT WRITTEN BY A CREOLE SPEAKER, THE WRITER TYPICALLY
MADE STRENUOUS ATTEMPTS TO AVOID THE BASILECT IN AN ATTEMPT TO
APPEAR LITERARY.
~ BARBARA LALLA & JEAN D'COSTA
*LANGUAGE IN EXILE*

# KUAKO

Supplement to *Cornwall Chronicle*
Montego Bay, St. James
13th Oct. 1781

*This 1781 text from the Cornwall Chronicle was discovered sometime around 1997 by Maureen Warner Lewis in the course of her research. It is the oldest known text of Jamaican. In addition, it is the oldest text of a Caribbean English Creole outside of Suriname. It predates the next oldest known text, that for St Kitts, by at least 15 years.*
*Transcribed from J2.*

BUBBY ISLAND, Oct. 8, 1781.

Mr. Printer,

Sir,

Taking a walk home last evening, I had an opportunity of hearing a dialogue between a St. Elizabeth's and Westmoreland negro: the peculiar and uncommon attention which the one seemed to pay to what the other said, roused my curiosity. If you think it worthy of publication, please to insert it in your *Cornwall Chronicle*, and oblige.

A Reader.

*Kuashi:* Bra Kuako, ou yu du? Mi beh lang fi si yu. Ou aal unu du a Wesmolan?

*Kuako:* Bra Kuashi, mi bot suoso, faa wen beli no ful, no komfat fi mi.

*Kuashi:* Beli no ful! yu tanish mi Kuako; yu luk laka yu beh niam. Tan. Maasa Gobna no sen dong ship a Sablamaa, *h*ab flowa, biin, piiz, ah (yeri mi gud) uotmiil? Aa, Kuako, ef yu niam beli ful a tara, no taak dem wod, "yu bot suoso".

*Kuako:* Bra Kuashi, ef Maasa Gobna sen ship, ih no seni fi mi; mi beh ax Maasa Sekriteri fi soh niam-niam, ih se, Maasa Komishana no put fimi niem ina buk.

*Kuashi:* Yu niem ina buk, Kuako! Ah wai yu no tel Maasa

Komishana fi put yu niem ina buk?

*Kuako:* Mi beh go tu Maasa Komishana, ah deh tel mi, mi stout ah yong, mi no hab no rait fi put fimi niem ina buk.

*Kuashi:* Mi nuo Maasa Komishana diam wel, som a dem fieba buk fi chuu.

*Kuako:* Bra Kuashi, yu tingk Komishana riid ina buk, kaaz mi chrang ah yong mi no waah no bikl fi niam? Ef a so, mi shuor Komishana buk, ar fimi beli, tel lai.

*Kuashi:* Kuako, mi tel yu aredi Maasa Komishana fieba buk, ef eni mistiek a mosa ina yu beli, no ina deh buk.

*Kuako:* No muo mistiek no ina mi beli dan iwaah niam weni onggri; ef buk se daa mistiek, Maasa Komishana ah Garamaiti op a tap mos puti tu rait; fi chuu, Bra Kuashi, daa no fimi dwiin.

*Kuashi:* Dis taak no tu no poerpos, yu chrang ah yong, Kuako, unu shuda wok ah riez niam-niam fi yuself, dat a di riizn Maasa Komishana no put fiyu niem ina buk.

*Kuako:* Yu nuo, bra Kuashi, mi kian ah du wok, bot orikien pah orikien pwail aal mi grong, ah aal mi wok saab fi nomo poerpos dah gi mi aatbon fi si dem wash we. Ef mi beh aigl fela ah no lob wok, Maasa Komishana du rait fi fyuuz mi; bot Ai iz nat, ah yu nuo-i, mi mos se dem no du mi fier plie.

*Kuashi:* Osh! Bra Kuako, sumadi maita ier yu; Maasa Komishana dem a gran bakra, bot tan, yu tel deh faalt, bot no tel deh gud; mi kiah tel nof gud tingz deh du.

*Kuako:* – wara deh du, Bra Kuashi?

*Kuashi:* Deh beh gi a nomba a aigl ah doschrios tuor-kipa, shap-kipa, waaf-kipa, pen-kipa, buk-kipa, ous-kipa, guol-kipa, ah mulato-kipa, buot niam-niam ah moni; ah wa muo, deh beh atentib tu a iip a brong ah blak liedi, ina Sablamaa, nat wan a dem da ax beh rifyuuz, nou az deh liedi a beri tiizful memba fi di jengklmandem, yu hab no rait, supuozn yu taav, fi se, bot dem a gud bakra, ah biyeb beri cleba.

*Kuako:* Bra Kuashi, mi tingk yu fieba bakra buk beta dah mi, ah az yu se, Maasa Komishana du rait, a mosi so – bot mi wi tel yu wara mi mos du – mi chrang ah yong ah, az Maasa Komishana naa put mi ina fidem buk, mi wi si ef dem liedi wuoh put mi ina fidem. So Bra Kuashi, gudbai tu yu.

# Imansipieshan Anivoersri Piich

A freed man speaking at a dinner to commemorate the anniversary of Emancipation in Mount Regale, Clarendon on August 2, 1842

*"Emancipation Anniversary Speech"*
*Swithin Wilmot*
*Freedom in Jamaica: Challenges and*
*Opportunities 1838–1865*
*Kingston: Jamaica Information Service,*
*1997*
*Transcribed from J2.*

Mi dier breda ah sista, mi ed kwait fulop a jai fi si aal a unu so frii ah api ya tide. Deh howaz ya ina slieb taim, wi aal afi go a di fiil fi dig kien uol ar pik kaafi ah ef wi sik Bakra flag wi fi chuu, ah no ie wen wi baal fi moersi. Bot nou no Busha kyaah kom ah jraib wi aaf go a fiil. Nou wi kiah wok wen wi laik, ah tan a yaad wen wi sik. Wi kiah bai wi uona lan, bil wi uona ous, ah go a wi uona choch.

NYUUZ BOUT IMANSIPIESHAN

# Tukuma Kaanpiis

as told by
Adolphus Iron
Claremont, St. Ann

"Tacoomah's Corn-piece"
Martha Beckwith
Jamaica Anansi Stories
New York: The American Folkore Society,
1924
Transcribed from J1.

Tukuma plaah piis a
kaan. Wen ikomens fi
jrai, deh bigin fi tiifi.
Tukuma chaaj Anansi.
Anansi se, "Bra, no mi!"

Deh taim de Anansi weh
figla. Anansi tel Tukuma
se, "Bra, yu se mi brok
yu kaan. Mek wah dans
ah get mi fi plie."
Tukumah se yes.

Di nait a di dans, Anansi
get wah giang tel dem
se, "Az yu ie mi bigin plie, yu fi taat brok." Di chuun
Anansi plie wena dis fi di wuol nait:

*Tuu tuu grien, brok dem galang*
*Ebribadi brok, brok dem galang*
*Griin ah jrai, brok dem galang.*

Ina di maanin wen di dans finish, Tukuma gudong a ih
kaanpiis. Ih ala out, "Laad! Bra Nansi, kum ya! Nat
wan lef." Anansi ton roun se, "Tingk yu se a mi a-tiif
yu kaan. Laas nait yu no get mi fi plie a yu dans?
Den ef deh brok out yu kaan, ou yu fi se a mi?"

Tukuma teki tu aat ah jrapdong ded.

# Wamek Tombltod Ruol ina Dong

as told by
William Forbes
Dry River, Cockpit Country

*"Why Tumble-bug Rolls in the Dung"*
*Martha Beckwith*
*Jamaica Anansi Stories*
*New York: The American Folkore Society,*
*1924*
*Transcribed from J1.*

Anansi ah Tombltod laikaaf a yong liedi uu wena di king daata. Ih faada se uu kom wid jaar a moni wi get dat yong liedi fi marid.

Tombltod get a jaar a moni. Anansi get a jaar bot kudn get no moni fi put ina it, so get som kou-dong ah som aas-dong fulop di jaar.

Ah afta deh wena guop tu di yong liedi, deh kech a wah shap. Ah di tuu jaar fieba wan aneda. Ah Anansi se, "Bra Tombltod, mek wi go ina di shap go get a jringk." Ah Anansi se, "Bai wah bred kom," ah az ih kumout, ih tekop Tombltod jaar ah lef fiim jaar. Ah Tombltod tekop Anansi jaar.

Ah wen deh guop a di yong liedi ina di king yaad, Anansi se, "Maasa, bring a kliin shiit go chuo out moni outa jaar!" Ah ih chuo out moni—wa-a-a-a-a! Ah az Tombltod chuo, ih chuo out aas-dong ah kou-dong.

Anansi se, "Teki op, teki op, teki op, yu naasi fela, kyaa-i out a di misis yaad!"

Das wamek yu si Tombltod a-ruol ina dong tide-tide.

# Anansi Mek Grong

Adapted from a story told June 1958 by
Mr. J.D. Lewis
Belmont, Portland
to David DeCamp

*"Anansi a Mek Grong"*
*Transcribed by Peter Patrick*
*May 25, 1995*
*Reprinted by permission.*

Mek mi tel yu sopm bout Breda Anansi. Im a beri sumaat man, yu nuo.
Mi gwaih tel wa apm tu im tu di *hen*.

Nou ih mek wah laa ina ih konchri wantaim se dat ebribadi dat faas in aneda wan
bizniz mos get oert. Bot azkaadn tu im, ih supuoz fi get dem fi niam.

So ih guop pah tap a wah rak ah se, wel den, ih gwaih mek grong bikaa ih nuo
piipl mos faas wid im.

So wail ih weh dide awok, az yu paas aan yu se, Ai Breda Anansi wa yu a-du op
de? Ie im, mi naa du somting an si ef mi kiah get eniting out a it fi mi waif ah pitni
dem?

Ah bi taim yu riich roun di kaana, ie dem se, Bot wat a fuulish man. Dat man kiah
wokop pah blak raktap laka dat?

Bai yu siso, chuu yu faas yu jrapdong ded. Breda Anansi kom dong ah niam yu.

Wel ih galang fi a wail siemwie tel Sista Gini En ie bout im ah plan fi im. Ah wan
die wen shi kom nou —im a beri drai-ed uman yu nuo— ah chuu Anansi siim
kom, wen ih kom steda shi faas wid im, im fos a-go faas wid ar. An ih se: Sista
Gini En, we yu a-go? Sista Gini En se, mi naa gaa met?

Wel afta shi se shi a-gaa met shi gaan. Bai shi riich roun di kaana ih figat di laa. Ih
se, E! A we dat de drai-ed sinting a-go? Ih kiah gaa met tu? Siem taim Breda
Anansi jrap aaf a di rak kum dong.

Sista Gini En jos kom bak koh pik im op. An dat was di *hen* a Breda Anansi. Ih
tuu sumaat.

# Anansi ah Kamansens

*"Anancy and Commonsense"*
*Transcribed from J2.*

Traditional

Wantaim, Anansi tingk tu imself se dat ef ih kuda kalekop aal di kamansens ina di wol ah kipi fi ihself, den ih boun fi get plenti moni ah plenti powa, far ebribadi uda afi kom tu im wid deh woriz ah ih uda chaaj dem dier-dier wen ih advais dem.

Anansi taat fi kalekop-kalekop aal di kamansens ih kuda fain ah put dem ina wah big-big kalabash. Wen ih saach ah saach ah kudn fain no muo kamansens Anansi disaid fi aid ih kalabash ful a kamansens pah di tap a wah ai-ai chrii we paat nobadi kudn riichi.

So Anansi tai wah ruop roun di nek a di kalabash ah tai di tuu *h*en a di ruop tugiada, ah tai di ruop roun ih nek so dat di kalabash ena res pan ih beli. Anansi taat fi klaimop di ai-ai chrii, we paat ih gwaih aid di kalabash, bot ih kudn klaim tuu gud nar tuu faas faa di kalabash ena get ina ih wie ebritaim ih chrai klaim.

Anansi chrai ah chrai sotel abasodn ih ie wah vais bosout a laaf baka im, ah wen ih luk ih si wah likl bwai tanop a di chrii ruut an a-laaf ah ala se, "Wat a fu-fuu man! Ef yu waah fi klaim chrii frontwie, wamek yu no put di kalabash biyain yu?"

Wel sa, Anansi so bex fi ie datde big piis a kamansens kumout a di mout a soch a liklbit a bwai afta ih eh tingk se ih kalekop aal di kamansens ina di wol, dat Anansi grabaaf di kalabash frah roun ih nek ah flingi dong a di chrii ruut, ah di kalabash brokop ina minsiz ah di kamansens kiata out ina di briiz aal uoba di wol so ebribadi get likl bit a kamansens.

## Ziino Paradax

Clive Forrester

Adapted from "Achilles and the Tortoise," one of Greek philosopher Zeno's formal paradoxes based on the idea that there is an infinite regression of intervals between any two integers.

*Written in honor of International Mother Tongue Day 2013, using the Cassidy/JLU Writing System for Jamaican to demonstrate that complex logic can be expressed in the language.*
*Reprinted by permission of the author.*

Wan maanin Breda Anansi disaid se im a-go ries Breda Mangguus. Mangguus de pah di staat lain a-wiet fi Anansi frah lang taim. Ebribadi a-wiet fi si Mangguus ron lef Anansi. So Anansi tek ih taim waak kom ah tanop saida Mangguus ah se "Yu redi?" Mangguus jos sumail ah se "Yes, mi redi fi win!" So Anansi se: "Wel wi ab wan mail fi ron. Bot, bifuo yu ron wan mail, yu afi ron aaf mail. Ah, bifuo yu ron aaf mail, yu afi ron kwaata mail, an bifuo yu riich deso, yu afi go ron wan-iet a di mail. Az a mata a fak, no mata ou sumaal di distans yu a-go ron, yu afi ron aaf a it fos kaaz eni nomba yu kiah tingk bout kiah kot ina aaf. An ef dat a chuu, ino mek no sens wi iibm bada ron di ries kaaz inaa go don."

Mangguus tingk bout we Anansi se, an im tanop de rait a di staat lain kyaah iibm muuv. No mata ou for im a-go ron, im afi riich di aafwie fos, ah no mata ou sumaal di distans, istil kiah kot ina aaf. Sieka dat Breda Mangguus jos gubak a ih yaad — no mata ou faas ih ron, disya ries ya kyaah don.

BREDA MANGGUUS

# Bongo Mulata

*Walter Jekyll,*
*Jamaican Song And Story,*
*Mineola: Dover Publications, 1966*
*Transcribed from J2.*

Bongo Mulata, Bongo Mulata
Uu de go marid yu?
Yu an ful a ring ah yu kyaah du a ting
Uu de go marid yu?
Mi gi yu mi shot fi wash
Yu bonop mi shot wid ayan
Uu de go marid yu?
Yu an ful a ring ah yu kyaah du a ting
Uu de go marid yu?

## King Banaana

Claude McKay

"King Banana"
Songs of Jamaica
Kingston: Gardner, 1912
Transcribed from J2.

Griin mancha mek fi niega man;
    Wa swiit so wen iruos?
Som bwaili ina big blak pan,
    Iswiita ina tuos.

A bokra fansi wen iraip,
    Dem yuuzi ebri die;
Ikiesli gi dem beli-graip
    Dem iti difrah wie.

Out yanda si sumuok a-raiz,
    Ah si di faya wikit;
De-guop a ebm wid di naiz
    A onjrid touzn krikit.

Di blak moul lidong kwait pripier
    Fi fiil di huo ah riek;
Di faya bon, ah itek kier
    Fi mek di umandem wiek.

Di kotn don siem oul wie,
    Wi rap dem ina chrash,
Ah pak dem niit-niit ina jrie
    So tait deh no kiah mash.

Wa lef fi bokra tiich agen
    Dis taim bout plantieshan?
Notn node kiah biit di plien
    Gud oul-taim koltibieshan.

Wi riich: banaana finish sel;
    Den wi taat gubak uom:
Som ab moni ina chredbad wel,
    Som peni out ina rom.

Banaanadem fat aal di siem
    Frah bonchdem big ah chrang;
Pio nain-an bonch a-kyaa di fiem —
    Oul metod galang lang.

Griin mancha mek fi niega man,
    Imek fi im aal wie;
Fiwi ailan a banaana lan,
    Banaana kyaa di swie.

# Kuashi tu Bakra

Claude McKay

"Quashie to Buccra"
Songs of Jamaica
Kingston: Gardner, 1912
Transcribed from J2.

Yu ties pitieta ah yu se iswiit,
Bot yu no nuo ou aad wi wok fiit;
Yu waant a baaskitful fi kuati wot,
Kaaz yu no nuo ou tif di bush fi kot.

Di kowij anda we wi afi tup,
Di shiema lidong tik laka pongkin suup,
A kilin sitn fi a niega man;
Moch les di kotlis wok ina wi an.

Di son at laka wen faya kech a tong;
Shied-chrii temtin, yet wi kyaah lidong,
Alduo wi *h*udn aal ef wi kuda,
Kaazn wi jab mos finish suun ah guda.

Di bush kot don, di bangkin wi de-dig,
Bot deh kyaah tan sieka wi nieba pig;
Faa so wi mouliop ih ruutidong,
Ah wi kyaah piik sieka wi nieba tong.

Alduo di vain ilikl, ikiah bier;
Iwaahn notn bot a likl kier:
Yu si pitieta tierop grong yu ron,
Yu a-laaf, sa, yu mosi tingk a fon.

Di fiil priti? Ikudn les ah dat,
Wi wok di bes, ah den di lan get fat;
Wi dig di ruo dem iibm ina lain,
Ah kipi kliin—den so *imos* luk fain.

Yu ties pitieta ah yu se iswiit,
Bot yu no nuo ou aad wi wok fiit;
Yet stil di aadship aazwie melt we
Wentaim ikom roun tu riipin die.

GRONG PROVIJAN

## Di Gobna Salari

Claude McKay

"De Gub'nor's Salary"
Kingston: Daily Gleaner, February 2, 1913
Transcribed from J2.

SIR HUGH FOOT, GOBNA 1951-1957, A-TEK SALUUT

A wi de-fiil di boerdn, Sa,
Ah yet deh main wi les;
Di bes ting dat deh du fi wi
A eba fi opres.

Far a wi a-main unu, Sa,
Wi a-bie aal di bront,
Ah no tingk wi no fiili aad
Kaa yu no ie wi gront.

Kaa wi no ab nof sinting, Sa,
Dat unu maita ab,
Unu se wi a notn, Sa,
Bot onggl suoso giab.

Bot a *wi* mek di touzn duo,
Wail unu mek di ten
Ah pah wi, put tugiada, Sa,
Di Gobament dipen.

Wi mos taak bout di aadship den,
Yu kyaah mek wi shetop;
A wi de-fiil opreshan yuok,
Ah jringk di bita kop.

*Wi* afi pie ofishaldem
Ah kipop brij ah ruod,
Poliis, bielif, —poersikyuushan lat!—
Wi bie aal a di luod.

Bot a di big faib touzn poun
We Gobna a-get,
Dat debl ab a big pie, Sa,
Fi wan, kaaz wi fi fret.

Wen Puot Raayal eh grieta, Sa,
Wid richiz a di wol,
Ah Nelson, Rodney, ah di res
Beh sen ya bai John Bull;

Wen wi eh John Bull praiz lan, Sa,
Ah fiil se wi beh griet,
Wen shugakien beh ruul az king,
Ah wi eh pet a Fiet;

Wen Jumieka eh fos-klaas lan
Ah Juuk beh goban ya,
Wi aal beh lob di nuoblnis,
So nena maini, Sa.

Bot nou wi tingki beri aad
Fi a-pie sumoch kiash,
Wen wi so puo ah niekid-kin
Ah a-gront anda lash.

Wi waah nof chienj, Sa,
Ah wan a dem shuda bi
A kotn an a pruunin a
Di gobna salari.

# Nat Iibm Likl Tuang

Louise Bennett

"Noh Even Lickle Twang"
Jamaica Labrish
Kingston: Sangster's Books, 1966
Transcribed from J2.

STUOSHOS NO BAKFUT

Mi glad fi si yu kumbak bwai,
Bot Laad, yu let mi dong,
Mi shiem a yu sotel aal a
Mi proudnis jrap a grong.

Yu miin yu go da Moerka
Ah pen six wuol mont de,
Ah kumbak nat a piis beta
Dah ou yu eh guwe?

Bwai yu no shiem? A so yu kom?
Ata yu tan so lang!
Nat iibm likl langwij bwai?
Nat iibm likl tuang?

Ah yu sista wa wok onggl
Wan wiik wid Moerkan
Ih taak so nais nou dat wi ab
Di juus fi handastan?

Bwai yu kudn impruuv yuself!
Ah yu get sumoch pie?
Yu pen six mont a farin, ah
Kumbak hogli siemwie?

Nat iibm a jrieps chouziz? ar
A paas-di-ridim kuot?
Bwai nat iibm a guol tiit ar
A guol chien roun yu chruot?

Puozn mi laas mi paas go hinchajuus
Yu tu a chrienja
hAz mi lamentid son wa lietli
Koh frah Moerka!

Deh huda laafata mi, bwai
Mi kudn tel dem so!
Deh huda se mi lai, yu ben
A-pen taim baka Moko.

No bakansa mi bwai, yu taak
Tuu bad; shetop yu mout,
A duoh nuo ou yu ah yu pupa
Gwaih fi meki out.

Ef yu waah pliiz im mek ih tingk
Yu bring bak somting nyuu.
Yu haazwie kaal im "Pa"; dis iivlin
Wen ih kom se "Puu".

# Jumieka Langwij

Louise Bennett

*"Jamaica Language"*
*Aunty Roachy Seh, Mervyn Morris, ed.*
*Kingston: Sangster's Book Stores, 1993*
*Transcribed from J1.*

Lisn no!

Mi Anti Ruochi se dat ibwail ih tempa ah riili bex im fi chuu enitaim ih ier enibadi a-stail wi Jumieka dayalek az "corruption of the English Language." Far ef dat bi di kies, den dem shuda kaal Ingglish Langwij karopshan a Naaman French ah Latn ah aal dem tara langwij wa deh se das Ingglish diraiv fram.

Unu ier di wod? "diraiv." Ingglish a dirivieshan bot Jumieka dayalek a karopshan! Wat a anfieriti!

Anti Ruochi se dat ef Jumieka dayalek a karopshan a di *h*Ingglish Langwij, den azwel a karopshan a di *h*Afrikan Twi langwij tu, awuo!

Faa Jumieka dayalek eh taat wen wi *h*Ingglish fuofaadadem mosahboun wi *h*Afrikan ansistadem fi tap taak fidem Afrikan langwij aaltugiada ah laan fi taak suoso *h*Ingglish, bikaa wi *h*Ingglish fuofaadadem kudn andastan wa wi *h*Afrikan ansistadem ena se tu deh wan aneda wen deh dede a-taak ina deh Afrikan langwij tu deh wan aneda!

Bot wi *h*Afrikan ansistadem pap wi *h*Ingglish fuofaadadem. Yes! Pap dem ah disgaizop di *h*Ingglish Langwij fi protek fidem Afrikan langwij soch a wiez dat wi *h*Ingglish fuofaadadem til kudn andastan wa wi *h*Afrikan ansistadem ena taak bout wen deh dede a-taak tu deh wan aneda!

Yes, bwai!

Sotel nou, alduo nof a wi Jumieka dayalek wod koh frah Ingglish wod, yet stil ah far aal, di taakin a suoso Jumiekan, ah wen wi redi wi kiah meki soun laka ino gat no *h*Ingglish ataal ina-i! Ah no suoso *h*Ingglish-taakin smadi kyaah andastan we wi a-se ef wi no waah dem fi andastan we wi a-se, awuo!

Ah wi fixop wi dayalek wod fi soun laka ou wasoeba wi a-taak bout ifieba. Far instans, wen wi se sinting "kuru-kuru-op," yu nuo se dat imaakop-maakop. Ah ef wi se wah ous "ruku-ruku," iplien fi si dat it uol ah shieki-shieki. Ah wen wi se smadi "buguyaga," ebribadi nuo se dat ih outa-aada; ah ef wi se dem "bunununus," yu nuo se dat deh nais ah wi laik dem. M-hm.

Anti Ruochi se dat Jumieka dayalek muo dairek ah tu di paint dah *h*Ingglish. Far aal laka ou *h*Ingglish smadi *h*uda se "go away," Jumiekan jos se "gue!" Ah di onggl taim wi yuuz muo wod dah *h*Inggslh a wen wi waah fi mek sinting soun chrang laka wen deh se sinting "bata-bata-op," isoun muo *h*expresiv dan ef yu se "it is battered." Bot muosli wi fling we aal di banggarang ah chriminzdem ah onggl lef wa waahn, ah das wamek wen Ingglish smadi se "I got stuck by a prickle," Jumiekan jos se "maka juk mi!"

So fiwi Jumieka langwij ano nuo *h*Inggslsih karopshan at aal, awuo! Ah wi no afi shiem a it, laka wah gial uu weh go a *h*Ingglant go riprizent wi Jumieka fuok sang "Wan shif mi gat" az "the sole underwear garment I possess," ah go sing "Muma, muma, deh kech pupa" az "Mother, mother, they apprehended father"!

Ai yai yai!

## Tengki Mis Luu, Tengki

"Tenky Miss Lou, Tenky"
Transcribed from J2 by permission of the author.

Joan Andrea Hutchinson

Mi a baan Jumiekan ah mi proud
Ah yu fi fiil proud tu
Fi waak roun ah bigop yu ches
Ah se tangx tu Mis Luu.

Wen shi eh taat, shi neba nuo
A ou ihuda go
Ah nof-nof piipl weh da-laaf
An a-kaal ar papishuo.

Bot shi galang chrang ah tiki out
Faa shi nuo se shi eh rait
Ina ar belibatam shi eh nuo wan die
Deh uda si di lait.

Entaim chobl tek wi a Mis Luu weh put
Wi gud niem pah di map
Ah wenda push Jumieka eritij
Ah Laad, shi wudn tap.

Shi se, "Tek kintiit kiba aatbon"
Wen taim neba so swiit
"Gud lok wi kom az lang az foul
A-krachop dongl iip."

Nof a dem weh tingk shi kriezi
Ah nof mekop deh fies
Ou Mis Luu a-chat dis buguyaga Patwa
Aal uoba di plies.

Faa deh weh tingk Patwa a bad Ingglish
Deh neba nuo, puo ting
Deh udn tel deh pikni Nansi tuori
Ah fuok sang deh udn sing.

Bot a di jakaas wid ih lang tiel
Bag a kuoko komin dong
Ah di piiled kiangkro pah chriitap
Jos mek deh ed pin rong.

Ah likl bi likl deh taat fi bak ar
Taat fi fan ar fliem
Ah si de, afta fiti ier
Mis Luu — a ousuol niem.

Nou wi no shiem fi chat wi uona langwij
Ah wi da-tengk yu fiit Mis Luu
Dem a-tiichi klier a yunivoersiti
Ah onggl sieka yu.

Dem a-mek flim, dem a-rait buk
Dem a-sing wuoliip a sang
An a se "Oh, Patwa is a good language"
Bot yu weh nuo dat aal alang.

So nou wi tanop proud fi bi Jumiekan
Ah wi waah di wuol wol fi ier
Mis Luu, nof tangx, far Oudi ah Tengki
Neba brok no skwier.

GIRL SURPRISED, 1949
DAVID MILLER, JR. 1903-1978
COLLECTION: NATIONAL GALLERY OF JAMAICA

# Langwij Baria

Valerie Bloom

*"Language Barrier,"* 1983
*Transcribed from J2 by permission of the author.*

Jumieka langwij swiit yu nuo bwai,
Ah yu nuo mi neba nuotisi
Tel tara die wah farin fren
Koh pen soh taim wid mi.

Ah den ih kaal mi atenshan tu
Soh sitn ih se soun kwier,
Laka di wie wi aazwie se 'ku ya'
Wen wi riili miin 'look here'.

Teda die im a-waak outa ruod
Ah wen im a-paas wah giet,
Ih si wah bwai a wah winda,
Ah wah neda wan outsaid a-wiet.

Ih se deh eh luk kaina nais
So ih ben ago se oudi,
Bot ih tap shaat wen di fos bwai se
'A redi yu redi aredi?'

Den laka se dat neh kwait anof
Fi puo likl farin Yuu,
hIh ie di neda bwai ala out,
'A kom mi kom fi koh wiet fi yu'.

Ah dat ano aal we pozl im:
Mek wi ron wi wod dem tugiada?
Faa wen ih hexpek fi ie 'the other'
hIh ie dis wan wod, 'teda'.

hInsted a wi se 'all of you'
Wi honggl se 'unu'
hIh kiah dis memba se
Di wod fi 'screech owl' a 'patu'.

Az fi som expreshan ih ie
*h*Ih udn bada chrai mek dem out
Laka 'bunununus', 'chamba-chamba',
Ah 'kiba op yu mout'.

*h*Ih kiah bieli si di kanekshan,
Bitwiin 'only' ah 'dege'
Ah ih uda laik fi miit di smadi
Uu *h*invent di wod 'preke'.

Mi *h*advais im no fi fret ihself
Faa di Paniad dem dwiit tu
Faa wen dem miin fi se 'jackass'
Deh aazwie se 'burro'.

Di French, Italian, Griik ah Doch
Deh aal gilti a di kraim
Non a dem no chat ih langwij
So Yuu beta laan fi maim.

Bot sein dis ah dat yu nuo,
Som a wi kyaah iibm andastan wan aneda
Iibm duo wi aal lib ya
Ah chat di siem Patwa.

Faa frah laas wiik mi a-pozl out
We Juoy kuda miin,
Wen ih tek ih fiesi self so hax
Ef eni a ih *h*andapans kliin.

MV EMPIRE WINDRUSH KYAA NOF JUMIEKAN GO A *h*INGGLANT

# A Wa Yu Naa Se?

Larry Chang

"Iz wat yu nat sein?"
The Egyptian
York Castle High School Magazine
Brown's Town: February 1966

A wa mek wen piipl go abraad
Deh afi kom bak wid axent? Laad,
A jos kyaah tan dem. Far instans, Maad
Go a Kianada az domestik woerka;
Chrii mont taim ih kom de-joerk ar
Mout wid axent ah twangiulieshan
Nieli *h*enop wid chrangiulieshan
A har vuokal kaad.

Den ata dat wi ha Big Boti
Ah fiim kluoz beh aazwie doti
Ah ih neba nuo nomo dah toti
*h*Ingglish wod. Ih laan soh lang friez
A Flarida, deh mek mi fiil diez.
Wan die ih bena *h*aatikiuliet,
Ih bait ih tong; iweh ina stiet.
Sari fi Boti.

Yu nuo Mie Broun? Ih win chrip a Spien.
Wen ih taak fieba ih ina pien
Laka ih get ronuoba bai chrien.
Di ruorin ridim a fi har aarz
Uda sen mi chriet a Maarz.
Ef yu eh de abraad tuu wiik mi uop
Yu no putaan ierz ah gwaan laka duop.
Notn node fi gien.

# Luuk 1

*Di Jamiekan Nyuu Testiment*
*Kingston: Bible Society of the West Indies,*
*2012*
*Translated from Greek to J2*
*Reprinted by permission.*

*1* Tiyafilas Sa, uol iip a piipl chrai fi rait dong di sitn dem wa apm mongks wi. *2* Dem rait it dong siem wie ou dem ier it fram di piipl dem we did de de fram di staat, si di sitn dem wa apm an we priich di wod. *3* Anarebl Tiyafilas, mi stodi evriting fram di staat an mek op mi main fi rait an tel yu wa apm, *4* so yu wi nuo se wa yu ier a chuu sitn.

*5* Wen taim Erad a did King iina Judiya, wan priis did de de, niem Zakaraiya. Im did bilang tu di Abija gruup a priis dem, an im waif Ilizibet a did wan a leran fambili. *6* Gad si se di tuu a dem a did gud sumadi. Kaaz dem liv ou im waahn dem fi liv, dem du aal a wa im tel dem fi du an nobadi kudn paint no fingga pan dem. *7* Bot dem neva av no pikni, kaaz Ilizibet kudn av non. Plos di tuu a dem did wel uol.

*8* Wan die, Zakaraiya did a du priis wok iina Gad ous, kaaz fi im gruup a priis did de pan dyuuti. *9* Iina dem die de di priis dem yuus tu kom tugeda an jraa niem fi si wich wan a dem fi go bon insens iina Gad ous. Dis ya taim ya a Zakaraiya niem get pik. *10* Wen a did taim an Zakaraiya go iina Gad ous, di piipl dem we did gyada outa duor did a prie.

*11* Wan a di Laad ienjel dem kom tu Zakaraiya an tan op pan di rait-an-said a di insens alta. *12* Wen Zakaraiya si im, im fraitn so til. *13* Di ienjel tel im se, "No fried! Gad ier yu prieya. Ilizibet ago av wan pikni fi yu, an yu fi kaal im Jan. *14* Im ago mek yu wel api, an nof piipl ago glad wen im baan. *15* Yu bwai-pikni ago speshal iina Gad yai. Im no fi jringk no wain ar no ada chrang jringk. Di Uoli Spirit ago kanchuol im fram im iina im mada beli. *16* Im ago bring bak uol iip a Izrel piipl tu di Laad, we a dem Gad. *17* Im ago go bifuo Gad, wid di siem Spirit an powa laik wa Ilaija did av. Im aal ago mek faada kom bak kom lov dem pikni. An di piipl dem we neva did a ier Gad, ago staat tingk laik gud sumadi an du wa rait. An da wie de im ago mek piipl redi fi di Laad."

*18* Zakaraiya go aks di ienjel, "Ou mi ago nuo se a chuu sitn yu a taak? Mi a wan uol man, an mi waif no yong niida."

*19* Di ienjel tel im se, "Mi a Giebrel. Mi tan op bifuo Gad an im sen mi fi taak tu yu an fi tel yu di gud nyuuz. *20* Bot chuu yu no biliiv mi, yu naa go kyan taak til wa mi tel yu bout apm."

*21* Siem taim dis a gwaan, di piipl

outa duor did a wanda wa mek im a tek so lang fi kom outa Gad ous. 22 Zakaraiya kom out bot im kudn tel dem notn. Dem nuo se im si wan vijan iina Gad ous, kaaz dem si se im kudn taak an onggl a mek sain tu dem.

23 Wen Zakaraiya don du im priis wok iina Gad ous, im go baka im yaad.

24 Afta dat im waif get biebi, so shi tan a ar yaad fi faiv mont. 25 Shi se, "Di Laad du dis fi mi. Dem die ya, Gad shuo mi gud fies, so mi naa fi shiem wen mi de mongks ada piipl agen."

26 Wen Ilizibet did av biebi iina beli fi siks mont, Gad sen ienjel Giebrel go a wan toun iina Gyalalii niem Nazaret, 27 fi kyari wan mesij go gi wan yong uman niem Mieri we neva sliip wid no man yet. Mieri did ingiej fi marid Juozif, we kom fram di siem fambili we King Dievid did bilang tu. 28 Di ienjel go tu Mieri an se tu ar se, "Mieri, mi av nyuuz we ago mek yu wel api. Gad riili riili bles yu an im a waak wid yu aal di taim."

29 Wa Giebrel se kanfyuuz Mieri an shi staat fi wanda wa im miin. 30 So di ienjel se tu ar se, "No fried Mieri, kaaz Gad riili riili bles yu. 31 Yu ago get biebi, wan bwai-pikni, an yu fi kaal im Jiizas. 32 Im ago ton wan griet man an dem ago se im a di pikni fi di Muos Ai Gad. Di Laad Gad gweehn gi im di chuon wa im faada Dievid did av. 33 An im aalwiez ago ruul uova Jiekob piipl, Izrel; an im ago ruul fi eva an eva."

34 Mieri aks di ienjel se, "Ou mi fi av biebi wen mi neva eva go a bed wid no man?"

35 Di ienjel ansa ar se, "Di Uoli Spirit ago kom tu yu an di powa a di Muos Ai ago toch yu. Im ago bi Gad uoli pikni. 36 Yu si yu fambili Ilizibet? Piipl tingk se shi kudn av pikni bot shi ago av pikni iina ar uol iej. A siks mont nou shi av biebi iina beli. 37 Notn no de, wa Gad kyaahn du."

38 Mieri se, "Mi de ya fi sorv di Laad. So mek it apm ou yu se it ago go." Den di ienjel go we lef Mieri.

39 Mieri get redi an mikies go a wan toun iina di ili paat a Juuda. 40 Wen shi riich, shi go a Zakaraiya ous an go iin go tel Ilizibet oudi. 41 Az Ilizibet ier Mieri se oudi so, di biebi iina ar beli jomp. An di Uoli Spirit tek kanchuol a Ilizibet 42 an shi baal out loud-loud, "Mieri, yu bles muo dan aal ada uman an di pikni iina yu beli bles tu. 43 Ou mi bles so, dat di mada a mi Laad kom luk fi mi? 44 Az yu taak so braps, mi biebi jomp iina mi beli kaaz im api. 45 Yu bles kaaz yu biliiv wa di Laad se ago apm."

46 Mieri se: "Mi priez di Laad wid aal mi aat, 47 mi suol priez Gad we siev mi; 48 kaaz im si an memba mi im puo sorvant. Fram nou aan, evri jinarieshan ago se mi a Gad-bles uman, 49 kaaz di Muos Powaful Gad du da mirikl ya fi mi — im uoli! 50 Gad gud kyaahn don, an kain tu evribadi iina

evri jinarieshan we rispek an priez im.
51 Im tek im an du som powaful sitn;
im skyata-skyata buosi piipl. 52 Gad
aaldong ruula aafa dem ai chuon an lif
op piipl we nobadi neva tingk se mata.
53 Im gi onggri piipl uol iip a gud sitn,
bot rich piipl im sen we wid dem tuu
lang an. 54 Gad elp im sorvant dem,
Izrel. Im memba fi bi gud an kain tu
dem 55 jos laik ou im did pramis
lebriyam an im pikni dem, fi bi gud an
kain tu dem fi eva."

56 Mieri tan wid Ilizibet bout chrii
mont an den go baka ar yaad.

57 Wen a taim fi Ilizibet av ar biebi,
shi did av wan bwai. 58 Ilizibet nieba
an fambili dem ier ou di Laad did gud
tu ar an dem glad fi ar.

59 Wen Jan kech iet die uol, dem
kyari im go a Gad ous fi sorkomsaiz
im. Dem nieba an fambili did waahn
niem im afta im faada, Zakaraiya, bot
60 im mada se, "Nuo! A Jan im fi
niem."

61 Dem se, "Afta non a yu fambili
dem no niem so?"

62 Den dem mek sain tu im faada fi
fain out wa niem im waahn gi im pikni.
63 So Zakaraiya aks fi wan sliet fi rait
pan. Dem shak wen im rait se, "A Jan
im niem."

64 Siem taim Zakaraiya mout uopm
op an im tong luus op, an im staat fi
priez Gad. 65 Di nieba dem kudn
biliiv we did a gwaan, an di nyuuz bout

wa apm pred aal uova di ili paat a
Judiya. 66 Dem did si se di Laad powa
de pan im so evribadi we ier bout it
wanda an aks, "A wa da pikni ya ago
ton out tu?"

67 Di Uoli Spirit tek kanchuol a Jan
faada so im staat fi se: 68 "Priez di
Laad, Izrel Gad, kaaz im kom an frii im
piipl. 69 Im sen wan powaful sumadi
fi siev wi. Da powaful sumadi ya kom
fram di fambili a Gad sorvant Dievid.
70 Jos laik ou im did taak chuu im uoli
prafit dem wie bak wen an se: 71 im
ago siev wi fram wi enimi dem an fram
di wan dem we iet wi an av powa fi ort
wi. 72 Im se im wuda gud tu wi faada
faada dem an im memba im uoli
pramis; 73 Di pramis im mek tu wi
faada lebriyam, 74 fi siev wi fram dem
we iet wi. So wi kyan du we im waahn
wi fi du an no fried; 75 So wi kyan liv
wan gud an kliin laif til wi ded. 76 Mi
pikni Jan, piipl ago kaal yu wan prafit fi
di Muos Ai, kaaz yu ago gwaan bifuo im
til im kom an get im piipl redi fi'im; 77
Yu ago mek Gad piipl nuo se di laad a
kom fi siev dem; Im ago paadn dem so
dem kyan get siev. 78 Sieka ou Gad
gud an kain tu wi, di maanin son ago
shain dong pan wi. 79 It ago shain
pan di wan dem we a liv iina di daak an
we fried fi ded. An im ago shuo wi ou
fi liv iina piis."

80 Di pikni gruo op an get chrang
iina spirit, an im did liv iina di dezot til
di die im shuo imself tu Izrel.

# Saam 91

*Psalm 91*
*Translated 1999, from the King James*
*Version of the Bible.*

KAAMEL MORIEVIAN CHOCH, WESMOLAN

*1* Im we tan ina di siikrit plies a di
    Muos Ai
  wi lib anda di sheda a di Almaiti.

*2* Mi wi se bout di Laad, Im a mi
    refiuj ah mi faachris,
  mi Gad, mi wi chos ina Im.

*3* Fi soertn Ih wi kip yu frah di
    kalaban,
  ah frah di naizi pestilens.

*4* Ih wi kiba yu wid Ih feda,
    ah anda Ih wing yu wi chos.
  Ih chuut ago bi yu shiil ah bokla.

*5* Yu naa fried fi di tera a nait;
    naar fi di *h*aro we flai a die;

*6* Nar fi di pestilens we waak ina
    daaknis;
  nar fi di dischokshan we kom a
    migldie.

*7* Wa*n* touzn wi jrap a yu said,
  ah ten touzn pah yu rait an,
    bot inaa kech yu.

*8* Onggl se wid yu yaidem yu wi nuotis
  ah si di riwaad we di wikid get.

*9* Far bikaazn yu tek di Laad, uu a mi
    refiuj,
  iibm di Muos Ai, fi yu yaad.

*10* No *h*iivl kyaah kech yu,
  niida no plieg kyaah kom nier yu
    yaad.

*11* Far Ih wi put Ih ienjeldem inchaaj
    uoba yu,
  fi si yu chuu aal di wie.

*12* Deh wi lif yu op ina deh andem,
  enda yu frah likop-likop yu fut gens
    raktuon.

*13* Yu wi tep pan di layan ah di
    gialawas:
  di yong layan ah di jragan yu wi
    mash wid yu fut.

*14* Bikaazn ih set ih lob pah Mi,
  Mi wi sieb im:
  Mi wi set im op ai, far ih nuo Mi
    niem.

*15* Ih wi kaal Mi ah Mi wi *h*ansa:
  Mi wi de wid im ina chobl;
  Mi wi sieb im ah hana im.

*16* Mi wi satisfai im wid lang laif
  ah shuo im Mi salvieshan.

# I Karintianz 13

*I Corinthians 13*
*Translated 1990, from the King James Version of the Bible.*

*1* Aal di piik mi piik ina tong a man ar ienjel ah naab no lob, mi dis a penggeleng ah tinggiling.   *2* Ah aal ef mi ha di gif a prafesi ah andastan aal mischri ah aal nalij; ah duo mi hab aal fiet we kiah muuv mouhn, ah no gat no lob, mi ano notn.   *3* Ah duo mi giwe aal mi tingdem fi fiid di puo, ah giop mi badi fi bon ah no gat no lob, ino prafit mi notn.   *4* Lob lang-sofarin ah kain, lob no *h*envi; lob no shubop ar pofop.   *5* Ino biyev ansiimli, no lukout fi iself, kyaah pruvuok iizi, no tingk no *h*iivl.   *6* No rijais ina *h*iniquiti, bot rijais ina chuut;   *7* Bie *h*eniting, biliib ebriting, uop fi *h*ebriting ah tan ebriting.   *8* Lob neba fiel: bot ef a prafesi, iago fiel; ef a tong iago tap; ef a nalij, iago vanish.   *9* Faa wi nuo likl bit ah wi prafisai likl bit.   *10* Bot wen daa we poerfek kom, den di likl-likl donwe wid.   *11* Wen mi a pikni, mi chat laka pikni, mi andastan laka pikni, mi tingk laka pikni: bot wen mi ton man, mi dashwe pikni sinting.   *12* Faa nou wi si chuu lukin-glaas, bot afta wi wi si fies tu fies; nou mi nuo likl bit, bot den mi wi nuo dis az ou mi binuons.   *13* Fiet uop ah lob deh chrii ya lef; bot di grietis wan a demya a lob.

BAIBL RIIDN

# Dip Dem Bedwad

*"Dip Dem Bedward"*
*Popular song, author unknown*
*Transcribed from J1.*

*Dip dem Bedwad, dip dem*
*Dip dem in di iilin schriim*
*Dip dem swiit bot nat tuu diip*
*Dip dem fi kyuor bad fiilin.*

Som kom frah di naat
Wid deh fies ful a waat
Fi go dip ina di iilin schriim
Som kom frah di sout
Wid deh big yaba mout
Fi go dip ina di iilin schriim

*Chorus*

Som kom frah di *h*iis
Laka big legobiis
Fi go dip ina di iilin schriim
Som kom frah di wes
Dem a poerfek pes
Fi go dip ina di iilin schriim.

*Chorus*

# Die Da-Lait

Louise Bennett

*"Day Da Light"*
*The pre-1954 version which predates that
better known by Irving Burgie and
recorded by Harry Belafonte in 1956
Transcribed from J2.*

Die uo, die uo
Die da-lait ah mi waah gu uom
Kom Misa Taliman koh tali mi banaana
Die da-lait ah mi waah gu uom
Koh fix yu kata Mati fi koh tek bonch banaana
Die da-lait ah mi waah gu uom
Six-an, sebm-an, iet-an bonch
Die da-lait ah mi waah gu uom
Mi kom ya fi wok mi no kom ya fi aigl
Die da-lait ah mi waah gu uom
No gi mi suoso bonch mi no aas wid braigl
Die da-lait ah mi waah gu uom
Six-an, sebm-an, iet-an bonch
Die da-lait ah mi waah gu uom
Di chekaman a-chek bot ih chek wid kaashan
Die da-lait ah mi waah gu uom
Mi bak dis a-brok wid bie egzaashan
Die da-lait ah mi waah gu uom
Die uo, die uo
Die da-lait ah mi waah gu uom.

# livnin Taim

Louise Bennett

*"Evening Time"*
*from the 1949 Pantomime "Busha*
*Bluebeard"*
*Music by Barbara Ferland and Lyrics by*
*Louise Bennett*
*Transcribed from J2.*

Kom Mis Klier,
Tek di bangkra aaf yu ed mi dier,
livnin briiz a-bluo,
Kom dis wie Mis Fluo.

Elp dong ya,
Ata yu no biis a boerdn ma.
Res yuself at iiz,
Fiil di iivnin briiz.

livnin taim,
Woerk iz uova nou iz iivnin taim,
Wi de-waak pah mouhn,
De-waak pah mouhn,
De-waak pah mouhnsaid.

Mek wi kuk wi bikl pah di wie,
Mek wi iit ah sing,
Dans ah plie ringding
Pah di mouhnsaid.

Kechop di faya Maata
Paas mi di gungu piiz,
Robop di flowa Siera – Laad!
Fiil di iivnin briiz.

livnin taim,
Woerk iz uova nou iz iivnin taim,
Wi de-waak pah mouhn,
De-waak pah mouhn,
De-waak pah mouhnsaid.

# Banyan Chrii

*"Banyan Tree"*
*Transcribed from J2.*

Folk song

Muunshain tinait koh mek wi dans ah sing
Muunshain tinait koh mek wi dans ah sing

*Mi de-rak so*
*Yu de-rak so*
*Anda banian chrii*
*Mi de-rak so*
*Yu de-rak so*
*Anda banian chrii.*

Liedi mek koertsi, jenklman mek bou
Liedi mek koertsi, jenklman mek bou

*Chorus*

Koh wi jain an ah mek wi dans roun sing
Koh wi jain an ah mek wi dans roun sing.

*Chorus*

# Elena

*Transcribed from J2.*

Traditional

Elena an ar muma go a grong
Elena taat fi baal fiim beli
Gu uom Elena, gu uom Elena
Go bwail serasi fi yu beli

Di muma ih dig an ih plaah
Bot ih main dis a-ron pah Elena
Ih pikop ih bag, ih baaskit an ih kotlas
Ah gu uom fi go luk fi Elena

Di muma kech uom a di yaad
Ih si di bonpan pah di faya
Ih tek wah piis a tik an ih tor an ih tor
Ah di nait-siej kumop bai di bonggl

Gial a wa dis yu bwail fi yu beli?
Gial a paizn yu bwail fi yu beli
Frah yu baan kom a wol yu no nuo serasi?
Gial yu fuulish, yu fuulish, yu fuulish

Di muma ih pik soh serasi
Ih bwaili ah gi tu Elena
Elena ih jrinki an ih sliip, an ih sliip
An ih wiekop widoutn pienabeli

Koh luk pah serasi, Elena
Di liif ah di vain ah di beri
Koh nuo serasi ah memba serasi
Far a it kyuor yu bad pienabeli.

# Man Piaba

Traditional

Many versions including one recorded by
Harry Belafonte in 1949. This version
adapted from Ras Tewelde, One Way
Ticket, Bizzarri Records
Transcribed from J2.

Wan die mi miit wah oul uman a-sel
Ah mi eh waah sinting fi iit
Mi se mi ena go gi ar likl bizniz
Bot mi tonbak wen mi miit
Mi eh tingk ih ab banaana, bula ah pier
Bot no notn dat, notn wa ai-man niid
Faa wen mi ax im wa ih sel
Ih se ih a-sel wiid
An ih gat

Man Piaba, Uman Piaba,
Tantan Faal-Bak ah Leman Graas
Mini Ruut, Goli Ruut, Beli Ruut, Grani-
   Bakbuon
Jred Man Gitop ah Livaan fi Muon
Karalila Bush, Divi-Divi ah Toro,
Ah di oul Kompelans Wiid
Bot di onggl bush ih neba gat
A mi Kali Wiid

Dat oul liedi plien az die
A-chrai fi mek mi uovastan
Man Piaba bush kiah riili ful yu beli
Bot yu afi kuki ina blak pan
Likl shuga, likl saalt, likl jrednot milk
Likl oni yu kiah ad, likl toch a ebriting
Ah mi riili muo dah glad
Aalduo mi no memba aal a dem ih kaal
Wa ih se ih ab

Man Piaba, Uman Piaba,
Jumbi Bakl ah Finggl Bush
Bita Tali, Laim Liif ah Anisiid
Kuuli Bitaz ah Ayan Wiid

Wail Pepa Bush, Twelb Aklak Bruum
Ah aal di res yu kiah niid
Bot di onggl oerb ih neba gat
Airi Kali Wiid

Wen mi ie omoch bush ih gat
Mi dom sotel mi kudn iibm taak
Ih se 'Bwai, yu no nuo se oerb mek yu
   waiz
Dem a di lilin a di Nieshan
Dem a-bring rijais
So yu kyaah figat yu kolcha
Naida we yu kom fram'
Afrikan Wi Afrikan ebriwe wi go
Babilan kriezi bot wi naago luuz
   kanchuol
Lisn di bushman ina disya taim
So mi se mi ab

Kasaada Muma, Kuukuu Piaba
Jiekob Leda ah Kanggo Pom
Fat Bush, Wail Grie Ruut ah Suoja Faak
   Liif
Ded Man Riezop ah Taat fi Lib
Flat a di Oert, Hafabit Wiid
Iibm di Dopi Krochit
Bot di onggl oerb ih neba gat
A mi Kali Wiid.

# Manggo Taim

*"Mango Time"*
*Popular song, author unknown*
*Transcribed from JI.*

Mi no jringk kaafi-tii, manggo taim
Kia ou nais imaita bi, manggo taim
Ina di ait a di manggo krap
Wen di fruutdem a-raip ah jrap
Wash yu pat ton dem dong, manggo taim

Mek wi go manggo waak, manggo taim
Far a onggl di taak, mango taim
Mek wi jomp pah di big jakaas
Raid im dong ah no tap a paas
Mek di bes a di krap, manggo taim

Toerpmtain laaj ah fain, manggo taim
Rabin manggo so swiit, manggo taim
Nomba ilebm ah ierikin
Pak di bag ah ram dem in
Faa di bangkra mos ful, manggo taim

# Linstid Maakit

Traditional folk song

Kyaa mi aki go a Linstid Maakit
Nat a kuati wot sel
Kyaa mi aki go a Linstid Maakit
Nat a kuati wot sel.

*Laad wat a nait, nat a bait*
*Wat a Satide nait*
*Laad wat a nait, nat a bait*
*Wat a Satide nait.*

Ebribadi koh fiilop-fiilop
Nat a kuati wot sel
Ebribadi koh fiilop-fiilop
Nat a kuati wot sel.

*Chorus*

Do mi mami no biit mi kil mi
Sieka meriguroun
Do mi mami no biit mi kil mi
Sieka meriguroun.

*Chorus*

Aal di piknidem a-lingga-lingga
Fi we deh muma no bring
Aal di piknidem a-lingga-lingga
Fi we deh muma no bring.

*Laad, wat a nait, nat a bait*
*Wat a Satide nait*
*Laad, wat a nait, nat a bait*
*Ou di pikni gwaih fiid?*

## Du No Toch Mi Tumieto

Attributed to Josephine Baker and her
fourth husband, bandleader Joe Bouillon
with whom she recorded a version in the
Fifties.

*"Don't Touch Me Tomato"*
*The Jamaican version was done by*
*The Wrigglers, featuring Ernest*
*Ranglin, and later by Phyllis Dillon*
*Transcribed from JI.*

Beg yu sa du no toch mi tumieto
Nuo, du no toch mi tumieto
Toch mi yam, mi pongkin, pitieto
Bot fi Gad siek du no toch mi tumieto

Toch mi dis, toch mi dat
Toch mi ebriting mi gat
Toch mi plom ah mi *h*apl tu
Bot wan ting wa yu jos kyaah du

Aal yu du a fiilop-fiilop
Man yu no tayad a fiilop-fiilop?
Aal yu du a kwiizop-kwiizop
Man yu no tayad a kwiizop-kwiizop?

Yu se yu aad laka kuoknat
Di not a notdem mi no gat
Bot ef di tempa get tuu at
Mekop yu main pah wat a wat

Du sa tek advais frah mi
Di muo yu luk, di les yu si
An ef yu jos mos ab yu wie
Dobl di prais yu gastu pie.

Aal yu du a fiilop-fiilop
Man yu no tayad a fiilop-fiilop?
Aal yu du a kwiizop-kwiizop
Man yu no tayad a kwiizop-kwiizop?

# Nobadi Bizniz

*"Nobody's Business"*
*Traditional, author unknown*
*Translated from J2.*

KAAPI

*Nobadi bizniz, bizniz*
*Nobadi bizniz, bizniz*
*Nobadi bizniz bot mi uon*
*Nobadi bizniz, bizniz*
*Nobadi bizniz, bizniz*
*Nobadi bizniz bot mi uon.*

Salaman Grondi gaan a Ekuaduor
Lef ih waif ah pitni outaduor
Nobadi bizniz bot ih uon
Salaman grama swier ih naago beg
Tiifwe aal a Bra Sami foul ah heg
Nobadi bizniz bot ih uon.

*Chorus*

Ef mi marid tu a Niegaman
Ah mi lef im fi a Chainiman
Nobadi bizniz bot mi uon
Ef mi iibm oul laka tagoram
Ah waah fi puoz az tuenti-wan
Nobadi bizniz bot mi uon.

*Chorus*

# A Yu Mi Waah Fi De Wid

Joan Andrea Hutchinson

"A Yuh Mi Waan Fi Deh Wid"
Inna Mi Heart: Jamaican Love Poetry, 2007
Transcribed from J2 by permission of the author.

Iibm ef yu put aan fiti pong
Iibm ef yu sik ah maagadong
Iibm ef yu bliich di blak fi fieba brong
A yu mi waah fi de wid

Iibm ef yu fut shiep laka afu yam
Ah yu an luk laka Sang a di Banaana Man
Iibm ef yu kliem Rasta bot tek kwayat lik di am
A yu mi waah fi de wid

So iibm ef yu a-biyev laka kloun
An a fi yu niem deh kaal aal uoba toun
A yu mi waah fi bi aroun
A yu mi waah fi de wid

# Tog No Shuo Lob

Joan Andrea Hutchinson

*"Thug No Show Love"*
*Inna Mi Heart: Jamaican Love Poetry, 2007*
*Transcribed from J2 by permission of the author.*

Biebi mi lob yu ah yu don welah nuo
Bot a gai kyaah tuu mek ih fiilinz shuo
Yu fiil mi lob ah dat supuoz fi anof
Bot man a man ah man afi flex tof
So no bada *h*expek mi fi kom wid no lobi-dobi lob
Kaa man a tog ... ah tog no shuo lob

Mi wi taidi ous ah elp yu wash pliet
Chienj biebi dayapa, *h*ayan, kuk ah biek
Wash yu ier ah masaaj yu badi aal die lang
Og yu op ah dans laka grampa wen wi ier lob sang
Bot outa chriit mi no ina di smuuchi-smuuchi lob
Kaa man a tog ... ah tog no shuo lob

Muos piipl no nuo se mi ab a ruomantik said
Mi wi gi yu swiit ah jengkl lobn tel yu klaid
A yaad mi wi bou fi yu kanchuol di rimuot
Ah mi redi fi go fronta paasn go tek uot
Bot Jan Poblik no afi nuo bout mi ruomantik lob
Kaa man a tog ... ah tog no shuo lob

# Swiit ah Dandi

*"Sweet and Dandy"*
*recorded by The Maytals, May 1969*
*Transcribed from J2.*

Frederic "Toots" Hibbert

KONCHRI WEDN

E-e! Eti ina ruum a-krai
Mama se ih fi waip ih yai
Papa se ih no fi fuulish
Laka ih neba go a skuul at aal
Ano nuo wanda
A wah poerfek panda
Wails dem a-daans ina dat baal
Ruum laas nait.

E-e! Jansn ina ruum a-fret
Ongkl se ih fi uolop ih ed
Anti se ih no fi fuulish
Laka ano taim fi ih wedn die
Ano nuo wanda
A wah poerfek panda
Wails dem a-daans ina dat baal
Ruum laas nait.

Wan poun ten fi di wedn kiek
Plenti bakl a kuola wain
Aal di piipl dem jresop ina wait
Fi go niamaaf Jansn wedn kiek
Ano nuo wanda
A wah poerfek panda
Wails dem a-daans ina dat baal
Ruum laas nait.

Bot deh weh swiit ah dandi
Swiit ah dandi, swiit ah dandi.

# Wain Pah Piepa

Yasus Afari

"Wine Pon Paper"
Public Secret album, SenYAcum/FoxFuse
Transcribed from JI by permission of the author.

*Ef rege ina di daansaal*
*Dat miin daansaal fi ina rege*
*An ef daansaal ina rege*
*Dat miin rege fi ina daansaal*

Mi si Pen aal a-Wain Pah Piepa
Wen gial a-gi out deh nomba
Deh se aal-ah-pulop mi silekta
Faa di wod soun abop di powa
Nou lieta aredi grieta
Lirikal ridim a-daans pah piepa
Ah kuestian a-bobl wid ansa
Ah wen di ingk ah di vaibz taat fluo
Di stanzadem taat fi gruo
So di fruut ah wok taat shuo
Ah mi piipldem glad fi nuo

*Chorus*

Wi ab Myuuzik, Daans ah Kamidi
Tuoritelin, Fashin ah Puoychri
Nou taat ah wod bring rialiti
Rialiti shiepwi aidentiti
So wi tingk ahmek tingz apm
Nou akshan bring di riakshan
Ah set di wuol ting ina muoshan
So ef yu no plan fi fiel
No fiel fi plan
Jos jain wid mi ina di selibrieshan
Mek wi senout a gud vaibrieshan!

*Chorus*

# Uufa Grani

Easton Lee

"Who Fa Granny"
From Behind the Counter
Kingston: Ian Randle Publishers, 1998
Transcribed from JI.

Waapm Jani
We di ai a-se?

Bwai ebriting kuul
jos lef skuul
jos a-wiet fi kyaa uom mi grani
ah yu waah si a chuupiiz die tide

Yu ah yu grani bwai –
dat oul liedi ab yu saaf.
Mi kuul tu yu nuo
yeside ah tide tu
Mi skip skuul
Mi no fuul laka yu
bos mi brien anda schrien
Dwiit aal di taim – ya man –
Ah yu waah si
Mi grani nat iibm nuo.

Bwai mi nuo mi grani nuo
mi *h*uda neba du dat –
so ih no wori,
bot yu gwaan man
wan die yu gwaih sari.

Naa sa
mi *h*iizi – mi kuul

Ie mi nou staar –
Yu si mi grani
Komiin laka se deh set im pah mi,
ya man
a so aal deh oul piipl tan aal di siem
jos a-pwail man biniz
nenge-nenge ebridie.
Wach ya, luk pah da oul uman de
di wan wid di tuu skiandal bag yu siim.
Sieka im di chrafik afi tap,
ih jos a-kraal laka sniel kraas di chriit.
Mek deh no jos tan a yaad riid deh
    baibl
ah se deh saamz
ah kip dehself outa aamz wie.
Ei oul suol yu no si di lait chienj
kraas no mada, a wa ... cho ...
yu no siit, si we mi a-tel yu
plieg man plieg ina di bizi chriit. Cho.

Ei bwai
chuu yu no nuo
wach yu big mout ah main yu luuz aal
    yu tiit.
Yu beta tap yu fiesi chat
yu si dat siem oul liedi yu a-taak
a mi uona grani dat.

# Fi Mi Mada

Lorna Goodison

*"For My Mother - May I Inherit Half Her Strength"*
*From Our Yard - Jamaican Poetry Since Independence, Pam Mordecai, ed.*
*Kingston: Institute of Jamaica Publications, 1987*
*Translated from Jamaican English by permission of the author.*

Wen mi kom fi nuo mi mada nof ier lieta, mi nuo ar az di figa
uu sidong a di fos ting mi laan fi riid "Singer" ah shi gi
mi breda bres so shi suo; ah shi laan wi fi riid so shi suo ah
shi sidong iina jojment uoba aal wi kas-kas so shi suo.
Shi kuda wok mirikl, shi *h*uda mek kluoz outa wah skwier a klaat
ina likl ar no taim. Ar fiid tuenti piipl wid schuu mek frah
jrap-frah-ed kiabij liif ah wah kyaarat ah wah chuocho ah wah anful
a miit.
Shi gitop *h*oerli taidi wi ah sen wi *h*out ina di wol ah shi go a bed
ina daaknis, faa mi pa komiin aazwie laas.

# Di Ruod a di Jred

Lorna Goodison

"The Road of the Dread"
Tamarind Season
Kingston: Institute of Jamaica Publications,
1980
Translated from JI by permission of the
author.

Daade ruod no piev
laka adahels blak-fies ruod
Ino gat no dairek kola
an ifens tuu said
wid laiv babwaya

Ah no luk fi no mailpuos
fi mieja yu waakin
ah no tek no tuon az
ded ar familia

faa sohtaim yu paas a ting
yu nuo fi ... kaali tuon agen
an a siniek redi fi kwiiz yu
kil yu
ar a ded man tek ih
pozeshan tiiz yu
Den di pliesdem yu fiil
a resin plies bikaa taim
afuo dat yu welkom laka rien,
go de agen?
bad daag, bad fies ton fi jraib yu andagrong
we yu no gat no lait fi waak
ah yu fain se nof smadi yu bokop se
deh andastan
a onggl frah deh mout deh taak.
Wan gud ting duo, daa siem chriitment
mek yu waak for-for sotel
kaa fi kantiniu yu afi waak for
frah di wikid.

Pan dis siem ruod ya sista
sohtaim yu jringk yu saal swet fi waata
kaa yu shuo se akliis ino paizn,
ah bred? yu picha-i ah chaa-i siem wie
ah sohtaim yu sopraiz fi nuo ou dat ful
man beli.

Som die no gat no dairek kola
no biginin ah no *h*en, ijos niem die
ar nait az ou yu fiil fi kaali.

Den wamek mi chredi breda?
Wel mek mi telyu bout di diedem
wen di faada sen likl bod-bod
wa swaala fluut fi chril mi
Ah wen ih dairek di son sumail pah mi fos.

ah di skai kyaam laka sii wen isliip
an a briiz laka laaf fala-fala mi.
ar di man fain schriim pyuor laka biebi main
ah di waata iiz dong yu chruot
ah kwayat yu insaid.

ah beta stil wen yu miit wah nex pasiero
uu gat flowa ah yu ab waata ah man ah man
mek bred tugiada.
Ah deh taimde di ruod ron chriet ah shuor
laka yong aas we kyaah tayad
ah yu kech glimps a di *h*en
chuu di waata ina yu yai
Mi naa tel yu wa mi spai
bot a fi onggl dat mi chred di ruod.

## Di Wie

Laozi

*Extracts from Dao De Jing*
*written c. late 4th Century BCE*
*Translated from English.*

Di wie wa kiah tel ano di itoernal wie.
Di niem wa kiah kaal ano di itoernal
    niem.
Wa no kyaah niem a di riil itoernal.
Giit niem a di arijin fi aal sinting.

Frii frah wilfulnis, yu riilaiz di mischri.
Kechop ina wilfulnis, yu si shiep nomo.
Stil mischri ah shiep a di sed ting
Koh frah di siem plies
Onggl difrah niem.
Dis plies a daaknis.
Daaknis ina daaknis
Di giet fi aal andastandin.

Di siid a mischri de ina poto-poto.
Ou fi penichriet dis mischri?
Waata kom klier chuu stilnis.
Ou fi bikomps stil?
Bai galang fluo wid di schriim.

Wen piipl si sinting az priti
Den adahels sitn mos ogli.
Wen piipl si sinting az gud
Den adahels sitn ton bad.

De ah no-de mekout deh wan aneda.
Aad ah hiizi balans deh wan aneda.
Lang ah shaat kaalout deh wan aneda.
Ai ah luo dipen pah wan aneda.
Bifuo ah afta fala baka wan aneda.

So den di Waiz du widoutn du notn
Ah tiich widoutn se notn.

Wa apm ih lou fi apm;
Sitn gaan ih meki gwaan.
Ih gat bot ih no ab,
Du bot naa luk notn.
Wen wok don ih figati,
A *hit* mek ilaas fi eba.

Di Waiz sait tingz ou deh bi,
Widoutn chrai fi kanchuol dem.
Ih lou dem fi galang,
Ah sata ina di senta a di soerkl.

Wen tomoch wowatu dan dada
Piipl gi uoba deh powa.
Ef yu main de pah pozeshan tomoch
Piipl taat tiif.

Di Waiz liid bai *h*emti piipl main
Ah ful deh insaid
Winjiop deh ambishan
Ah chrentn deh main.
Ih elp piipl lego aal wa deh nuo,
Aal wa deh waah,
Ah bring kanfyuujan kom
Pah dem we tingk deh nuo.

Wasoeba flex ah lobin wi gwaan gruo,
Wasoeba tiff ah blakop wi kwielop ah
    ded.

Puti pah praktis fi no du
Ah ebrting wi jrap we ifi de.
Widoutn go outaduo
Yu kiah nuo di wuol wol.

Widoutn luk chuu winda
Yu kiah si aal a Ebn.
Di foerda yu go
Di les yu nuo.

Yai luk bot kyaah siit
Iez kak bot kyaah ie-i
An grab bot kyaah tochi
For frah yu sensdem di griet Yuniti de
Yu kyaah si, kyaah ie, kyaah toch.

Wa riezop komiin brait
Wa sekldong komiin daak
Stil ano daaknis nar lait
Onggl sheda daans galang.

Frah notn tu fulop
Ah bak to notn
Dis shieples shiep
Dis pichales picha
Yu kyaah kechi wid main nar mait
Ef yu chrai fi fiesi
Wasaid yu fi ton?
Chrai fi fala-i
Wepaat yu fi go?

Onggl nuo Dat waa bifuo aal biginin
Ah yu wi nuo ebriting rait yaso nou
Nuo ebriting disya mini-mini
Ah yu wi nuo Itoernal Wie.

DONZ RIBA FAAL

# Sata

Marcus Aurelius

Extracts from Meditations,
written between 170-180 CE
Translated from English.

Soch ah soch sitn, frah soch ah soch kaaz, mos-ah-boun fi fala. Smadi uuda no
waanti go so, uda se fig-chrii no fi gruo widoutn no sap ar waata. Bwaili dong,
memba se likl muo frah dis, buot yu ah dem di wuola unu ago ded, ah liklmuo
stil, nat iibm yu niem ah rimembrans ago lef.
*Buk 4, VI*

Smadi wa kiah sait tingz ou deh tan nou, kiah penichriet aal wa eba gwaan, ar
eba ago gwaan, far aal tingz a di wan sieh ting; ah wuola dem tan laka deh wan
aneda. Meditiet muotaim pah di kanekshan bituix aal tingz ina di wol; ah pah di
myuuchal rilieshan wa deh ab wan tu teda. Far aal tingz komiin laka deh foulop
ah mixop ina deh wan aneda, da so komz deh grii. Faa wan ting kansikuent pah
di neda, bai luokal muoshan, bai nachral paadna ah griiment, ah bai sobstanshal
yunian, ar ridokshan a di wuola sobstans ina wan.
*Buk 6, XXXIV*

Wasoeba smadi waah du ar se, yu fi tan gud; no fi *h*enibadi *h*els siek, bot fi fiyu
uona niecha siek; laka ef aida guol, ar di *h*emaral, ar poerpl, shuda eba se tu
dehself, Wasoeba smadi waah du ar se, mi mos gwaan stil az emaral, ah mi fi kip
mi kola.
*Buk 7, XII*

No bada pen di res a yu die a-tingk bout ada piipl biniz, wen ino rilivant tu di
kaman gud, wen iwi enda yu frah du adahels beta wok. No wies yu taim a-tingk
wa soertn man a-du, ah fi wa: wa im a-se, ah wa im a-tingk, ah wa im a-lukbout,
ah soch ada faasnis ah parangglz, daa wi mek man falalain waakbout lef frah kia,
frah prii da paat a imself wa raitid, ah ina kanchuol. Si tui ina di wuol lain ah
kanekshan a yu taatdem, se yu tikia fi blakout wasoeba haigl ah outa-aada: bot
espeshal wasoeba faas ah badmain: ah yu fi yuuz yuself fi tingk onggl soch tingz,
wa ef a man abasodn ax yu, a wa yu a-tingk bout nou, yu kiah ansa Dis, ah Dat,
brait ah buolfies, so das chuu yu taatdem yu shuo se ebriting wid yu kuul ah
buonifai; a so smadi fi tan ina sasayati, naa luk fi sprii, nar fi ih ed tek im ina eni
wie ataal-ataal: frii frah aal kantenshan, grojful, ah sospishan, ah frah wasoeba
*h*els yu wuda shiem fi kanfes se ide pah yu main.
*Buk 3, IV*

# Sebm Iej a Man

William Shakespeare

*Jaques monologue*
*"As You Like It," Act II, Scene VII*
*Translated from English*

Di wuol wol a stiej,
Ebri man ah uman onggl a-plie.
Deh ab wen deh fi lef ah wen komiin,
Ah wan man ina fiim taim plie nof paat,
Ih akdem a sebm iej. Fos di biebi,
A-mumu ah chuop ina nana an.
Den, di nenge skuul-pitni wid ih bag
Ah shaini maanin fies, a-kraal laik sniel
No waah go a skuul. Ah den di miet,
A-sai laka foernis, wid sapsi chuun
Mek aafa mieti yaibrou. Den, a suoja,
Ful a kos uot, biedop laka layan,
Jelos fiim hana, bringgl, ah baps a ropshan,
A-luk di mini-mini faawad
Aal ina di kianan mout. Ah den, di jostis,
Wid bofro beli, fulop a frai chikin,
Wid yaidem raigin, ah bied shiepop shaap,
Fula waiz mout, ah di lietis kuot kies,
Ah so ih du fiim paat. Di six iej shif
Go a di jres no bakfut papishuo
Wid petikl pah nuoz ah pouch pah said,
Yong-diez kluoz, tek kiera, no fit agen
Far ih jraadong, an ih big-big man vais,
A-ton agen ina pikni chrebl, paip
Ah wisl ina ih soun. Laas siin nou
Fi *hen* dis krebe apm ischri,
A sekan pitni-iej ah figetfulnis,
Widoutn tiit, no yai, no ties, no notn.

# Di Piiriad

Charles Dickens

*Extract from*
*A Tale of Two Cities, 1859*
*Translated from English*

A weh di besis taim,
a weh di wosis taim,
a weh di iej a wizdam,
a weh di iej a fuulinish,
a weh di epok a biliif,
a weh di epok a anbiliif,
a weh di siizn a Lait,
a weh di siizn a Daaknis,
a weh di pring a uop,
a weh di winta a puro,
wi eh ab ebriting bifuo wi, wi neh gat notn bifuo wi, aal
a wi ena go chriet a Ebn, aal a wi ena go dairek teda
wie — jos so, di piiriad op tel den komiin sieh laka di
prezant piiriad, tel aal som a di big-mout aataritidem
swier se di taim so gud ah so bad sotel nomo kyaah
kompier.

King wid bofo jaa ah kwiin wid plien fies, de pah di
chuon a Ingglant; king wid bofo jaa ah kwiin wid priti
fies, de pah di chuon a Frans. Ina buot konchri ikliera
dah kristal tu di laad dem fi di Stiet kanchuol fi bred ah
fish, se ting ah ting weh sekl fi eba.

A weh di ier a Di Laad wan touzn sebm onjrid ah
sebmti-faib. Pirichual rivilieshan weh grant tu Ingglant
deh taim de, laka nou.

KINSTON KUOTOUS PAH
ILEKSHAN DIE
ADOLPHE DUPERLY, 1844

# Sens Outa Nansens

Linton Kwesi Johnson

*"Sense Outa Nansense"*
*Transcribed from J2 by permission of the*
*author.*

di *h*inasent ah di fuul kuda paas fi tuin
bot aas a aas
ah myuul a myuul
maaga miin maaga
ino miin slim
stil di tuu a dem in kaman shier
    sinting
dem aafn get kanfyuuz ah get yuuz
dem aafn get kritisaiz ah kampramaiz
dem aafn get vilifai ah rivail
dem aafn fain gilti widoutn no chrai
wan ting set di tuu a dem for apaat
    duo
di *h*inasent wi aaba dout
chek tingz out
ah miebi fainout
bot di fuul ... cho!

di *h*inasent ah di fuul kuda paas fi tuin
bot laik a laik
ah lob a lob
pijin a pijin
ah dob a dob
stil di tuu a dem in kaman shier
    sinting

dem aafn get antisipiet ah liewiet
dem aafn get pachranaiz ah
    piinalaiz
dem aafn get pasifai ah *h*aisoliet
dem aafn get kiastigiet ah *h*implikiet
wan ting set di tuu a dem for apaat duo
di *h*inasent wi aaba dout
chek tingz out
ah miebi fainout
bot di fuul ... cho!

di *h*inasent ah di fuul kuda paas fi tuin
bot rat a rat
ah musmus a musmus
flii a flii
ah lais a lais
stil di tuu a dem in kaman shier  sinting
dem aafn get dikrai ah dinai
dem aafn get ridikyuul ah dongried
dem sohtaim get kangratiliet ah
    selibriet
dem sohtaim get sopraiz ah *h*iliet
bot az yu mait kiah aredi ges
noftaim deh no sofishan muo ar les.

# Gashanami Jeri

Inez Knibb Sibley

*"The Terror Bull and the Taunt Song"*
*Focus, Edna Manley, ed.*
*Kingston: University College of the West*
*Indies, 1956*
*Translated from English and JI.*

"Du no sen mi out ina di nait, muma mi a-beg yu. Ituu daak, ituu daak," di pikni a-chrimbl ah jraabak az ih siso, bot ih mada ditoermin fi grabaan tu im, ah shub im gwaan.

"Mi wi kyaa di mechiz tumaara muma, bifuo die lait," ih pramas, "mi beg yu no sen mi out ina di daaknis ... mi ie wah naiz," ih vais riezop ina shriik, az ih kwinjop biyain ih ma bufro-bufro fraktiel. Shi lego aafa im ah kak ar iez, yu kuda si ar badi tifop. Iiri soun kom pah di briiz a-muon ah wisl, ah skriim, wails pah tapa di naiz deh ie rakl-rakl laka chien a-jrag pah di ruod.

"Im a-kom, im a-kom," di uman baalout, az shi jraa di bwai ina di ot wid ar. Shi mikies shub di duo sheti ah briesop gensi fi mek shuo se ilak gud.

"Wa yu ie, muma?" di bwai ax, "wa yu ie?" Duo di tompin ina ih aat eh don tel im aredi a wa, far ih no ie fi ihself di rakl-rakl chien we kom bifuo yu si ruolin kyaaf? Den ih bosout di nyuuz, "sebm-ed bulkou kil, kil, man, uman, plenti a dem ina di nex vilij. Guor dem, chuo dem ina singkuol, di huodias singkuol!"

"Gad a moersi pah wi! Du no iibm taak bout di bulkou, mi chail," ih mada beg, "kip kuayat, kip kuayat" shi de pan, "ef wi kip kuayat maitbi ih paas wi galang elswe."

Sailans wa kuda no iibm liik outa di ot sieka di tuu winda lak tait-tait, ah ebri kribis kaakop wid piepa-piepa, rap roun di tuu inmiet laka ais-kaul fag. Ah so deh tan, Juut a-aid anda di bed we ih go fi siefa kipin, an ih ma wid ar badi a-chrien suuh brok gens di duo, ah gens wah fuos shi fiil maita brokidong enitaim nou. Isiim laka howaz pah howaz deh wiet, wiet, wiet fi di tera we gelop a nait-taim, den vups Kuashiba badi slomp dong ina wah iip pah di bie doti fluor.

"Mi tayad bwai," shi moerma, "tayad, ah mi no ie notn agen. Opm di duo likl so luk out, so si."

Juut kraal frah anda di bed a-chrimbl-chrimbl fi du wa ih ma se.

"Ikuayat muma," ih kaal bak, "kuayat sotel."

"Priez Gad ih no kom dis wie," Kuashiba brokdong a-krai frah riliif, den ad, "liklmuos mi ded a frait, teng Gad mi no ded da wie, nar yu naida, mi chail."

"'Guor' yu miin, muma?" Juut kuestian ar far ih ab maabid laikin fi obses pah di ara we di tera a nait bring kom, iibm duo imek im kuinjop wid fried. Den ih main ron pah ih breda. Ih eh diliba di mechiz tu Kiasanjra, fi shuor, bot deh miitn wena fi bifuo son gudong (ar sonset) ah nou a weh nait.

"Muma, yu no tingk Tubayas liet tinait?" ih vaisout ih fried.

"Cho, Tubayas no big man nou, ih no gaan bout ih uona bizniz," ih ma riplai, wails Juut sumail tu ihself, "ih gaah fi miit Kiasanjra, a di Kraas Ruod," ih tel ar.

"Bwai, ou yu nuo sumoch?" ih mada kuestian an a-mout im sieh taim, den difen ar elis, "bot Kiasanjra no nais gial, ah ih lob ar, ah shi lob im tu."

"Shi mosa lob im di wie ar fies laitop ina sumail wen mi gi ar di mechiz, fi miit breda bifuo sondong," Juut brokout, ah fi likl mini-mini taim di mada ah son sumail wid deh wan aneda ah di fried komiin laka se ijraibwe frah deh main. Stil ikumbak fi dem pah fut a-ron ries wid vais loud-loud wa lash dem laka orikien win wid fuos fi blain.

"Wai-uo! Wai-uo Kiasanjra ded, mi swiit gial ded! Wai-uo! Wai-uo!" di vais swel ah en pan a ai nuot a isteria, az Tubayas bos ina di ot ah kalaps pah wah stuul. Ih huol ih ed ina tuu an, ah a-rak so ah rak so, a-baal "Wai-uo! Wai-uo! Mi swiit gial ded, wai-uo!"

"A wa kil ar?" ih ma ben uoba im a-chrai fi tap ih agani a-rak so ah rak so, ah ih neh *h*ansa sieh taim, tel baps-baps di ansadem kom laka shat outa gon frah aal paat a di ot, faa fren ah fren frah di vilij eh fala baka im.

"Di sebm-ed bulkou guor im, guor im, gelop chuu di chriit wid im pan ih aan. Tek im chuo im ina di huodias singkuol," deh tel ar.

"Laad a masi! Mi puo bwai, mi puo Kiasanjra." Kuashiba wiel, den ad "wi eh ie di chien wen im a-kom, bot wi neba tingk a eh fiwi dier Kiasanjra im eh gwaih guor," den shi ton fi imbries ar son, "no teki so mi son," shi beg im, az sab pah sab pah sab shiek im tu ih fut.

"A fimi faalt, a fimi faalt." Den ih ton raatid pah ih li breda, "A we yu kyaa di mechiz tu Kiasanjra fa?" ih baal.

"Bot sa," Juut tama-tama di wie ih fraitn, "ano yu sen mi?" den ad laka se ikuda elp "ah shi wel glad fi get di mechiz tu!"

"No tel mi, no tel mi, a fimi faalt shi ded," Tubayas brokout afresh, a-shiek wid sabin, an dis az sodn kwayatdong, ah di anlukadem fraitn fi si im gitop, a-waip yai-waata rof-rof frah ih yai, ih prokliem "mi gweih avenj Kiasanjra det, mi gweih avenji. Mi gweih kil di sebm-ed bulkou mi tel yu, mi gweih kil im."

"Nuo, nuo, mi beg yu no chrai," ih mada baal az shi uolaan pan im, wails di baal ah ala a ih frendem fulop di ruum.

"Yu kyaah kil im, im wi kil yu fos!"
"Ih wi guor yu, siem wie ih guor Kiasanjra!"
"No chrai mi bwai, no chrai! Yu no chrang anof fi im!"

"No tel mi dat," Tubayas vais kom loud ah raigin, az ih finggl di lang machiet a ih said.

"Lef mi, lef mi, aal a unu," ih baalout, ih tuu an a-muuv laka se im a-swiip dem out. "Mek mi kansida," ah di bringgl luk pan ih fies get diipa.

Az deh go chuu di duo a di likl ot, ih frendem luk bak pah im laka deh nuo se a di laas taim dem ago siim alaib bot deh fried fi siso, wails ih mada ah Juut mikies muuv outa ih wie, faa deh neba si im luk so yet. Tubayas wan, az ou ih waanti, jraa di stuul nier tu di koersiin lamp. Ih tek di lang mashiet ina ih an ah bigin shaapm di blied, ebri nou ah den ih tap-tap fi ih ed suelop uoba di dienjaros lent a it, ah ou ishaap. Bot suel-ed suips ah ton ina big fried wa mek ih kin, tik duo ibi, fiil tinggl-tinggl laka se pin a juk-juk im aal uoba. Ada man no weh go wid shaapm blied, wid gon tu, ah ruop, ah we deh de nou? A-ratn ina singkuol! Singkuol waa pit widoutn batam. Iihi, ih eh chrai fi si di batam a wan wantaim. Tubayas shoda wid rimembrans, ah duo ih fiil di shaap ej a di blied agen ino giim no shuorans. Ih jrap di mashiet a ih said ah sidong bak, a-tingk, a-bok, naa bou fi admit se ih wepan no ab a yuus fi slie di bul, a sebm-ed bul, di tera a di vilij. An az ih dide a-giez ina di for kaana a di ot, ih yaidem polpout tel di wait paat, gens ih daak kin, shuo di fraitn ih fraitn fi a-fiil guzu pan im.

"A uu yu?" ih ax, shaap-shaap az wah zumbi-lukin oul man tanop bifuo im.
"Mi a yu griet-griet-griet-grampupa wa lib lang, lang taim pah dis oert," kom di riplai.
"Den a we yu kumbak fa?" Tubayas vais fulop wid sospishan ah fried.
"Mi kumbak fi tel yu sinting, sinting yu no nuo bout. Yu waah kil di sebm-ed bul no, mi bwai?" ih kuestian eh kain, "wel, aal di wepan yu gat kyaah dwiit!"
"No tel mi so, mi a chrang-chrang man," Tubayas buosaaf.
"No mata ou chrang yu bi," di oul man kantiniu, "yu kyaah kil di bul. Nobadi

kyaah kil im, anles ... Lisn mi," an ih ben faawad fi wispa, "yu kiah onggl kil im wan wie, ah mi nuo dat wie."

"Tel mi, tel mi," Tubayas tuon get laivli nou.

"Wel, dis a ou," di oul man kantiniu sluo-sluo, "di bul ab a siikrit niem."

"Mi tingk mi eh ie bout dat bot nat a suol no nuo a wa."

"Mii nuo, ah das wamek mi de ya, mi bwai, fi tel yu, kaa mi si yu dischres. Di bul siikrit niem a Shimolimo."

"Aa!" Tubayas tuon chrayomfant, "bot wa apm ef mi kaal ih niem?" ih ax.

"Ih wos ah kraas," di oul man ansa.

"Bot ih aazwie dat," Tubayas rimain im.

"Dat maita so, bot dis taim, ih kraasa dah kraas, bot yu no fi mek ih kech yu," di oul man waan, "yu fi klaim di nieris chrii kwiktaim, suun az yu siim a-kom, ah sing wah sing tu im!"

"Laad! Oul man bot yu fufuu, sa," Tubayas laafata im. "Ou mi kiah sing sing tu bulkou? A wa gud dat gweih du?"

"A wah oultaim jeri sing, an a guzu tu, mi bwai. Fos imek di bul mada ah mad fi ie ih siikrit niem kaalout, an ih wi chaaj di chrii wid fyuuri. Den az yu gwaah sing di res a di sing, di chrii kyaah faal dong! Den yu wi si, mi son, ou di bul kil ihself. Bot no figat, no figat," di vais waan an a-kwieva-kwieva. "Yu fi sing di sing sebm taim!" an az Tubayas lisn wid sopraiz di zumbi oul man vanish.

"Muma, Juut, muma, Juut," Tubayas baalout, an az deh ena wiet baka di ot fi ih kaal deh tombl uoba deh wan aneda bifuo im. Den ih tel dem bout di vizit a ih griet-griet-griet-grampupa, ah ou ih tel im ou fi kil di bul so deh naa no niid fi fried agen.

"Mi gweih avenj Kiasanjra det," ih diklier wid fuos az ih waak chuu di duo ah disapier frah sait.

"Uo! mi son, uo! mi son, kumbak, kumbak!" ih mada baalin fala Tubayas dong di chriit, bot ih no pie no main, a-mikies pah ih mishan ih no bada fi ie di nait naizdem, we adahels taim uda fraitn im. Ih kik we di tuondem we chrai fi sluo dong ih spiid, ih mikies galang a-tingk bout notn els bot di tera bul ah ou ih ena-go put a _h_en tu im. Nof die ah nait paas, vali, il ah bush Tubayas skowa, bot natawe ih kuda fain Gashanami! Tayad-tayad ih jrag aan, tel aklaas az ih guroun wah buolda di sait a bufu ufprint, di chriidem opruut, ah kyaakas a _h_animal wa slaata giim shuo sain se di bul de bout. Den juurin di aftanuun a di siem die, di win a-muon kumop frah di vali a-baalout se sinting aminos a-kom. A di sietan briiz frah baka bush a-waan man ah biis se Gashanami de pah di luus agen.

Kwiktaim Tubayas put ih plan ina akshan, bot ih fraitn fi no kiah fain no chrang big chrii nier im fi klaimop ina, bot di budum-budum a di bul uf tel Tubayas ou nier ih de, so flups ih pringop ina di nieris wan, a-memba imself se ih no niid fi fried kaa a di guzu sing.

*Shimolimo uo! mi nuo yu niem,*
*Bierop mi gud chrii, bierop*
*Mi faada mek a jrai chrii faal*
*An a griin chrii fi tan*
*Bierop mi gud chrii, bierop!*
*Shimolimo uo! mi nuo yu niem,*
*Bierop mi gud chrii, bierop!*

Ina sing-sang vais Tubayas ripiit di kuoros wa suuh achrak di atenshan a di bul a-kom, mek ih raatid aal di muo, a-snaat an a-belo, a-bluo faya frah ih nuozuol, ih uf biit loud-loud laka tonda, ditoermin fi kil usoeba eh singout ih siikrit niem, di bul chaaj di chrii. An az ih chaaj, Tubayas uolaan pah wah branch a di chrii ah sing out:

*Bierop mi gud chrii, bierop!*

Wam! di bul chaaj gens di chonk a di chrii ah di chaaj so fuosful dat wan a di sebm ed brokaaf! Az Tubayas luk dong ih riilaiz wamek di oul man eh tel im fi sing di sing sebm taim, faa di bul eh gat sebm ed. Bot no taim fi luuz, faa di bul, duo ih shiekop sieka ih luuz wan a ih ed, ena ton bak afta im ina di chrii. Ih jeri-jeri so sing:

*Shimolimo uo! mi nuo yu niem,*
*Shimolimo uo! mi nuo yu niem,*
*Shimolimo uo! mi nuo yu niem,*
*Bierop mi gud chrii, bierop!*

Wam! Wam! Wam! Wam! di bul chaaj ebri taim ih niem kaal ah ebri taim wan a ih ed brokaaf ah jrap a grong. Ah nou ih laas ed lef. Iluk fengki-fengki kompier tu di ada wandem, ah di bul diez nou tanop wansaid laka se ih no nuo wa fi du agen, wen di jeri-jeri sing kech im.

*Shimolimo uo! mi nuo yu niem ...*

Fyuuri soerjop ina di bul singkuma aat agen ah ih chaaj di chrii fi di laas taim. Az di bul laas ed brokaaf ah jrap a grong, ah di kyaakas afta it, Tubayas chrayomfant bosout ina laaf, fulop di vali, di il ah di plien. Den kwiktaim ih klaim dong frah di chrii wa bier im op so talawa ina di dedli inkounta, ah wid loud-loud vais ih prokliem tu aal di vilijadem wa ron kom, "Koh si fi unuself, mi avenj Kiasanjra det. Mi avenj Kiasanjra det!"

# Get Flat

Jean Binta Breeze

*"Get Flat"*
*Ryddim Ravings, 1988*
*Transcribed from J2.*

get flat
wen staam kom
yu baal
'get flat'
ah wach mouhn
robadob
chuu di sii
frah Brixtan
tu hElistan Flat
yu kiah si di wokin ridim
ben di piipldem bak
'aad wok kyaah kil yu, son'
bot Manson
kyaa ih buosn
gaan a buonyaad
ih se mi hudn siim
wen mi riich baka yaad
ah hAnt Mie gi mi a leta
tu di relitib a hIngglant, se
taim aada

dah we eh mek yu lef
taim aad
ah yu piipl dem a-fret
di relitib riplai
ano figat wi figat
bot yaso no no beta
a mi chrii pitni naa wok

tuu said a di uoshan
di laiflain singk
laka di moerkiuri
praya tu di staam

tuu said a di uoshan
di ridim dis a-baal
'get flat, ebribadi get flat'

ah mi si wah wuol sii
a-ben bak

# Jongk Fuud

Mutabaruka

*"Junk Food"*
*Mutabaruka: The Ultimate Collection CD*
*Transcribed from JI.*

Memba di kuol sopa shap
we yu yuus fi tap
yu kuda niam eniting
komiin laka yu grani kukin
kaan domplin ah *h*aki
frah big fat Mati
schuupiiz ah rais
yuus fi riili ties nais
nou a *h*ais kriim stan
a tekuoba di lan
jongk fuud a-fulop di plies
dis a wah neda disgries
jongk fuud a-fulop di plies
a nou gud fuud a-go wies
schraaberi *h*ais kriim
rasberi *h*ais kriim
dem a-beri wi
yu no si
*h*ais kriim *h*ais kriim
a-lib di *h*Amoerkan jriim.

# Di Niti-griti

*Collected in Kingston, November 9, 1989
by Peter L. Patrick
Reprinted by permission.*

A young man in his 20s defends his proposal for raising funds to help out a fellow member of the Youth Club cricket team, whose house was recently destroyed by arson.

Ruosta:

Nuo, man! Mi ah di man fos taak bout dat, man, aal sens nait nou mi — unu gwaan laka se, bwai, unu kudn blod-baat gi 'i man ch'ii onjrid dala.

Wa mi a-se, dat unu man da-gwaan laka se dem blod-baat rispek di man ah wen yu kom tu di niti-griti ah yu da-ax a man fi a dala im kyaah fain — den B, yu ous bondong nou, siin?

Mek mi ax yu sopm. Yu brejrindem kom tugiada ah lik sopm tu bloerd-liis stil, siin? Memba, a ous no kaas ten touzn dala agen, yu nuo, baas!

A ous yu a-luk pan, di chiipis ous yu kiah get a mosi bout sebmti-faib touzn dala, yu nuo.

Dat a wen taim yu afi joglop sopm stil, yu nuo.

Ef yu a-go bai a ous fi a onjrid-ad touzn dala, dat a wan a di chiipis ous, yu nuo.

So wen yu du soh buk pani, gi aal a man faib touzn dala, a jos a jrap ina di bokit.

Y'onggl a-giim a moni im kuda kiah bai a bed ah bai sopm stil.

So, mi no nuo, se bout fuotiin a uu mi kiah fain az krikitaz stil, siin?

Fuotiin chriiz ... a rofli, inaa iibm riich faib touzn, bot mi se —

B: Den ou yu no afi bwail dong?

## Wa Relivant

*Reprinted by permission of the author.*

Bertram Gayle

Frah mi kom a disya plies, deh no tap chat
A-ronop deh mout, bout mi no nuo wat
A pah mi gud edikieshan, deh waah pu' deh fut
A-fala wah man we deh kaal Gut

Rik, Maagarit ah di wan Hariyat
No tap pesa mi main bout wa Relivant
'I wan Maatin, we deh kaal Shuoda
'I wuola dem a-fala di uman Diyaajra

Processing effort, cognitive benefits
Ef dem gwaan chat so, mi ago lef ya ina fits
Satisfying expectations of relevance
Pupa Gad dis neba mi expektans

Wuyi mi ed, Laad mi kanfyuuz
A wa dem big wod Diyaajra a-yuuz
Ostensive-inferential, a wa dat, Jiiz
Contextual implication, dikshineri pliiz

Bot Laad, mi naa gubak Jumieka
Wid 'i siem andastandin mi kyaa kumuoba ya
Mi waah yu fi elp mi fi andastan Onga
Ah yu don nuo aredi, bout di wan we niem Sporba!

Laad, yu gud, iih?! Mi a-get sopm
Aal dem big wod, no komiin laka notn
Tengk yu fi ansa, praya — wat a sitn
Nou mi a-guwom wid mi main ful a sitn.

# Uomsik a-lik

Robert Lalah

*"Black Britain speaks - 'Dear Jamaica, wi homesick!'"*
*Daily Gleaner, June 10, 2007*
*Translated from English.*

USH CHRIEN FI TEK?

Pah wan said a wah red-brik ruod, ina wah plies niem Lewisham pah di sout-iis said a Landan, Ingglant, a wah sumaal, kolaful funda. Wah yela ah blak sain uoba di front duo se 'Honey's Caribbean Take Away Bakery'.

Insaid, di waaldem pient yela ah wah 2007 Super Plus Supermarket alminak engop frah wah niel biyain di kiash rijista. Bout faib glaas shuokies ina di shap. Di tuu pah di lef fulop wid Grace fruut juus ah oerbal kangkakshan wid liebl wa kliem se fi jrink di brebrij wi elp gi yu chrangbak.

Aal di ada shuokiesdem pak wid pliet ful a fuud laka kalalu, frai chikin, frai plaahn ah bwail domplin. Nof shelf-shelf de pah di waal ah deh pakop wid bag a bred ah bula. Wah puosta pah di front winda advitaiz se wah Toerd Woerl ah Bunny Wailer pofaamans a-kom a Landan.

Wah fatish yong uman, wid kiaramel kola kin, ena waipdong di kountatap kliin-kliin wid piis a klaat. Shi ena wier wah griin iepran ah kudn muo ah 25-ier uol.

### Amini parij

Wah taal, daak-kin man, a-wier wah grie bizniz suut ah blak luofa shuuz, waak iin. Ih no se notn fos, a-stierop pah di menyuu pah di waal wid wah blangk luk pah ih fies. "Excuse me, what kind of porridge do you have?' ih fainali gi out ina tik Landan axent.

"Amini," di uman rispan jrai-jrai widoutn lukop.

"What kind?" di man ax, a-luk kanfyuuz.

"Mi se amini! Waapm? Yu def?" di uman pitout.

"Aarait, sel mi wan de," di man jrapi, nou ina diip ruural Jumiekan axent. Ih taat fi figl roun ina ih pakit.

"We Maasia de? A langtaim mi fi chek ar yu nuo, bot chuu di wok ah ting mi no get fi dwiit. Tel ar no main, duo. Mi wi lingk ar nex wiik," ih se. Di uman biyain di kounta an im ih parij, tek som moni fran im ah gubak a-waip di kounta.

Di man waak out a di shap, a-sip di parij.

Siehtaim, wah shaat uman wid chaaklit-kola kin enta chuu wah bak ruum wa luk laka di kichin. Shi ena kyaa tuu pliet. Wan eh fulop wid kiabij ah di eda ab bwail aki. Shi put dem ina di shuokies ah den tanop ah sai. "Di akidem tek lang fi bwail yu si, man," shi wispa.

Miit Maasia. Shi a 45-ier uol ah orijinali koh frah Woodside, ina Sin Mieri. Shi uon di restarant ah de-lib a Landan fi di paas ten ier.

"A wah aad disijan fi riili lef Jumieka ah kom ya. Bot taim weh tof ah mi ab mi tuu daata fi tingk bout. Ef a neba fi dem, mi udn eh lef bot yu nuo ou igo stil," Maasia se wails shi a-antai ar iepran ah puti pah di bak a wah chier.

"Mi kom ya ina 1997 ah iweh riili aad fi ajos fi di fos. Ebriting eh difrah, plos di kuol! Laad Jiizas, di kuol! Mi neba fiil notn laka dat ina mi laif ah mi baal wuol nait di fos taim iget riili kuol. Mi kaal mi mada a yaad ah tel ar dat mi naa go sovaivi. Fostaim tu, mi riilaiz se bikaa mi a Jumiekan, som piipl chrai chriit mi a wie. Som piipl opya dis no laik Jumiekan ah dem no fried fi tel yu. Deh kaal yu aal kaina niem ah mek yu fiil angkomfatebl. Bot afta a taim, laka eniting, yu get yuus tui ah dis ignuor di bad-main piipl dem," shi se.

Wah taal, moskiula man wid jredlax waak ina di shap, kiapcha Maasia atenshan. Ih wena wier wah niyan griin ves ah ebi blak buut. A weh simila kluoz tu wa wier bai soh man a-du ruod ripier jos outsaid. "Eluo Biebilov," di man se ina wah diip vais. "Lain mi op wid a chikin-fut suup de," ih se ah Maasia go ina di bak ruum. Di man wena stier-stier pah piis a piepa ina ih an. "A wa dat yu a-riid?" Maasia shout frah di kichin.

"A soh tax-ribiet bizniz deh sen koh gi mi. Mi nat iibm andastani," ih se, a-mek sok-sok soun wid ih mout. Di man giim niem az Liirai ah se ih koh frah Sint Anz Bie, ina Jumieka.

"Mi koh lib opya ful taim roun tuu ar chrii ier nou, stil. A jos di moni stil, bikaa di laif out ya ano laka wa bak ina di bush de. Mi yuus tu du likl bit a faamin ah som selin ina Jumieka, bot taim eh tof, man. Laka aal yu a-wok yu kyaah si eniting. Mi eh ab tuu biebi mada ah chrii yuut so mi get a likl apachuniti ah mi jos teki. Mi riili mis yaad duo. Mi mis di fuud ah di at son, bwai," Liirai se.

## Mis uom

Maasia waak out wid di suup ina piepa kop ah ani tu Liirai. Shi jain ina di kanvisieshan. "Dat a wa piipl no riilaiz. Dem tingk se wans yu kom ya yu jos api ah ebriting aarait. Deh no nuo wa ifiil laik fi mis uom. Ebri die yu wiekop yu fiil laka yu ina smadi els konchri. Iibm wen yu ton sitizn, yu no fiil rait. Yu stil fiil outaplies. Wen yu de a yaad ina Jumieka, yu go eniwe ah yu nuo se a fiyu plies dat ah yu komfatebl," shi se.

Liirai nad ih ed az ih lisn Maasia a-piik.

"Rait nou, mi uda lob fi de outa bush ah gwaah du som wok. Wen mi don nou, mi ah di daata go iin go rapop ina bed," ih yaidem jrif ah isiim laka se ih main chrabl gaan.

"Laif a Ingglant beri difikolt, bot yu laan fi ajos tui afta a wail. Wen yu jos kom yu fraitn bikaa yu riilaiz se ou yu afi go chienj yu laif. Bot afta a wail, yu get yuus tui ah jos faal iin," Maasia se. "Ino mek sens fi riilli schres yuself bikaa yu don mek di disijan ah ting, so yu jos wok aad ah mek az moch moni az yu kiah mek so dat yu kiah lib komfatebl," se shi. "Mi si plenti Jumiekan piipl ebri die bikaa dis a we deh kom fi brokfos ah lonch. Deh get di riil Jumiekan fuud rait yaso," shi ad.

Liirai piikop agen. "Yu afi chrai fain ebri bit a Jumieka wa yu kiah fain bikaa yu misi so moch. Mi afi lisn di myuusik tu. Mi ha wan likl redio we mi fren gi mi ah ebriwe mi go, mi kyaa mi Alton Ellis ah Dennis Brown! He! Hei!" Liirai chokl.

# Aal bakra a no di siem bakra: Luk pan Misa Cassidy an Misa Cargill!

Carolyn Cooper

http://carolynjoycooper.wordpress.com/
2011/02/06/aal-bakra-a-no-di-siem-bakra-
luk-pan-misa-cassidy-an-misa-cargill/
Written in J2 Cassidy/JLU
Reprinted by permission of the author.

Frederic Cassidy an Morris Cargill a tuu bakra man we neva si ai-tu-ai. Wen dem luk pan blak piipl kolcha iina Jamieka, a tuu difran ting dem si. Morris Cargill im did tink se im beta dan blak piipl. Puor ting. Im ful a imself. Im a laaya an im rait fi nyuuspiepa. Im chat bout evriting aanda di son; an im neva rang. An im neva av no rispek fi aal a di nalij we kom out a Jamieka piipl hed.

MORRIS CARGILL BAI GLIINA KAATUUNIS LEANDRO

Frederic Cassidy a wan difran tuori. Im a wan a dem uol-skuul, big-taim bukman. Plenti nalij bout fi wi Kyaribiyan kolcha, a im divel it op. An a no onggl fi wi kolcha wan im nuo bout. Im big an im braad. Im a langwij speshalis an im wok a Yuunivorsiti a Wiskansn a Madisn ina di 1960s. Dem taim de. An im did in chaaj a wan big stodi bout Merikan langwij we ton iina di *Dictionary of American Regional English*. Di dikshaneri a no wan suoso buk. A nof.

## Bad main

Fi muor dan faati ier, Morris Cargill tek im kalam iina di bakwad Gleaner an bata dong blak piipl. Im kudn get we wid dat iina Merika, iina Inglan ar iina eni ada konchri we dem nuo bout yuuman raits. Bot dis a Jamieka. Dat de bad briidn kom iin laka juok. It swiit Cargill fi raid wi dong iina di grong. Im lov fi taak bout ou wait piipl jos beta dan blak piipl. Nuo aagyument.

Cargill im dis lov fi provuok wi. Wan taim im rait wan kalam we im kaal, "Corruption of Language is no Cultural Heritage." Dat no soun laik im a se blak piipl a no piipl? An fi wi langwij, we wi uol taim piipl mek op aafa fi dem lang-taim Afrikan langwij dem, a no langwij. A mongki taak.

Mi beks, mi beks, mi beks so til! Di neks wiik, mi bak-ansa im iina Gleaner: "Cho, Misa Cargill, Rispek Juu!'" An mi rait ina di sed siem langwij im a dis. An mi yuuz di raitn sistim we Profesa Cassidy im divelop fi di langwij. Aal bakra a no di siem bakra.

## Nobadi no fuos im fi dwiit

Frederic Cassidy gruo op mongks blak piipl an im nuo se wi nuo ou fi dis tek wi tong mek fashin. An im big wi op fi dat. Im rait wan buk, *Jamaica Talk: Three Hundred Years of the English Language in Jamaica*, we Instityuut a Jamieka an Macmillan ina Landan put out iina 1961.

A chruu. Di sekan paat a di taikl a di buk mek it soun laka suo-suo Ingglish im a diil wid. Di Afrikan langwij dem lef out. Stik a pin. Mi moch raada fi kaal fi wi uona langwij 'Jamiekan.' Yu nuo siem taim se dat a Jamieka piipl langwij. Mi no so laik 'Kriyuol' we di yuunivorsiti piipl dem kaal i. An mi no laik 'Patwa' we evribadi yuuz. Stil far aal, no mata wa yu kaal i, Misa Cassidy shuo wi se fi wi langwij gat nof Afrikan iina it.

Im an wan neks big-taim langwij speshalis, Robert Le Page, put out *The Dictionary of Jamaican English* ina 1967. An aal nou, plenti piipl no nuo bout di dikshaneri chruu it did so dier. Mi tek it pan miself fi taak tu di piipl dem a Kiembrij Yuunivorsiti Pres bout di big prais. An dem go roun an kom roun so til dem sel Yuunivorsiti a di Wes Indiis Pres di rait fi put out wan piepabak vorzhan. So di dikshaneri chiip-chiip nou. Evri singl skuul ina Jamieka supuoz fi iebl fi put *The Dictionary of Jamaican English* ina di laibri. Giv tanks!

## Ful di Spies

Di die aafta Gliina poblish fi mi ansa to Cargill wikid kalam, nof piipl kyari aan bout ou dem kudn riid wa mi did rait. Dem neva bada luk pan di eksplanieshan a di raitn sistim we mi did put iin. So dem frostriet. Az di wan Cargil im se fi chrai luokount di raitn, dem 'couldn't make head or tail of the maze of phonetics.'

Wat beks dem a wen dem si se di pikni dem neva av nuo chrobl fi ron chruu di miez. Dem riid di raitn iizi-iizi. An dat no haad fi aandastan. Misa Cassidy sistim mek op aafa di soun a di wod. So aal di pikni dem du, dem yuuz dem kaman sens an figa out di foni-lukin raitn. Hier we Mr. Anthony Sewell se. A pyuur inspirieshan: 'it full di spies a fi wi uona Afrikan langwij.' Im a puosman; an im av muor sens dan di big-taim laaya Morris Cargill.

## Shuo op Ignarans

Wan a di ting mi lov bout *The Dictionary of Jamaican English*, it tel yu we di wod dem kom fram. Hier ou Profesa Cassidy put it: "A word is an encyclopaedia. It tells you about the people who use it, where they come from and what their lives are like." [Wan wod kom iin laka wan huola ensaiklopiidya. It tel yu bout di piipl dem we yuuz it, we dem kom fram an ou dem liv dem laif].

Plenti a fi wi Jamiekan wod dem kom schriet fram Wes Afrika. Asham. Dat a 'o-siam.' A Twi, wan a di langwij dem iina Gaana. Go luk it op iina di dikshaneri if yu no nuo wa it miin. Den yu maita tink se di wod 'mirazmi' a Afrikan. Nuo sa! A Latin: 'marasmus.' An ges wat? 'Cashew' kom iina Ingglish langwij chruu Jamieka.

Di bigtaim kanfrans pan "Language Policy in the Creole-Speaking Caribbean" we Professor Hubert Devonish kip op laas wiik: it sel aaf. Im a di hed a di Jamiekan Langwij Yuunit op a Yuunivorsiti a di Wes Indiis, Mona. Im invait ministaa a govament, uu a sorv rait nou an som fram lang taim abak. An im invait reprizentitiv fram difran-difran instityuushan laik edikieshan an kolcha an sitizn asosieshan, an langwij speshalist, af kuors. Di huol a wi kom tugeda fi spred di wod bout di powa a fi wi uona langwij dem iina di Kyaribiyan.

Misa Cargill piipl dem se 'ignorance is bliss.' Wi no so fuul-fuul. Ignarans tek fak an mek papishuo. An ignarans tek siiryos ting mek juok. Chruu-chruu nalij tek aaf di skin-tiit mask an shuo op di ignarans a haid aanda it.

ENI SINAPA AR GAGLYAI?

# Iiroz Die Dopi Tuori

Carolyn Cooper

*"Heroes Day Duppy Story," Daily Gleaner,*
*October 20, 2013*
*Written in J2 Cassidy/JLU*
*Reprinted by permission of the author.*

Likl aafta Mis Lou kraas uova pan di ada said a di ruod a laif, shi staat waak-waak aal bout evn a-luk fi Bob Marley. Den a no mos evn dem de! So Mis Lou a waak, a so shi a sing out wen shi bokop ar fren dem we did gaan lef ar, "Dis lang taim gyal mi neva si yu, kom mek mi huol yu han, mek wi waak an taak, an wiil an ton til wi tombl dong."

Shi did si plenti a ar man-fren dem tu. An shi mek dem nuo se shi glad fi si dem. Bot di man dem neva mekop no sang bout ou dem glad fi si dem wan anada. Dem tuu kowad. Dem fried piipl tingk aal kain a ting bout dem ef dem a waak an uol man han. Moch muor wiil an ton an tombl dong! So Mis Lou naa put di man dem ina fi ar sang.

MIS LUU AH BREDA BAB

Eni ou, Mis Lou waakbout-waakbout, an a-kis-kis, laik se shi a Sista P. Aafta shi go roun an kom roun an no si Bob Marley, shi tap sing. Shi staat wanda ef Bob dong a el chruu im did sumuok so moch splif. So shi go a di giet, an shi aks di gyaadi, Peter, if im nuo we Bob de. Peter tel ar se Maasa Gad gi Bob wan speshal wok fi du. Im de a wan tap-siikrit lab a eksperiment fi mek wan kain a gyanja siid fi jrap dong pan Jamieka, we kemikal kyaahn kil.

Gad kuda dis taak an di siid kom siem taim. Bot yu si evn, it likl buorin fi dis a-sing-sing uol die an a-plie aap. livn fi Bob Marley. An unu nuo im lov fi sing. So Gad gi piipl wok fi du, tap dem ed fram gyada waata.

Peter tel Mis Lou se shi wi suuhn get a wok, bot shi fi res arself likl bit. Kaa luk umoch wok shi don du fi elp Jamieka piipl si se dem no afi shiem bout fi dem langwij. Di aad-iez, buod-ed wan dem neva lisn ar. Dem tek ar fi iidyat. Dem waahn nuo ef Mis Lou no nuo se ina disya taim, nobadi no waahn memba dat de bad-briid, uol-taim sinting.

Mis Lou no mek dem tap ar. Shi dis laaf an gwaahn du ar ting. Shi nuo se fiwi langwij don gaahn tu di worl. Luk ou di tapanaaris Inglan piipl dem a-nyamop demself chruu dem pikni a-chat fi wi langwij!

## Taim Langga Dan Ruop

A lang taim Mis Lou did rait wan puowem we shi kaal 'Colonization in Reverse'. Shi se Jamieka piipl a ton ischri opsaid dong:

> What a joyful news, Miss Mattie
> I feel like me heart gwine burs
> Jamaica people colonizin
> Englan in reverse

Taim langga dan ruop. Nof smadi yai opn. An dem si se Mis Lou sopuozn fi ton nashinal iiro. Fi kolcha. Nof rispek juu!

Peter pinch an tel Mis Lou we di lab de. Wen shi kech op de, shi si Bob a sumuok wan elava big splif. In a evn. A di uoli orb fi chruu. Mis Lou mek likl juok aks Bob ef im tuo gruo bak. An di tuu a dem bosout wan piis a laaf. Den Mis Lou aks Bob ef im ier se plenti piipl a Jamieka tingk se im shuda ton nashinal iiro fi di uoliip a wok im du fi tek rege myuuzik aal uova di worl. Bob gi wan likl aafa sumail an im se, "Yu si Rasta nou, wi no av no fren ina ai sosaiyati. So dem naa mek aal laik mi no iiro. Bot iz lov stil."

Dopi tori don. Put fon an juok asaid. Wa mek Mis Lou an Bob Marley kyaahn step op ina laif ? Di uola di ofishal nashinal iiro wuda welkom dem ina di klob. Marcus Garvey wuda kin im tiit. Im don tel wi se kolcha a di ruut a di nieshan.

# Rispek fi Wi Uon

Rex Nettleford

*Extract from "Cultural Action in Independence"*
*Jamaica in Independence: Essays on the Early Years*
*Kingston: Heinemann Caribbean, 1989*
*Translated from English.*

Outsaid a Kinston, chradishanal kolcha pravaid karispandin suos a enaji fi muos piipl. Bai 'kolcha' wi refa, in chuut, tu muo dah aatistik manifestieshan, ush mi admit se a di muos aksesobl a di kolcharal gudz tu yuman biin eniwe, weda az krieta ar az kansyuuma.

Di richnis a langwij (outsaid a iyuus fi lichicha), fi egzampl, potikiula rilivant ina Jumieka kies. Ah duo di frechrieshan a-gruo diipa uoba di 'O' Lebl fielyadem ina Ingglish Langwij ah di kas-kas get ata ah ata uoba weda di dayalek ab eni plies ina wi kolcharal yunivoers, iklier se gud sens wi afi priviel ina di lang ron. Di yuus a Tandad Ingglish fi ofishal ah faamal diskuos no intafier, aftaraal, wid di kaman yuusij a di tong kriet bai di Jumiekan piipl uoba chrii onjrid ier fi deh uona yuus ah fi diskraib deh uona rialiti.

Aal a dis nachral go for-for paas di poblik rikanishan gi tu Louise Bennett, di liidn puoyt ina di langwij, uu afta fiti ier a ar kraaf, shi a di libm suos fi skalali ah aatistik wok we invalv di Jumiekan langwij. Isief fi se dat fiit aknalij pedigrii az a buonifai tuentiet senchri kryuol tong (tengx tu Frederick Cassidy, R. B. LePage ah ada wandem wok) get elp az wel frah di rispek wa a-gruo fi tingz Jumiekan mongx Jumiekan demself sens Indipendans. A wah paint deh mis fi poerpos bai wah skuul a taat we a-luk fi huol bak Jumiekan frah di kiapasiti fi exasaiz deh krietib imajinieshan ah intilek ina wie wa projuus tingz a valyu yuniik ah difrah frah wa eh rigyaad az 'high culture' a-kom frah di *h*impiirial mechropuol. Api fi se, di pirit a self-ditoerminieshan priviel, alduo ishieki-shieki, ah di fuosiyobl fyuucha shuda chalinj fi mentien di intigriti a daa pirit, ef Jumiekan fi akuaya di shuorans we kompolchri fi buonifai chienj ah divelopment.

# Kolcharal Rebaluushan

Stuart Hall

*Extract from "Negotiating Caribbean Identities"*
*New Left Review, 1.209, 1995*
*Translated from English, by permission of the publisher.*

MUTABARUKA AH COLIN CHANNER
A KALABASH FESTIVAL

Wen mi eh gubak a Jumieka a di *h*en a di sixti ah ina di oerli sebmti, di sasayati weh iibm puora dah wen mi weh lefi, ina matiirial toermz, bot iweh paas chuu di muos kruushal kolcharal rebaluushan. Iweh groun iself rait wepaat ide. Inena chrai agen fi ton sinting els, nena chrai fi mach neda smadi imij, nena chrai fi bikomps sinting we ikudn bi. Iweh ab aal di prablem ina di wol fi tan tugiada, fi afi a-fain di moni fi saab tel di nex wiik, bot fi get fi andastan di aadineri piipl — mi naa taak nou bout intilekchual, mi a-taak bout aadineri piipl — di impuotant ting wena di nyuu riilizieshan se deh kuda piik di langwij wa deh piik aadineri-aadineri tu deh wan aneda eniwe.

Yu nuo, di bigis shak fi mi a fi lisn Jumiekan redio. Mi kudn biliib mi iez se enibadi *h*uda kwait so buolfies fi go chat Patwa, fi riid aal nyuuz ina datde axent. Di huola mi edikieshan, mi mada wuola kiarier, deh prizakli dizain fi enda enibadi ataal-ataal, ah mi potikiula, frah riid eniting a impuotans ina daade langwij. Yu no mos kuda se aal kaina *h*adaels ting, likl chat-chat ina ebridie laif, bot impuotant sitn afi a-se, Gad nuo, ina neda tong. Fi inkounta piipl uu kiah piik wid deh wan aneda ina egzakli daade chranzfamieshan a Tandad Ingglish wa wi kaal Patwa, ar Kryuol — di onjrid a difrah-difrah kryuol ah semi-kryuol langwijdem we kiba di fies a di Kiaribiyan ina wan plies ar aneda — se demaya don bikomps langwij kiah se impuotant tings, wa kiah faamiuliet impuotant aspirieshan ah uop, wa kiah raitdong impuotant penichrieshan a di ischri wa mek demaya plies, wa aatis wilin fi di fos taim, di fos jinarieshan, fi praktis ah so fuot, dat a wa mi kaal kolcharal rebaluushan.

# EPILAG A PRUOLAG

*Contributed.*

## ischri pah 'i tip a mi tong

Javed Jaghai

mi aat biit faas wen mi set fi riizn
di jom taat biit an faya taat bliez
patwa ruol aafa mi tong laka tonda
a uu dem a-chrai chriit laka slieb?

ailop di injin, friyop unu main
chat patwa bad, a rebaluushan taim
yuuzop di langwij, shuo dem a sain
a taim.

afrikan, kuuli, chaini, sirian, wait ah juu. nof a wi mixop so pitni uufa mada ah
faada kom frah difrah ries ano notn nyuu. wi ansistadem niebl chring beri ina
difrah-difrah kantinent, wi a intanashinal piipl uu til a-chrogl fi pie rent.

nain outa ten a wi a slieb pitni. ibon mi fi nuo se nobadi a afrika neba senbak fi
wi. afrikan chiif ah yuropiyan blod-soka kiapcha di piipldem, chien dem dong ah
tai dem op kyaa dem kom a jumieka fi sel.

di ailan priti bad so tuoris til a-kom, bot a weh prizn dem taim de fi dem we ton
slieb, dem get kil ef dem ron. priti-priti ailan ina di migl a di sii, nowe fi getwe go,
lakop fi laif a-wiet fi get frii.

wi pie ina swet blod ah yai-waata fi ton sitizn a 'Jamaica'. fos deh lak wi op ina
plantieshan pen fi lib out wi laif ina wan bax, kopl ieka.

1838 wi get 'imansipieshan' den deh mek wi sofa ina pavati fi umoch jinarieshan.
1962 wi get wi 'indipendans,' blak shiip swap fi mongki, aal nou wi no inchaaj a
wiself.

fiti ier kom ah gaan ah mi kyaah si we chienj. imansipieshan, indipendans ah 'friidom' komiin laka sliebri sed wie.

wi shiem a wi langwij, bot sohtaim mi wanda ef a di afrikandem uu mix ah mach kolcha fi kumop wid di langwij uu wi shiem a.

afrikan piipl frah umoch chraib, eritij ah kolcha kom tugiada fi mek sens a di babilan sistim we deh lib aanda. deh ton deh an mek fashin, an chuu deh mix ah minggl wid deh wan aneda, wan langwij—fi wi langwij—tek aaf.

wi mek di ingglish du we wi waanti fi du. wi ben wod an brok ruul, wi kot klaat ah som a wi niam iech. wi pitout lirix lef ah rait ah ton puoyt wen wi chries.

deh kos wi se wi naab no sens chuu wi neba yuus fi rait. deh tel wi se wi ed tof ah wi no "sivilaiz".

wi ansistadem neba rait no buk bout deh laif fi wi riid, deh gi wi wan langwij— wan wie fi si di woerl. patwa kanek wi ah dem, di langwij put ischri pan 'i tip a wi tong.

bot wi no waah notn fi du wid piipl we get kiapcha, we beh anda kanchuol, we kangkara kangka.

onggl rasta wan. bakra-maasa an ih pitnidem tingk deh fuul wi wen deh tel wi se wi 'frii' bot wan ah wan mek tuu, ah fi mi gad naa sliip.

deh kyaah chring wi op ah eng wi agen so deh fuos ingglish dong wi chuot. wi swaala-i ah vamiti bak ina di langwij we wi nuo.

ischri buk tel tuori laka oul taim 'dikrii', sohtaim mi afi wanda uufa said wi a-riid. 'Gobna Jinaral' lib ina manshan we deh bil fi british gobna ah 'Praim Minista' lib ina wantaim griet ous. bakra-maasa ton investa an ih suojadem ton poliis.

ebriting get nyuu niem, deh mosi tingk wi ena sliip.

wi lib a jumieka umoch onjrid ier nou ah muos a wi til afi a-bax fuud outa ag mout. frah di taim deh kyaa wi kom ya wi a-sofa, wi naa no powa, naa no wie out.

wi langwij no opiti, so nobadi naa lisn tu wi. di wait-skwaal roun wi lipdem, ano onggri, a ischri.

outa-nof-wan-piipl, deh se di wuola wi a wan. wi mosi fi api se wi get fi lib ina deh 'madoern' sasayati, wan korop nieshan.

bot wi si se wi lib pah wan big plantieshan niem 'Jamaica'.

slieb pitni pitni go skuul ah deh kyaah chrai fuul wi agen. wi redi fi taakop di tingz dem, wid wi mout ah wid wi pen.

wi chat ingglish gud an wi chat patwa bad, konchri wi baan, wi no shiem a ou wi tan.

foni ou dem tel wi fi kaal slieb demanschrieshan 'rebellion' laka wi flai paas wi plies, wi nofi kuestian notn kaa wi don luuz di ries.

aataklaps! wi 'edikietid' nou so we dem ago tel wi se? wi memba we deh du wi an wi naa go nowe.

so ailop di injin, friyop unu main
chat patwa bad, a rebaluushan taim
yuuzop di langwij, shuo dem a sain
a taim.

JUBILII - MISIS KWIIN SET WI FRII

Wi afi imansipiet wiself frah mental sliebri, bikaaz wails adawandem
maita frii di badi, non bot wiself kiah frii di main.
– Marcus Garvey
*Philosophy and Opinions of Marcus Garvey*

Language is the archives of history
... Language is fossil poetry.
– Ralph Waldo Emerson
"The Poet," *Essays: Second Series*

# 6 DIKSHINERI
## DICTIONARY

## GUIDE TO USE

- o  Entries are in **bold type** and represent J3 pronunciation and spelling for the most part.
- o  Variants may be regional or more common J2 usage.
- o  Some etymology is given, especially where the entry is not obviously English-derived.
- o  Though defined, parts of speech are often interchangeable and context- dependent (Verbal flexibility, p. 53).
- o  Senses are numbered, sub-senses are alphabetized.
- o  Synonyms, antonyms and cross-references are in SMALL CAPITALS.
- o  Specific sense of reference is indicated by small superscript numbers.

### Abbreviations & symbols

| | | | |
|---|---|---|---|
| *abb.* abbreviation | *adj.* adjective | *adv.* adverb | *aff.* affirmative |
| *ant.* antonym | *cnj.* conjunction | *esp.* especially | *int.* interjection |
| *n.* noun | *neg. negative* | *phr.* phrase | *pl.* plural |
| *prf.* prefix | *prn.* pronoun | *prp.* preposition | *sfx.* suffix |
| *sng.* singular | *syn.* synonym | *v.* verb | *var.* variant |
| *vau* auxiliary verb | *vi.* intransitive verb | | < derived from |
| AE American English | AK Akan | AR Arawak | |
| AS American Spanish | BK Bakweri | BM Bamanankan | |
| EF Efik | EN English | EW Ewe | |
| FL Fula | FN Fante | FR French | |
| GA Ga | GB Gbe | HK Hakka | |
| HN Hindhi | HS Hausa | IG Igbo | |
| IR Irish | KB Kimbundu | KG Kikongo | |
| KW Kwa | LT Latin | MA Multiple African | |
| MD Mandinka | MN Mende | NE Nautical English | |
| PT Portuguese | RS Rastafarian | SC Scottish | |
| SP Spanish | TM Temne | TW Twi | |
| WC West Cornish | WL Wolof | YO Yoruba | |

# A  ie

**a**  1  *prp.* at, in, of, to  2  *v.* equative copula functioning as aspects of *to be* [see DA²] 3  marker introducing question or statement similar to *it is, is it?, there is, is there?*, etc., also preceding interrogative adverbs and pronouns —*neg.* **ano**

**a-**  *prf.* continuous marker —*syn.* DA-, DE-

**aad**  *adj.* 1  hard, tough, dry  2  inflexible, resolute, unforgiving, unyielding

**aadfuud**  *n.* starchy food from roots and tubers —*syn.* BIKL, GRONG PROVIJAN

**aadiez**  *adj.* obstinate, stubborn [see UONWIE, WILFUL]

**aadli**  *adv.* hardly, barely, rarely, scarcely — *syn.* BIELI, KIESLI

**aadpie**  *adj.* unable, or unwilling to pay debt, or meet obligations

**aaduo**  *n.* type of dense wheat bread

**aaf**  1  *adj., adv., n., v.* half  2  *prp.* off —*ant.* AAN  3  *sfx.* appended to verb for emphasis, or to mark completed action

**aafwe**  *adv.* halfway, partially —*syn.* PAATWE

**aah**  *adv.* certainly, of course

**aal**  1  *adj.* total, whole amount —*adv.* completely  2  *adv.* even, indeed  3  *cnj.* however much  4  *n.* living-room, main room of house  5  *v.* to haul, pull, drag  6  *v.* to transport by truck

**aal-ah-pul**  1  *v.* to rummage, cast about  2 *v.* to manipulate, exert physical control [see AKL, BADA, FITIIG]

**aamzous**  1  *adj.* inadequate, unacceptable, poor  2  *n.* almshouse

**aan**  1  *prp.* on —*ant.* AAF  2  *sfx.* appended to modify verbs

**aanal**  *n.* [<RS] pork —*syn.* CHRENTAN

**aas**  *n.* horse

**aastierin**  *adj.* very large and clumsy, ungainly —*syn.* BOFO, SINGKUMA

**aataklaps**  *n.* retribution, cataclysm, crisis, comeuppance, judgment [see JOJMENT]

**aataniik**  *n.* citrus hybrid of orange and tangerine created in 1882 by David Daniel Phillips of Davyton, Manchester [see OGLI]

**aati**  *adj., adv.* well, healthy —*ant.* PUOLI

**aatiek**  *n.* heartache, stress

**aatikal**  *adj.* top-ranking, leading

**aazwie**  *adv.* always

**ab**  *v.* to have —*var.* **ha, hab**

**abak**  1  *adj., adv.* ago  2  *adv., prp.* behind [see BAKA]

**abasodn**  *adv.* suddenly —*syn.* BAPS, FUPS

**abei**  *int.* a taunt

**abeng**  *n.* [<AK] cow horn used like a bugle by the Maroons

**abop**  *v.* to resent or bear grudge; to keep or harbor grievance

**ada**  *adj., prn.* other —*var.* **eda, neda** — *syn.* NEX², TEDA, WANEDA

**adahels**  *adj.* any other —*adv.* otherwise

**aduo**  *adv.* outside, outdoors

**advantij**  *v.* to take advantage of, cheat, mistreat

**afi**  *vau.* to have to

**afu**  *n.* [<TW *afuw*] cultivar of *Dioscorea* sp., a type of hard, yellow yam

**afuo**  *adj., adv., cnj.* before —*var.* **bifuo**

**afuu**  *int.* whose is it —*var.* **uufa, fuufa**

**ag**  *n.* pig, hog —**ag apl**  hog apple, *Morinda citrifolia* —**agplom**  yellow mombin, *Spondias mombin* [see REDKUOT PLOM]

**agish**  *adj.* greedy, hoggish, selfish —*var.* **aganierin** [see GRABALISHOS, GRABI-GRABI, KOBICH, KRABIT, KRIEBN, NIAMI-NIAMI] —**aganier**  *v.* to hoard, monopolize

**ago**  *v.* future marker, will do or go [see GWAIH]

**agen**  *adv.* once more, as before

**agud**  *int.* serves you right

**ah**  *cnj.* 1  and —*var.* **an** esp. before vowel  2  than, preceding comparison esp. if word begins with a consonant —*var.* **dah, dan** esp. if following word begins with a vowel

**ahuu**  *int.* who is it?

**ahush**  *int.* which is it?

**ai**  1  *adj., adv.* high  2  *adj.* ambitious, aspiring, beyond reach —**ai-op** *adj., n.* upper class, high status

**ai-an-ai** *prn.* [<EN *I and I* <RS] Rastafarian first person singular —*var.* **I-anI, I-man**

**aid** *v.* to hide

**aida** *adj., prn.* either —*var.* **iida**

**aigl** *adj.* idle, aimless, dawdling —*v.* to idle, dawdle, loaf [see BAXBOUT, PANG-PANG] —**aigla** *n.* idler, loafer

**aikola** *adj.* light-skinned, of mixed African and other descent —*syn.* KLIERSKIN [see BROUNIN, RED²]

**ail** *n., v.* oil

**ailan(t)** *n.* island

**aijrin** *n.* [<RS] brother, brethren, friend [see BREJRIN, KOMBOLO², KUABZ¹, PAADNA¹, PASIERO, SPAAR]

**airi** *adj.* [<RS] good, fine, nice

**ais** 1 *n.* ice —**aiskuol** *adj.* chilled, icy cold 2 *v.* to hoist, raise [*often followed by* -op]

**ait** *n.* height

**aital** *adj.* [<RS] 1 natural 2 without salt

**aiti-taiti** *adj.* hoity-toity, pretentious —*syn.* PUOSHUOGRIET [see ORIKUMOP]

**aits** *adj., n.* [<RS] red of Rastafarian tricolor

**aki** *n.* [<AK *akyea*] ackee tree *Blighia sapida,* the fruit of which is eaten as a vegetable, part of the national dish of Jamaica

**akl** 1 *v.* to harass, treat roughly, put under duress —*syn.* FITIIG, HAIG² [see AAL-AH-PUL, BADA, CHOBL] 2 *vi.* to bother, make effort —**aklin** *adj.* bothersome, stressful, wearisome

**akwad** *adj.* awkward, clumsy

**ala** *v.* to holler, shout, call out, cry out [see BAAL³]

**alibotn** *n.* person who works for nothing, or no tangible reward; by extension is foolish or naive; possibly after Richard Halliburton 1900-1939, U.S. adventurer

**aligeta** *n.* crocodile *Crocodilus acutus,* native to Jamaica and the Caribbean

**alminak** *n.* almanac, calendar

**azwel** *adv.* as well, also

**aman** *n.* tree, fruit and nuts of the tropical almond *Terminalia cattapa*

**ampa** *n.* hamper or pannier, one of pair of baskets hung on side of donkey or mule

**an** *n.* 1 hand —**anmigl** *n.* palm of hand 2 entire or part of arm [see FUT] 3 cluster of bananas 4 side, position —*syn.* SAID

**anansi** *n.* [<AK] 1 spider —*abb.* **nansi** 2 Akan spider deity —**Anansi** *n.* eponymous character of Akan and Jamaican folklore

**anata** *n.* small tree *Bixa orellana,* whose seeds provide a yellow-orange food coloring —*var.* **nata**

**anchuut** *adj.* untruthful —*n.* untruth, falsehood, lie —*syn.* TUORI² —*ant.* CHUUT

**anfiyu** *prn.* not yours, not belonging to you —*ant.* FIYU

**anggl** *v.* to handle, deal with, treat —*syn.* DU¹

**ankanshanebl** *adj.* inconsiderate

**anmanazebl** *adj.* ill-mannered, rude

**anmigl** *n.* palm of hand

**ano** marker introducing negative question or statement similar to *it is not, is it not?, there is not, is there not?,* etc., also preceding interrogative adverbs and pronouns —*aff.* **a**

**antana** *n.* [<TW *atena*] string bag, or bundle tied up with string or WIS —*abb.* **tana** [see HANGKRA²]

**anyuujal** *adj.* unusual [see CHRIENJ] —*ant.* YUUJAL

**aol** *adj.* very old

**apaatment** *n.* room or section of a house

**apachuniti** *n.* opportunity

**apariet** *v.* to purge, to induce catharsis —*syn.* WASHOUT³—*ant.* BAIN

**aredi** *adv.* 1 already 2 yet

**arinj** *adj., n.* orange [see SIBL ARINJ]

**Arish** *n.* Irish potato [see AADFUUD, BIKL,

GRONG PROVIJAN]

**Arish mash** *n.* Irish moss, edible seaweed *Chondrus crispus* and *Gracilaria* spp.

**ash** *adj.* pungent, harsh, sharp-tasting

**asham** *n.* [<TW *òsiam*] parched corn pounded to a powder, traditionally in a MAATA, and mixed with sugar as a confection [see KAKSHAN]

**ashiz** *n.* ashes

**askaadn** *prp.* according to

**a so** *phr.* affirmative, so it is; interrogative, is that so?

**asunu** *n.* [<TW *e'sono*] 1 elephant 2 character in Anancy stories 3 large, voracious person

**at** 1 *adj.* hot —*ant.* KUOL[1] —*v.* to heat — **at bier** unchilled, unrefrigerated beer — **atop** *v.* to heat, reheat —*syn.* IITOP 2 *v.* to hurt, upset —**atop** *v.* to hurt anew, inflame old injury 3 *n.* hat

**ata** *cnj.* after all, because, since —*abb.* **ta** [see BIKAA, FAA, SENS, SIEKA]

**aul** *adj.* very old

**awa** *int.* what is it? —*phr.* what it is

**awan** *prn.* each

**awuo** *int.* assure you, it better be so

**ax** 1 *n.* axe 2 *v.* to ask, beg —*syn.* BEG

**ayan** 1 *adj., n.* iron 2 *v.* to iron —*syn.* PRES

**azmoch** *adj., adv.* enough, sufficient

**B bii**

**baaba** *n.* barber

**baaba-griin** *n.* asphalted road —*v.* to pave with asphalt [see NAILAN]

**baaj** *n.* [<EN *vargis*, pickle] small greenish yellow fruit *Phyllanthus acidus* —*syn.* BIMBLIM, JIMBILIN

**baal** 1 *adj.* bald, balding, lacking hair — **baaled** *n.* no, thin or sparse hair, low-cut hair [see JRAYED] 2 *n.* ball —**baalgrong** *n.* football field 3 *v.* to cry or weep —**baali-baali** *adj.* prone to crying —*syn.* KRAI-KRAI 3 *v.* to shout, cry out [see ALA]

**baam-yaad** *n.* site for OBIA or MAYAL ritual

**baara** *v.* to borrow

**baba** *n.* [<MA] respectful term of address for male

**babalad** *v.* to flatter or butter-up

**babikiu** *n.* [<AR] flat, raised, outdoor area for drying produce like pimento berries or coffee beans

**babilan** *n.* 1 the establishment, Western imperialism, way-of-life 2 police

**babu** *n.* [<HN] term of address for male of Indian descent

**bad** *adj.* 1 inferior, unacceptable, undesirable —**bada** comparative form, worse — **badis** superlative form, worst —**gwaan**

**bad** *phr.* to create a scene, lose control 2 accomplished, bold, impressive, skilled 3 *adv.* badly, desperately, in the extreme

**bada** *v.* to annoy or bother [see AAL-AH-PUL, AKL[1], FITIIG, HAIG[2]] —**bada-bada** *v.* to pester —**badarieshan** *n.* annoyance, hassle, inconvenience

**badbwai** *n.* 1 hooligan, young ruffian — *syn.* RUUDBWAI [see BADMAN] 2 term of endearment for young, street honor for older youth

**bad-fiilin** *n.* discomfort, illness, malaise

**badlokid** *adj.* unlucky, subject to misfortune

**badmain** *adj.* critical, ungenerous —*n.* ungenerous attitude —*syn.* KRUMUUJIN

**badman** *n.* ruffian, thug [see BADBWAI]

**badu** *n.* [<HS *bádo*] edible aroid rhizome of *Xanthosoma* spp. —*syn.* DASHIIN, TAAYA [see AADFUUD, GRONG PROVIJAN]

**badwiez** *n.* unpleasant attitude or manner

**badwod** *n.* expletive, swear word —*syn.* KLAAT[2] [see BOMBO, PUSI[2], RAAS]

**bafan** *adj.* [<AK *bafáne*] awkward, clumsy

**bag** *adj.* many —*n.* large amount —*syn.* BANZ, NOF[1], KULU-KULU, LAGA-LAGA, PEMPEM, WANIIP, WUOLIIP —*ant.* CHENGX, KENCH, KEMPS, LIKL-BIT, TUPS

**bagabu** *n.* 1 vermin: insects, worms, pests 2 bogeyman —*syn.* BUGIMAN 3 dried nasal mucus —*abb.* **bugu**

**bagamout** *adj., n.* all talk, no action,

bluster —*syn.* BIGCHAT, MOUT

**bagi** *n.* children's or women's underwear, panty

**bain** *v.* to constipate —*ant.* APARIET

**bait** 1 *n., v.* bite 2 *v.* to sting, hurt sharply

**baka** *adv., prp.* behind, in back of [see ABAK]

**bakansa** *n.* impudent response or retort —*v.* to respond cheekily —*var.* **bakchat**

**bakativ** *n.* financial support, sponsorship, resources

**bakbak** *v.* to reverse —*syn.* JRESBAK

**bakfut** 1 *n.* hind leg 2 *int.* mild expletive

**bakl** *n.* 1 battle 2 bottle —**graasbakl** *n.* a glass bottle [see PAINT] **b** broken bottle or shards —**bakl tuoch** torch made from bottle with kerosene and a paper wick

**bakra** *n.* [<EF *mbakára*, white man] (white) owner or overseer —*adj.* of or related to ruling or supervisory class —*var.* **boki**, **bokra** [see BOKIMAASA]

**baksaid** 1 *n.* rear end, behind 2 *int.* mild expletive

**bakwiez** *adv.* backward, in reverse —*ant.* FAAWAD

**bambai** *n.* [<EN *by and by*] food set aside to be eaten later —*syn.* IIT-AH-LEF [see CHAKLATA]

**Bambie** *n.* Bombay, premium type of MANGGO [see IISINDIAN, SIN JUULIAN]

**bami** *n.* [<GA] flat cake made of grated cassava, usually fried

**bandaana** *n.* red madras plaid used in traditional national dress [see TAI-ED]

**banduulu** [<KG *bandula,* to despoil] 1 *adj.* illegal 2 *n.* contraband; unfair dealing 3 *v.* to swindle; to evade or circumvent regulations [see JIMSKRIICHI, JINAL, OLO[2], SAMFAI]

**banggarang** *n.* 1 chaos, disorder, disturbance 2 junk, rubbish [see JINGBANG[1], KORUOCHIZ, KRUCHUMENT, PARANGGLZ, PERE-PERE[3]]

**bangkin** *n.* river or gully bank, embankment

**bangkra** *n.* [<AK *bonkara*] rectangular palm thatch basket with handle and cover

**banz** *adj.* many —*n.* large amount —*syn.* BAG, KULU-KULU, LAGA-LAGA, NOF[1], PEMPEM, WANIIP, WUOLIIP —*ant.* CHENGX, KEMPS, KENCH, LIKL-BIT, TUPS

**baps** *int.* suddenly —*syn.* ABASODN, FUPS [see FLUPS, SUIPS, VUPS]

**baroz** *n.* loan —**gi baroz** *v.* to lend

**bashment** *n.* dance hall party —*syn.* SESHAN

**bat** *n.* moth, esp. large dark moths —*syn.* MAAT

**bata** *v.* to batter —**bata-bata** *adj.* battered [see MASHI-MASHI] —*v.* to beat severely —**bata-bruuz** *v.* to abuse physically, mistreat severely

**batam** *n., adj.* bottom

**batamsaid** *adv., prp.* below, lower down, further down —*ant.* TAPSAID

**bati** *n.* anus, buttocks —**babat, batbat** nursery terms for same

**batiman** *n.* derogatory term for male homosexual —*var.* **batibwai** [see MAAMAMAN[1], MAMPAALA[1]] —**bati bizniz** homosexuality, homosexual behavior

**bax** 1 *n.* box —**baxkova** *int.* mild expletive, euphemism for type of KLAAT[2] 2 *v.* to arrange, package, prepare —**bax di fies** apply makeup 3 *v.* to box, hit, strike —*syn.* BOS[3], BUP, LASH[1], LIK, KLAAT[3], NAK[2], TOMP

**baxaaf** *v.* 1 to devour, consume totally 2 to complete easily, finish thoroughly [see DON[1], FINISH]

**baxbout** *v.* to loiter, go about aimlessly —*var.* **baxroun** [see AIGL, PANG-PANG]

**beg** *v.* to ask, beg —*syn.* AX —**beg-beg** *adj.* beggarly, importunate

**beh** *vau.* remote past action marker —*var.* **eh, weh, mih** —*syn.* BEN, EN, WEN, MIN

**beli** 1 *n.* belly —*syn.* BEM-BEM, TOMOK —**bang-beli** *n.* distended abdomen, esp. in malnourished infants [see MIRAZMI] **2** *adj.* pregnant —*n.* pregnancy —**beli-uman a** pregnant woman **b** JANGKUNU stock character **3** *n.* bulge or depression

**bembem** *n.* belly, stomach (used with children) —*syn.* BELI, TOMOK

**ben** I *vau.* remote past action marker esp. preceding vowel —*var.* **en, wen, min** —*syn.* BEH, EH, WEH, MIH **2** *adj.* bent —*v.* to bend —**benop** *adj.* bent, twisted —*ant.* CHRIET

**bena** *vau.* past continuous action marker —*var.* **ena, wena, mina**

**benta** I *n.* [<KW òbanta] bamboo stringed instrument **2** *v.* to attempt, venture or dare

**besi** *n.* aficionado, usually female, of events, e.g. funerals, weddings —*syn.* TETES

**besis** *adj.* very best —*ant.* WOSIS

**bex** *adj.* vexed, angry, upset [see IGNARANT] —*vi.* to be or become angry —**get bex** to become angry, impatient, intolerant of, upset

**bie** I *adv.* [<EN *bare*, simple, plain] only, solely —*syn.* ONGGL, PIO, SUOSO [see DEGE, NOMO] **2** *v.* to bear, stand, or tolerate [see TAN]

**bied** I *v.* to bathe —*syn.* WASH KIN **2** *n.* beard —**biedop** *adj.* bearded

**biefies** *adj.* bare-faced, blatant

**bieli** *adv.* barely, hardly —*syn.* AADLI, KIESLI

**biera** *n.* messenger, courier

**bies** *n.* type of drum used in BURU [see FUNDE, JOM, KETE, RIPIITA]

**bifuo** *adv., prp.* before, in front of —*var.* **afuo** —*syn.* FRONTA

**bifuodie** *adj., adv., n.* before daylight, pre-dawn —*var.* **afuodie**

**bifuotaim** I *adj., adv., n.* remote past, pre-history **2** *adj., adv.* ahead, early **3** *adj.* former —*adv.* formerly

**big** *adj.* I large **2** adult —**big man** *adj., n.* grown man, adult male —**big piipl, big smadi** *adj., n.* adults —**gruo big** become adult **3** *adj.* esteemed, renowned, accomplished

**bigchat** *n.* brag, idle boast, empty talk —*syn.* BAGAMOUT, MOUT

**bigens** *prp.* by the time that, in preparation for —*syn.* BITAIMZ

**big jil** *n.* unit of measure, about 1/4 pint —*syn.* JIL [see LIKL JIL]

**Big Maasa** *n.* God —*syn.* GARAMAITI

**bigop** *v.* to acclaim, commend, exalt, greet, praise, —*syn.* WOWATU

**biif** *n.* I beef **2** derogatory term for female sexual object

**biini** *adj.* [<EW *bii?*] small, tiny —*var.* **wiini** [see LI, LIKL, LILI, SUMAAL]

**biit** I *v.* to beat, flog, hit, lash —*syn.* CHRASH², FLAG², LASH¹, LIK¹ —**biitn** *n.* beating —*syn.* CHRASHIN, FLAGIN, LASHIN **2** to defeat, prevail in contest or game **3** *n.* beat, rhythm —*syn.* RIDIM

**bikaazn** *cnj.* because, often followed by **se** —*abb.* **bikaa, kaazn, kaa** —*syn.* FAA [see ATA, SENS, SIEKA]

**bikl** *n.* [<EN *victuals*] I food **2** ground provisions —*syn.* AADFUUD, GRONG PROVIJAN

**bikomps** *v.* to become

**bil** I *n.* bill, invoice —*v.* to charge to account [see CHOS²] **2** *n.* machete with hooked point —*syn.* KOTLAS, MASHIET **3** *v.* to cut bush or grass with machete

**bilangx** *v.* to belong to, originate from

**bilias** *adj.* suffering from stomach-ache or discomfort

**biliib** *v.* to believe

**bimblim** *n.* small, sour, greenish yellow fruit *Phyllanthus acidus* —*var.* **bimbling, blimblim** —*syn.* BAAJ, JIMBILIN

**binggi** *n.* catapult, slingshot made from a forked twig, leather and rubber for hunting birds —*syn.* KIATAPOL, SLINGSHAT

**bini** *n.* concern, issue —*v.* to be concerned, implicated —*var.* **biniz** [see KIA]

**binuons** *adj.* known, beknown

**bisaidn** *adv.* besides

**bisi** *n.* [<TW *bise*] kola nut *Cola acuminata*, used for flavor and caffeine content in beverages, and as folk remedy

**bita** 1 *adj.* bitter —*v.* to refuse to speak to someone 2 *adj.* resentful, unforgiving —*v.* to resent, be estranged [see MALIS]

**bitaimz** *adv.* by the time —*syn.* BIGENS

**biyev** *v.* to behave —*syn.* GALANG[2], GWAAN[2], TAN[4]—**biyevia** *n.* behavior, deportment [see BRAATOPSI]

**blai** *n.* [<EN *oblige*] easement, break, favor, opportunity —**blaij** *v.* to allow, permit [see IIZOP, LOU, PAAS[3]]

**blain** *adj.* blind, unseeing —*v.* to blind, put out sight, dazzle

**blakaatman** *n.* imaginary evildoer said to cut out his victim's hearts [see BUGIMAN]

**blakop** 1 *adj.* drunk, inebriated [see CHERI[1], JONGK, PARO] 2 *adj., v.* overcast, dark with clouds threatening rain [see BLIIKI, SETOP[1]]

**bliich** 1 *n., v.* bleach 2 to stay up, or be out late at night

**bliiki** *adj.* cloudy, overcast, gloomy (of the weather) [see BLAKOP[2], SETOP[1]]

**blod** 1 *n.* relative, compatriot, person from same district [see RUUTS[3]] 2 *v.* to condemn and humiliate publicly —**blod-faya** *int.* condemning curse [see RIID[3]]

**blodwis** *n. Smilax regelii*, a perennial vine with prickly stems, used in RUUTS TANIK —*syn.* SAASAPARILA [see CHIENIRUUT, CHRANGBAK, PIABA]

**bluo** 1 *n., v.* blow 2 to breathe, take deep breath 3 *v.* to sound automobile horn

**bluujraaz** *n.* pudding of cornmeal or other starch, roasted, boiled or steamed in banana leaf —*syn.* DUKUNU, TAILIIF

**bobi** *n.* breast

**bobo** *n.* 1 [<SP] fool [see IIDIAT, JAKAAS[2],

MUKUT] 2 adherent of Bobo Shanti MANSHAN or sect of Rastafarians, distinguished by their robes and turbans, and communal lifestyle

**bod** 1 *n.* bird 2 *n., v.* bud

**bodi** *n.* penis —*syn.* DUDUS[2], KAKI, UD[2] [see TIILI, TUTUS]

**bofo** *adj.* [<EW *bofaa*, broad and thick; <TW *bbfoo*, swollen] large and clumsy, ungainly, expansive —*var.* **bofoto, bofiti, bufu, bufutu** —*syn.* AASTIERIN, SINGKUMA

**boga** *n.* bugger, mild epithet

**bogro** *adj.* coarse

**bok** 1 *n.* butting —*v.* to butt, stub 2 to extend to or reach limit 3 to nod off sleepily 4 *v.* to search (for)

**boki** 1 *n.* [<KG *mboki*, companion, fellow, mate] man, male —*syn.* MAN[1] 2 abb. of BOKRA

**bokimaasa** *n.* deferential, ingratiating or placating address to social superior, from BAKRA and MAASA

**bokop** *n.* social gathering —*v.* to come upon, encounter, run into

**bolo** *n.* [<GA *abolo*, half-hearted work, hard treatment] charity, public assistance, relief work —**bolo-slosh** *n.* prepared bulgur once distributed to schoolchildren

**bombo** *int.* [<TM *a-bombo*, vagina] expletive, often used with **-klaat** or **-huol**

**bomflik** *n., v.* somersault —*syn.* PUPALIK

**bon** 1 *adj.* burnt —*v.* to burn —**bonop** *adj.* totally burnt 2 spicy, sweet bread

**bon-bon** *n.* burnt crust, esp. rice at the bottom of the pot

**bonch** *n.* clusters of bananas on a single stem —**kount bonch** consists of nine or more AN or clusters, in turn made up of several FINGGA or SIID

**bonggl** *n., v.* bundle —

**bongglop** *adj.* 1 bundled, gathered 2 crowded, congested, entangled —*syn.* KAAK, KROUDOP

**bonggo** *adj.* [<MA] 1 stupid, black, ugly 2

countrified, crude, unsophisticated —
**bonggo taak** derogatory term for
Jamaican Creole **3** of or related to Africa
**4** Rastafarian honorific

**bongka** *n.* **1** sheath below bough of
cabbage palm once used as shingles,
cradles **2** bough of coconut palm, often
shaped into ersatz cricket bat

**bongx** **1** *adj., v.* bounce **2** *v.* run into **3** *v.*
inadvertently run up against —
**bongxdong** *v.* to be hit or knocked down

**bonpan** *n.* repurposed tin used as cooking
pot [see CHIIZPAN, SHETPAN]

**bontong** *adj.* pungent, sharp tasting

**borbor** *n.* **1** burr, prickly seed capsule **2**
plant bearing same

**bos** **1** *n.* bus **2** *adj.* broken —*v.* to break,
burst, exceed capacity or limit [see
MASH²] —**bosop** *adj.* totally broken,
smashed —*syn.* MASHOP **3** *v.* to punch or
strike —*syn.* BAX³, BUP, KLAAT³, LIK¹, TOMP **4**
*v.* to express strongly —**bosout a laaf** *phr.*
**5** *v.* to inform on

**bos-mi-jaa** [see BOSTAMANTI BAKBUON]

**Bostamanti bakbuon** *n.* hard candy of
grated coconut, wet sugar and ginger, ref.
to Alexander
Bustamante —*abb.*
**bosta** —*syn.* BOS-
MI-JAA, STAGABAK, RAK

**boun** *adj.* **1** bound, obliged [see FI³,
KOMPOLSHAN, MOS-AH-BOUN] **2** sure,
certain

**bout** *adj., adv., prp.* about —*var.* **boutn**

**bra** *n.* brother —*var.* **breda, brejrin**

**braata** *n.* [<SP *barata*, cheap] bonus;
gratuitous extra, as in baker's dozen [see
MEKOP]

**braatopsi** *n.* breeding, upbringing [see
BIYEVIA]

**bragadap** **1** *n.* simple, quick, flour-based
preparation such as dumplings, fritters,
bread pudding **2** *int.* vocalizing rhythmic
movement in dance; abrupt halt, as in
directive to horse or donkey [see BRAM,
BRAP]

**brakish** *adj.* tasteless or insipid, esp. of
beverages without flavor

**bram** *int.* suggesting sudden stop, or
abrupt halt [see BRAGADAP, BRAP]

**bram-bram** *n.* [<IR] bramble, twigs,
kindling —*syn.* GRANG-GRANG, JAG-JAG

**brap** *int.* suggesting sudden stop, or
abrupt halt —*var.* **braps** [see BRAGADAP,
BRAM]

**brebrij** *n.* lemonade, traditionally made
with brown sugar and juice of SIBL ARINJ,
latterly lime

**breda** *n.* brother, male acquaintance —*var.*
**bra, brejrin** —**bredaman** term of respect

**bredkain** *n.* starchy food, incl. ground
provisions, pumpkin, green banana, bread-
fruit, cornmeal and flour preparations
[see FISHKAIN, MIITKAIN]

**brejrin** *n.* brother, friend, associate —*var.*
**bra, breda** —*syn.* BOKI, MAN¹ [see AIJRIN,
KOMBOLO², PAADNA, PASIERO, SPAAR]

**breshe** *n.* breadfruit
*Artocarpus altilis* —
*var.* **breshi** —*syn.*
BUFRO² [see YELA AAT]
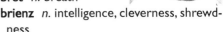

**bret** *n.* breath

**brienz** *n.* intelligence, cleverness, shrewd-
ness

**briid** **1** *n.* breed, type **2** *v.* to impregnate
—*vi.* to be pregnant, to be impregnated

**brikl** *adj., n.* brittle

**bringgl** *adj.* [<EN *brindle*] **1** agitated,
irritated **2** lively, animated

**bringkom** *v.* to bring here, fetch —*syn.*
KYAAKOM

**bringop** *v.* to charge and bring to court

**brok** **1** *adj.* broken **2** *adj.* penniless **3** *n.*
worn, broken or discarded object —**oul
brok** junk **4** *v.* to break —*syn.* PAP² **5** *v.*
to harvest by picking crop from plant, as
in corn, coffee, or pimento **6** *v.* to
ejaculate **7** *v.* to react precipitately

**brokfos** *n.* breakfast, formerly large meal
at noon, following early morning TII

**brokfut** *adj., n.* first pregnancy of unwed

girl —*syn.* TOMBLDONG[3]

**brokinz** *n.* lively, vigorous folk dance

**brokop** *adj.* broken up —*v.* to break up, to break off relationship

**brokout** *v.* to let loose, be unrestrained

**brokwe** I *n.* landslide, landslip 2 *v.* to break away, collapse 3 to escape —*syn.* EXKIEP, GETWE

**brong** *adj.* brown —*var.* **broun**

**brounin** *adj., n.* brown, light-skinned person of mixed African and other descent [see AIKOLA, KLIERSKIN, RED[2]]

**brugudu** *n.* mixture of clay and gravel, poor soil unsuitable for most crops

**buduf** *adv.* [<WL] effect of person falling

**budum** *adv., n.* [<AK, WL *burum*] sudden sound of object falling

**buf** I *n.* rebuff, insult —*syn.* BULA[1] —*v.* to embarrass, insult, reject [see CHRIES, KOS, MOUTAAF, NIAMOP[1]] 2 *adv., n.* effect of a heavy blow

**bufro** I *adj.* [<AK] stout and clumsy —*syn.* BOFO 2 breadfruit —*syn.* BRESHI

**buga** *n.* I dried nasal mucus —*var.* **bugu** 2 canvas boot with rubber soles [see KREP]

**bugiman** *n.* bogeyman, imaginary figure used to scare children [see BLAKAATMAN]

**buguyaga** *adj.* [<MA] worthless, slovenly, socially unacceptable —*n.* crude, low-class person —*syn.* BUTU, RAACHAA [see TEGEREG, ZUTUPEK]

**bula** I *n.* [<KG *mbula,* blow] rebuff, insult —*syn.* BUF[1] —**gi bula** *v.* to scold [see CHRIES, JRESDONG[2], KOSIN, MOUTAAF, NIAMOP] 2 *n.* [<SP *bollo,* cake] flat cake of flour, molasses, baking soda, and sometimes, ginger

**bulboka** I *n.* strong, aggressive person 2 *n.* belligerent person, bully —*syn.* GANGGALII

**bulfraag** *n.* cane toad *Bufo marinus,* only toad sp. in Jamaica, introduced in 1844

**buliraig** *v.* to pressure, torment [see RAIGIN]

**bulkou** *n.* bull

**bululups** *n.* term of endearment for child or beloved

**bunununus** I *adj.* delightful, wonderful 2 *n.* term of endearment

**buod** I *adj.* wooden, made of wood 2 *n.* lumber [see UD[1]]

**buon** *n.* bone

**buona** *n.* rib of coconut leaflet, used to make kite frames and to catch lizards

**buonifai** *adj.* [<LT *bona fide*] authentic, genuine

**buos** *v.* to boast, brag —**buosaaf** *v.* to flaunt, show-off —**buosi** *adj.* proud, showy —*var.* **buosifai**

**buosn** *n.* herniated testicles

**buot** I *adj., adv., cnj., prn.* both, equally, together 2 *n.* boat [see KUNU]

**bup** *v.* to hit, strike —*syn.* BAX[3], BOS[3], LIK[1], KLAAT[3], NAK[2], TOMP

**bups** *n.* sugar-daddy —**bupsi** *n.* kept woman [see MIETI]

**buru** *n.* [<MA] type of dance and associated drumming [see BIES, FUNDE, RIPIITA]; may form part of funerary observances [see GERE, SETOP, WIEK, ZELA]

**bush** I *n.* woodland 2 *n.* countryside 3 *v.* to clear land, remove vegetation 4 *n.* any small, leafy plant —**bush baat** herb bath for healing or therapy —**bush tii** herbal tea

**busha** *n.* I overseer on estate [see EDMAN] 2 term of respect for locally influential man

**busu** *n.* mollusc *Neritina virginia,* found in Portland rivers, made into soup

**busu-busu** *adj.* [<KG *bususu,* large, vast] enormous [see AASTIERIN, BOFO, SINGKUMA]

**butu** [<MA] I *adj.* uncouth, low class 2 *n.* coarse, crass person —*syn.* BUGUYAGA, RAACHAA [see TEGEREG, ZUTUPEK]

**buut** *n. sng. & pl.* shoe —*syn.* SHUUZ

**bwai** *n.* I boy 2 inadequate, immature adult male, as insult —**bwai-pikni** *n.* boychild —**bwai-bwai** *n. pl.* boys, usually dismissive; urchins

**bwail**   *n.* boil   —*v.* to boil —**bwailop** *adj.* boiled, boiling

**Ch  chii** (*c* replaced by *k*; only used with *h* for *ch* sound)

**chaa**  *v.* to chew —**chaa-chaa** *v.* to chew up —*adj.* chewed-up —**chaa-stik** *n.* chew-stick *Gouania lupuloides* and other spp.

**chaaklit**  *n.* cocoa compressed into balls or sticks, grated then boiled with cinnamon leaf and nutmeg as hot beverage —*var.* **chaaklit tii**  [see KOKO, TII]

**chail**  *n.* child, girl, woman

**Chaini**  *adj., n.* Chinese, predominantly of Hakka origin in Jamaica and the Caribbean —**Chainiman** Chinese man — **Chainirayal** *adj., n.* offspring of Chinese and African-Jamaican [see KUULIRAYAL] — **Chaini shap** small Chinese-owned shop

**chais**  *n.* choice —*v.* to choose

**chak**  *adv.* completely, fully, all the way  [see KLIER², SLAP]

**chaka-chaka**  *adj.* [<KW] disordered, untidy —*adv.* disorderly, irregular —*n.* disorder, untidiness —*syn.* NIAKA-NIAKA¹

**chaklata**  *n.* [<SP *chocolata*] leftovers served for breakfast accompanied by CHAAKLIT or other type of TII¹ —*syn.* TII²

**chamba**  *v.* [<IG ] to cut roughly —*adj.* **chamba-chamba** roughly cut   —*syn.* NIAKA-NIAKA², SAAKA-SAAKA

**chap**  *v.* 1 to chop 2 to cut down 3 to assault with machete

**chap ten**  *v.* to sit with legs crossed —*var.* **kot ten**

**chek**  1 *n.* count, number —*v.* to check, count, tally 2 *n.* written order to bank 3 *v.* (*with* fi) to esteem, include, regard, value  [see KOUNT²]

**cheka**  1 *n.* counter, checker, cashier —*syn.* TALIMAN 2 *adj.* checkered

**chengx**  *n.* small piece, sliver —*syn.* KEMPS,

KENCH, LIKL BIT, TUPS —*ant.* BAG, BANZ, NOF¹, WANIIP, WUOLIIP

**cheri**  1 *adj.* drunk, intoxicated —*syn.* BLAKOP¹, JONGK, PARO 2 *n.* Acerola or West Indian cherry *Malpighia emarginata*, good source of vitamin C

**chichi**  *n.* [<GB] 1 dry-wood termite *Cryptotermes brevis* 2 echoic name for bus with air brakes used in 1960s Kingston

**chien**  *n.* [<NE] 1 chain 2 unit of measure, 22 yards or about 20 meters

**chieniruut**  *n. Smilax balbisiana*, a perennial vine with prickly stems, used in RUUTS TANIK [see BLODWIS, SAASAPARILA]

**chienj-a-laif**  *n.* menopause

**chiga**  *n.* chigoe flea or jigger, *Tunga penetrans*, a tropical parasite, cause of tungiasis —*var.* **jiga** —**chigafut** *adj., n.* 1 infected with fleas 2 poor, indigent, deprived —**chigafut maakit** marketplace frequented by the poorest; market held on the Saturday preceding Christmas Eve GRAN MAAKIT

**chiizpan**  *n.* processed cheese tin, repurposed as container [see BONPAN, SHETPAN]

**chilom**  *n.* [<HN *chilam*] pipe for smoking GIANJA [see KUCHI]

**chimi**  *n.* chamber pot

**chimpong**  *adj., n.* nickname for Chinese —*var.* **chinpung**

**Chin**  *adj., n.* generic name for Chinese — **'sa Chin** Mr. Chin

**chinchili**  *adj.* [<EN *chinchi*, stingy] little, small (amount)  [see CHENGX, KEMPS, KENCH ]

**chingk**  *n.* bedbug

**chis**  *n.* chest

**cho**  *int.* [<MA] exclamation of impatience, disapproval, disappointment —*var.* **chot, po**

**chobl**  *n.* trouble, difficulty, problem, ailment —*v.* to trouble, annoy, pester, tease —*var.* **chovl** [see AKL¹, BADA, FITIIG]

**choch**  *n.* church —*adj., vi.* to be married

in church —*var.* **chaach**

**chok** *v.* I to throw 2 to push 3 to leap or dive into water 4 *n.* truck

**chokop** *adj.* [<NE *chock full*] crowded, cluttered

**chom** *v.* to beat, pound or thresh to separate desired plant material [see FAN]

**chomp** *v.* to tramp anticlockwise around Revival altar while hyper-ventilating to induce frenzy —**chompin** *n.* —*syn.* CHUUPIN [see LIEBA]

**chos** *n., v.* I trust 2 extend credit, purchase on credit [see BIL[1]]

**chowi** *adj.* chewy, fibrous, not succulent

**chouziz** *n.* trousers

**chrad** *v.* to depart, leave, move on

**chrai** *v.* to attempt, test, try —**chrayal** *n.* test, trial

**chraikin** *adj.* intensifier to express annoyance, impatience, disgust

**chrang** *adj.* strong

**chrangbak** *n.* I any of several roots of *Cuphea parsonia, Sauvagesia brownei, Chrysanthellum americanum, Desmodium* spp., *Morinda royoc, Hyptis pectinata,* component of RUUTS TANIK 2 euphemism for sexual potency

**chraptin** *adj.* strapping, robust —*ant.* FENGKE-FENGKE, PYAA-PYAAH

**chrash** I *n.* extraneous matter of crop, such as leaves, stems, pods, etc. —*v.* to thresh, separate, remove, discard unwanted parts of produce 2 *v.* to beat, flog —**chrashin** *n.* beating, flogging — *syn.* BIITN, FLAGIN, LIKIN, LASHIN

**chrech** *v.* to extend, stretch —**chrechout** *adj.* stretched, extended [see LANGOUT]

**chred** *n.* thread

**chredbag** *n.* drawstring cloth purse secured to undergarment, used most commonly by the female IGLA

**chrent** *n.* strength

**chrentan** *n.* [<RS] pork —*syn.* AANAL

**chrie** *n.* trey, or three-spot in playing cards, dice, DAMINUO, etc.

**chrienj** *adj.* strange, unexpected, unusual

[see ANYUUJAL] —**chrienja** *n.* stranger

**chries** *v.* to curse, tell off —**chriesin** *n.* curse, profanity —*syn.* KOS [see BUF[1], BULA[1], JRESDONG[2], MOUTAAF, NIAMOP[1]]

**chriet** *adj., adv.* straight —**chrietn** *v.* to straighten —*ant.* BENOP

**chrii** I *adj., n.* three 2 *n.* tree

**chrikifai** *adj.* crafty, sly, tricky, wily

**chrimbl** *v.* to tremble

**Chuku** *n.* [<IG *Cukwu*, deity] distant, alien place

**chuo** I *v.* to throw, toss —**chuo lik** *v.* to hit, strike —**chuo wod** *v.* **a** to curse, heap contumely on **b** to hint, insinuate 2 *v.* to pay share, as in PAADNA[2] —*n.* contribution —*ant.* JRAA[3]

**chuocho** *n.* [<AS] I type of squash *Sechium edule,* known as *christophene* in the Eastern Caribbean, *chayote* in Hispanic communities —*var.* **chuota** 2 [<AK] euphemism for vagina

**chupid** *adj.* stupid —**chupidnis** *n.* folly, nonsense, stupidity —*syn.* FULULUPS, FUULINISH

**chups** I *n.* sound and gesture of disgust, displeasure —*v.* to "kiss teeth" or "suck teeth" —*var.* **stiups** 2 *n.* kiss on the cheek —**chupsi** term of endearment

**chuu** I *adv., prp.* through 2 *adj.* true

**chuun** *n., v.* tune, song

**chuup** *v.* to tramp anticlockwise around Revival altar while hyper-ventilating to induce frenzy —**chuupin** *n.* —*syn.* CHOMP [see LIEBA]

**chuut** *n.* truth —*ant.* ANCHUUT, TUORI[2]

# D dii

**da** I *adj., cnj., prn.* that —*var.* **daa, das, dat** —**daade** that there 2 *prp.* at, in, on —*var.* **de** 3 *v.* locative copula —*var.* **de**

**da-** *prf.* continuous marker to indicate progressive action —*var.* **de-** —*syn.* A-

**daag** *n.* dog

**daak** *adj.* I dark of color, dim or unlit

—**daakop** v. to darken **2** of failing or poor vision, partially blind —**ai daak** poor eyesight **3** ignorant, unintelligent

**daal** n. [<HN *dal* ] split peas —**daal-am-baat** Indian split peas with rice

**daansaal** n. **1** form of popular music with a DIIJIE toasting or rapping over a RIDIM² **2** subculture around music, fashion

**daata** n. **1** daughter **2** female partner **3** young woman

**dah** cnj. than, preceding comparison —*var.* **ah, dan** esp. before vowel

**dairek** **1** adj. exact, precise, specific **2** v. to direct, instruct

**dak** n. haircut —v. to cut hair

**dakta** n. **1** doctor —**dak** abb. **2** practitioner of SAYANS² **3** sea-breeze arising from daily convection, thought to be healthful

**daktabod** n. **1** scissors-tailed hummingbird *Trochilus polytmus*, the national bird of Jamaica **2** formerly applied to any hummingbird, esp. the mango, and even to the tody

**daktashap** n. apothecary, dispensary, pharmacy

**daminuo** n. domino game, popular national pastime

**dan** n. local area strongman —**dan dada, dan gaagan** top-ranking strongman [see GAAGAN, GINIGAG]

**dandan** n. infant's dress

**dandimait** n. dynamite

**dandi-shandi** n. children's game similar to dodge ball

**dangki** n. **1** donkey —*syn.* JAKAAS¹ **2** card game in which players discard following suit or number [see WAPI]

**dashiin** n. edible aroid rhizome and leaves of *Xanthosoma* spp. —*syn.* BADU, TAAYA [see AADFUUD, GRONG PROVIJAN]

**dashout** v. to let loose, be uninhibited

**dayalek** n. range of language spoken in Jamaica, from Creole to basilect —*syn.* PATWA [see JUMIEKAN²ᵇ]

**de** **1** adv. there **2** v. locative marker or copula functioning as aspects of *to be* —*var.* **da** [see A²] **3** v. there be, to exist

**de-** prf. continuous marker for duration or progressive action —*var.* **da-** —*syn.* A-

**debl** n. devil [see SIETAN]

**ded** **1** adj. dead —n. dead, dying —v. to die **2** adv. certainly, exactly, utterly

**deda** adj., prn. the other —*var.* **teda**

**dedaz** n. meat

**dede** adv., v. is/was there, are/were there —*var.* **dide**

**dedlef** n. inheritance, legacy —*syn.* KREBE¹

**dedyaad** n. home of the deceased, site for funerary observances [see NAIN-NAIT, SETOP, WIEK, ZELA]

**dege** adj., adv. [<EW *deka*] single, sole, only, solely —*syn.* NOMO [see BIE, ONGGL, PYUOR, SUOSO]

**dego** vau. intentional marker

**deso** adv. precisely there [see YASO]

**dem** **1** prn. them, those **2** sfx. plural marker **3** etal., and company —**demde** those there —**demya** these here

**dex** n. desk

**di** adj., adv. [def. article] the —used with name and/or pronoun to express distancing and disapproval: di Jan im —'i abb.

**dibi-dibi** adj. [<HS <EF] inconsequential, frivolous, grudging, mediocre, weak [see FENGKE-FENGKE, PYAA-PYAAH, SAPSI]

**die** n. day

**dielait** **1** adv., n. dawn **2** n. daylight

**dietaim** **1** adv. during the day **2** adv. in daylight **3** n. daytime

**diewok** n. day labor

**difrah** **1** adj. different —*var.* **difran** esp. if following word begins with a vowel —**difrah-difrah** adj. multiple, miscellaneous, various, assorted —*syn.* SOCHILAIK, TARA-TARA, TARA-WARA, TIIRI **2** adv. apart, except

**diidi** n. excrement, faeces, dung —vi. to defecate —*syn.* DUUDU

**diijie** *n.* I disc jockey, recorded popular music selector popular music **2** DAANSAAL performer who toasts or raps over a RIDIM

**diistant** *adj.* decent

**dildil** *n.* duckling

**dingkimini** *n.* [<KG *ndingi*] ritual dance associated with funerary observance

**dip-ah-faal-bak** *n.* dish, often of pickled mackerel, with coconut-based sauce in which BREDKAIN would be dipped —*syn.* RONDONG¹

**dis** I *prn.* this —**disya** this here —*var.* **disaya** —*ant.* DAADE **2** *v.* to discount, disrespect, ignore

**dischrik** *n.* district, area [see KONCHRI²]

**disepshos** *adj.* deceitful

**distant** *n.* distance

**divelinop** *v.* to develop, grow, grow back, increase

**dob** *n.* remixing of recorded rhythmic tracks, esp. drum and bass [see RIDIM]

**dochpat** *n.* heavy iron pot often with three legs and cover —**dochi** *abb.*

**dokans** *n.* damp-wood termite *Nasutitermes pilifrons*

**domplin** *n.* pellet of unleavened dough, boiled, added to stews, or fried [see JANIKIEK, SPINA]

**don** I *adj., v.* done, completed, finished [see BAXAAF², FINISH] **2** *adv.* done with it, over it **3** *vau.* remote past marker **4** *v.* order to cease, desist

**dong** I *adv., prp.* down, also intensifier **2** *n.* dung, animal manure

**dong pah** *v.* to insist, urge, prevail upon —*syn.* DE PAH, PRESHA²

**donggruo** *adj.* stunted, malformed, short in stature [see DUFIDAYA, DWAAF, TONTID] —*v.* to stunt, cause not to grow

**dongkia** *adj.* I carefree, shiftless **2** careless, indifferent [see NIGRETFUL, WOTLIS]

**dopi** *n.* [<AK *adope*, chimpanzee] ghost, spirit of the dead, malignant entity

**dos** *n.* dust —*v.* to dust —**dosi** *adj.* dusty —**dosop** *v.* to make dusty

**doti** I *adj.* [<TW *dote*, soil, earth, clay] dirty, soiled, unclean [see NAASI] —**dotiop** *v.* to soil, make dirty —*syn.* NAASIOP **2** *n.* earth, ground

**du** I *v.* to do, perform, treat —*syn.* ANGGL —**dwii** *v.* to do it **2** *v.* to affect, harm **3** *vi.* entreat, plea **4** *vi.* to be enough, suffice

**dudus** *n.* I term of endearment [see PUTUS, TUTUS] **2** penis —*syn.* BODI, KAKI, UD² [see TIILI, TUTUS]

**dufidaya** *adj., n.* [<KW *adufude*, intemperance, excess] I careless person **2** dwarf or stunted person —*syn.* DWAAF [see DONGGRUO, TONTID]

**dufidu** *n.* exchange of favors, tit-for-tat, equitable trade

**dukunu** *n.* [<TW *dukunu*] pudding of cornmeal or other starch, roasted, boiled or steamed in banana leaf —*syn.* BLUUJRAAZ, TAILIIF

**dulsimiina** *n.* suitcase of compressed cardboard, usually brown —*syn.* GRIP

**dundus** *adj., n.* [<MA] albino

**duo** I *cnj.* though **2** *n.* dough **3** *n.* door —**aduo** *adv.* out —**outaduo** *adv.* outside — **duomout** *n.* doorway, threshold

**duosi** *n.* [<SP *dulce*] guava preserve

**duudu** *n.* faeces —*vi.* to defecate —*syn.* DIIDI

**dwaaf** *adj.* stunted, short in stature [see DONGGRUO, TONTID] —*n.* dwarf —*syn.* DUFIDAYA², WERE-WERE

**dyuus** *n.* deuce, or two-spot in playing cards, dice, DAMINUO, etc.

**E  ii**

**e** *int.* expression of puzzlement, mild criticism —*var.* **e-e**

**eba** *adj., adv.* ever, always —*var.* **eva**

**ebi** *adj.* heavy

**ebm** *n.* heaven

**ed** *n.* head —**edbak** back of head — **edsaid** 1 side of head 2 *int.* mild expletive —**edskol** skull —**edtap** crown of head

**edman** *n.* overseer on estate [see BUSHA]

**edo** *n.* [<KW èdu, yam] edible aroid root of *Colocasia esculenta* and *Xanthosoma* spp. —*syn.* KUOKO[1] [see AADFUUD, GRONG PROVIJAN]

**ef** *cnj.* if, in case, on condition —*var.* **efn**

**egzop** *adj.* pushy —*v.* to attempt or feign familiarity, be presumptuous

**eh** *vau.* marker for remote past action — *var.* **beh, weh, mih** —*syn.* BEN, EN, WEN, MIN

**ei** *int.* hey

**el** *n.* hell

**elaba** *adj.* [<AE *helluva*] superlative

**elp** *v.* to help, assist —**elpdong, elpop** to help lift up and off head-borne loads

**elt** *n.* health —**elti** *adj.* healthy

**en** *vau.* remote past action marker esp. preceding vowel —*var.* **ben, wen, min** — *syn.* BEH, EH, WEH, MIH

**ena** *vau.* past continuous action marker —*var.* **bena, wena, mina**

**enda** *v.* to hinder, prevent

**eng** *v.* to hang —**eng-pah-niel** *adj.* ready-made —*n.* ready-made clothing

**engka** *v.* 1 to hanker, crave 2 to wait around for handout [see LIKI-LIKI[2]]

**engkichi** *n.* handkerchief

**es** *n.* ace, or one-spot in playing cards, dice, DAMINUO, etc.

**esn** *n.* essence, perfume —*var.* **esent**

**etu** *n.* [<YO ètùtù, atonement] funerary celebration with feasting

**exkiep** *v.* to escape —*syn.* BROKWE, GETWE

**exchra** 1 *adj., n.* more than expected, surplus 2 *adj.* boastful, extravagant, idiosyncratic, show-off —*syn.* KAKATI, KANSIKUENSHAL, NOF[2] [see NEBA-SI-KOM-SI, NIANGGA[1]]

**F** *ef*

**faa** *cnj.* for, because, since —*var.* **far** —*syn.* BIKAA, KAA, KAAZN

**faada** *n.* 1 father —*syn.* PUPA 2 Revival rank and title —**faada priis** Roman Catholic priest

**faadn** *n.* farthing or 1/4 penny, smallest unit of colonial currency [see JIL[2], IEPNI, KAPA, KUATI, PENIEPNI]

**faaldong** *v.* to fall —*syn.* JRAP[1], PICH[3], TOMBLDONG[1]

**faaliitii** *v.* to suffer for transgression, come to a sorry end —*syn.* FENE[1], KLOK, PREKE[3], TATA[2] [see PORO ]

**faam** 1 *n., v.* farm 2 *adj.* sham —*v.* to feign, pretend —**faam fuul** *v.* to act stupid

**faambli** *n.* family, relative —*var.* **fambili**

**faas** 1 *adj.* fast, quick 2 *adj.* inquisitive — *vi.* to interfere, intrude, meddle —**faasnis** *n.* inquisitiveness, interference, meddling —*syn.* SUIF[2]

**faasn** *adj.* jammed, stuck —*v.* to attach, fasten —*vi.* to be caught, stuck

**faatileg** *n.* centipede

**faawad** 1 *adj., adv.* forward —*v.* to advance, proceed —*ant.* BAKWIEZ —**faawadop** *v.* to give, pay, send 2 *adj.* brazen, insolent, rude, presumptuous —*var.* **farad** [<NE —*syn.* FIESI, OUTA-AADA[2] [see RENGK[2]] 3 *n.* audience acclaim

**fain** 1 *adj.* slender, thin 2 *v.* to find 3 *v.* to dispatch or remove (oneself)

**fain-faalt** *adj.* critical, demanding, fault-finding, fussy, particular [see FENGKE-FENGKE, FOSI]

**fala-fashin** *adj.* imitative —*n.* copycat

**falalain** *adj.* wandering —*n.* outsider, stranger, wanderer —*syn.* WAAKBOUT

**fan** *v.* to thresh dried pimento berries to remove stems [see CHOM]

**fansiana** *n.* flowering tree esp. Poinciana or flamboyant, *Delonix regia*

**farin** I *adj.* foreign **2** *adv.* abroad —**gaan a farin** *phr.* gone abroad **3** *n.* foreign country

**fasi** *adj.* afflicted with sores, dirty —*n.* dermal infection, sore

**faya** *n.* fire —**fayatik** firewood —**faya-rakit** firecracker —*syn.* KLAPAZ [see SKUIBZ, TONDABUOLT²]

**fe** *int.* [<AK] trigger for challenge or dare

**fene** I *v.* [<AK] to become ill, faint or to vomit —**fene griis**, to suffer ill consequences —*syn.* FAALIITII, KLOK, PREKE³, TATA² [see PORO] **2** *v.* to treat with disdain —**no fene pah** to ignore, to pay no mind

**fengke-fengke** *adj.* [<MN] fussy, difficult, effeminate, weak, indecisive —*var.* **fengki-fengki** [see DIBI-DIBI, FOSI, PYAA-PYAAH]

**fi** I to, infinitive marker **2** possessive marker **3** *vi.* to be compelled, obliged, constrained —*syn.* BOUN¹, KOMPOLSHAN, MOS-AH-BOUN]

**fiar** *prn.* hers [see FIIM, FIIT]

**fichuu** *adv.* indeed, truly

**fieba** *v.* to favor, resemble

**fiesi** *adj.* rude, impertinent —*syn.* FARAD, OUTA- AADA² [see RENGK²]

**fiet** *n.* I fate **2** faith

**figat** *v.* to forget

**fiifi** *n.* bamboo whistle with balloon trimmed with feathers or other decoration

**fiil** I *v.* to feel **2** *vi.* to be inclined, to have an urge

**fiilop** *v.* to handle, to grope

**fiim** *prn.* his, hers, its [see FIAR, FIIT]

**fiit** *prn.* its [see FIAR, FIIM]

**fiiva graas** *n.* fever grass, lemon grass *Cymbopogon citratus*

**fingga** *n.* I finger **2** single banana, several growing together comprise an AN³ —*syn.* SIID³ [see BONCH]

**finggl** *v.* to fondle, to finger

**finish** I *v.* to complete, end, finish [see BAXAAF², DON¹] **2** *vi.* to be done, used up, finished, sold out

**fipans** *n.* smallest silver coin of colonial currency, once five pence, then later three —*abb.* **fip, fipni** —*var.* **fup, fupans** [see MAK-AH-FIP]

**fishkain** *n.* seafood [see BREDKAIN, MIITKAIN]

**fishn** *adj., n., v.* fishing —*var.* **fishnin**

**fishtii** *n.* fish broth or soup [see TII¹]

**fit** *adj.* of fruit, mature but not fully ripe [see FUL², RAIP¹]

**fitiig** *v.* to annoy, pester, provoke —*syn.* AKL¹, HAIG² [see AAL-AH-PUL, BADA, CHOBL]

**fiyu** *prn.* yours, belonging to you —*ant.* ANFIYU

**flaa-flaah** *n.* saltfish fritter —*syn.* STAMP-AH-GO [see FLITAZ]

**flag** I *n.* flag, colored cloth as national symbol, or as signal —*v.* to signal or call attention by waving **2** *v.* to beat, flog —*syn.* BIIT, CHRASH —**flagin** *n.* beating, flogging —*syn.* BIITN, CHRASHIN, LASHIN, LIKIN

**flash** *v.* I to splash **2** to show off

**flata** *v.* to flap, flutter

**flim** *n.* film —**flim shuo** movie [see STAARBWAI¹]

**flitaz** *n.* fritter, usually made with saltfish or plantain [see FLAA-FLAAH, STAMP-AH-GO]

**flowa** *n.* wheat flour

**flowaz** *n. sng. & pl.* flower —**ruoziz flowaz** rose

**floxi** *adj.* inferior, unsatisfactory, of unripe or immature fruit [see FIT, FUL², RAIP¹]

**flups** *int.* suggesting quick action [see ABASODN, BAPS, FUPS, SUIPS, VUPS]

**fonicha** *n.* furniture

**for** I *adj., adv.* far **2** *n.* fur

**fos** I *adj., adv.* first **2** *n.* first instance or position **3** *n.* fuss —**fosi-fosi** *adj.* fussy, picky, particular [see FAIN-FAALT, FENGKE-FENGKE]

**fostaim** *adv.* long ago, previously, in former times

**foul** I *n.* chicken **2** *v.* to fold —**foulop** *adj.* folded, folding

**frah** *prp.* from, ever since the time —*var.*
**fram, fran** esp. if following word begins
with a vowel

**fraichrieshan** *n.* fright, terror

**fraitn** 1 *adj.* frightened —*v.* to scare,
frighten —*vi.* to be frightened 2 *adj.*
surprised —*vi.* to be surprised

**frenop** *v.* to befriend —*var.* **fren-fren**

**fret** *v.* to fret, worry —**freti-freti** *adj.*
fretful —**frechrieshan** *n.* anxiety, worry

**fried** *adj.* afraid, fearful —*n.* fear —**kech
fried** *v.* to become afraid —*vi.* to be
fearful —**friedi-friedi** *adj.* fearful, timid

**friinis** *n.* items given away, or obtained
without cost

**friipiepa** *n.* document giving manumission
or emancipation from slavery —**friipiepa
bon** *phr.* end of holiday or vacation

**frisko** *n.* [<SP *refresco*] milk drink with
egg, flavorings, shaken together with ice

**fronta** *adv., prp.* before, in front of —*syn.*
BIFUO

**frouzi** *adj.* moldy, musty, smelly —*syn.*
MOULI [see RENGK¹, TINGK]

**fufu** *n.* [<MA] boiled, mashed yam or
other starchy food

**fufuu(l)** *adj.* foolish

**ful** 1 *adj., v.* to fill [see FULOP] 2 *adj.* of
fruit, mature, almost ripe [see FIT, RAIP¹]

**fulop** *adj.* filled, full —*v.* to fill —*vi.* to be
full

**fululups** *n.* nonsense, folly —*syn.*
CHUPIDNIS, FUULINISH

**funda** *n.* [<SP *fonda,* inn] eating place, café,
small restaurant —*syn.* KUKSHAP

**funde** *n.* small single-headed
drum used for syncopation in
BURU and NAYABINGGI³ [see
BIES, JOM, KETE, RIPIITA]

**funji** *n.* [<KG *mfundi,* vegetable
food] cooked cornmeal or
mashed starchy food with vegetables and
seasonings —*syn.* TONTON

**fuos** *v.* 1 to force, insist 2 to intrude

**fuosraip** *adj.* premature, precocious

**fups** *adv.* suddenly, all at once —*syn.*
ABASODN, BAPS, SUIPS, VUPS —*v.* to eat
quickly, gobble up —*syn.* GUAP [see
SUIPSAAF]

**fut** *n.* 1 foot 2 entire or part of leg [see
AN] —**futbatam** *n.* sole of foot

**fuulinish** *n.* foolishness —*syn.* CHUPIDNIS,
FULULUPS

**fuunu** *prn. pl.* yours

# G jii

**gaa** *v.* contraction of *go a,* to go to [see
GO, GU]

**gaagan** *adj., n.* chief, supreme
leader [see DAN, GINIGAG]

**gaah** 1 *vau.* gone or going to, intending to
[see GWEIH] 2 *adv.* in the act of, in the
process of

**gaalin** *n.* applied generally to
egrets and herons of *Ardea,
Casmerodius, Dichromanassa,
Egretta, Florida, Nycticorax,*
and *Nyctanassa,* spp.

**gaan** 1 *v.* gone, left, departed
2 *adj.* last, referring to time
*Fraide gaan, Mie gaan, Krismos gaan —*
*ant.* KOMIN

**gadami** *int.* exclamation of distress

**galang** 1 *int.* go on, go away 2 *v.* to act or
behave —*syn.* BIYEV, GWAAN², TAN⁴ 3 *v.* to
continue, proceed —*syn.* GWAAN¹

**ganggalii** *n.* bully, thug —*syn.* BULBOKA

**gang-gang** *n.* grandmother [see GRANDI,
NAANA]

**ganja** *n.* [<HN *ganja*] hemp plant *Cannabis
sativa* smoked or ingested for its psycho-
active effect —*var.* **gianja** —*syn.* OERB,
WIID [see KALI]

**gara-gara** *adj.* [<YO *gàgara,* tall, high] tall,
overgrown, misshapen

**Garamaiti** *n.* God —*syn.* BIG MAASA

**gat** *v.* to have, own, possess

**gens** *prp.* against, beside, near

**gere** *n.* funerary dance or gathering with
games, songs, stories [see BURU, SETOP,
WIEK, ZELA]

**gelop** *v.* to gallop

**getwe**  v. to avoid, escape or evade, get loose —*syn.* BROKWE, EXKIEP

**gi**  v. to give

**gial**  n. girl —**gial-pikni** girl child

**gialaant**  v. to go about idly, frivolously —**gialaantin** adj., n. fooling around, flirting [see SKAILAAK]

**gialawas**  n. type of lizard *Celestus crusculus molesworthi* and *C. occiduus hewardii*, intensely feared though harmless —*var.* **gialiwas**

**gialis**  n. ladies' man, rake, Lothario

**gianzi**  n. [<IR *geansaí*] knitted shirt or sweater

**gias**  n. gas, on the CHIS or TOMOK, ubiquitous cause of multifarious ailments and discomfort for which TII should be taken

**giash**  n. flash of light, lightning, spark —v. to flash, spark, burst into flame

**gig**  n. top, whittled wood toy with nail pivot, spun by whipping cord

**gimi-mi-bit**  n. echoic name for bird *Chordeiles minor*

**ginigag**  n. powerful leader [see DAN, GAAGAN]

**ginggi flai**  n. [<MA] any of several species of small fly, esp. those which annoy by flying about the face —*var.* **jinji**

**ginop**  n. [<AR] neo-tropical tree and fruit, *Melicoccus bijugatus* —*var.* **ginep**

**gitop**  v. to get up, arise —*ant.* LIDONG

**gizaada**  n. [<PT *guisado*] open tart of grated coconut mixed with spices and brown sugar

**gladfa**  adj. appreciative, grateful

**gladis**  n. foolishly happy person

**glami**  adj. sticky, stretchy [see KLAMI] —

**glamiti**  n. vagina —*syn.* PIM, PUMPUM², PUNAANI, PUSI¹

**gliina**  n. name of main daily newspaper, generically applied to newspapers

**go**  v. to go —*vau.* action or motion focus marker

**go-ah-kom**  adj., adv. back-and-forth —v. to loop, swing, oscillate

**gobament**  n. government —**goban** v. to govern —**gobna** n. governor

**gofi**  v. I to go for, fetch 2 to be about to, intend —*syn.* OUTFI

**goli**  n. I gully 2 precipice 3 stream or drainage channel

**golibiin**  n. turkey berry, *Solanum mammosum* and *S. torvum,* cooked as vegetable, grows wild in ruinate land , used as rootstock for GYAADNEG —*syn.* SUSUMBA

**grabalishos**  adj. grasping, greedy [see AGANIERIN, GRABI-GRABI, KOBICH, KRABIT¹, KRIEBN, NIAMI-NIAMI]

**grabi-grabi**  adj. avaricious, grasping [see AGANIERIN, GRABALISHOS, KOBICH, KRABIT¹, KRIEBN, NIAMI-NIAMI]

**grain**  I v. to grind or mill —**grainop** adj. ground —*var.* **grounop** 2 n. coitus —v. to have coitus

**grandi**  n. grandmother, midwife, term of respect for older woman [see GANG-GANG, NAANA]

**grang-grang**  n. [<MA] bramble, twigs, kindling —*var.* **granji-granji** —*syn.* BRAM-BRAM, JAG-JAG

**gran maakit**  n. especially large market held on occasion, esp. Christmas Eve [see CHIGAFUT MAAKIT]

**grato**  n. [<FR *gateau*, cake] kind of small, flat bread

**grietakiek**  n. grated coconut confection, often colored pink on top, and cut in squares —*var.* **kotkiek, pingk-an-tap**

**grii**  v. I to agree 2 to suit, be suitable

**grip**  n. suitcase, usually brown of com pressed cardboard —*syn.* DULSIMIINA

**griti-griti**  adj. roughly textured —n. granules, grit, particles

**groj** *v.* to envy, be jealous of, resent another's fortune —**grojful** *adj.* envious, jealous —*n.* resentment, envy, jealousy

**grong** *n.* 1 ground 2 cultivated field —*syn.* KOLTIVIESHAN

**grong provijan** *n.* starchy roots and tubers including KASAAVA, KUOKO, yam, ARISH and sweet potato —*syn.* AADFUUD, BIKL²

**gruo** *v.* 1 to grow 2 to bring up, rear child

**gruol** *v.* to growl

**gu-** *v.* combining form of GO —**gudong** to go down —**guop** to go up, ascend — **guwe** to go away [see GAA]

**guanggo** *n.* Rain tree *Samanea saman*

**guap** *v.* to gulp, to swallow food or drink hastily —*syn.* FUPS [see SUIPSAAF]

**gud** *adj., adv.* good, fine, well —*var.* **gudli** —**gud-gud** *adj., adv.* very good, very well —**guda** *adj.* better —*adv.* likely, probably —**agud** *int.* just deserts, serves right

**gudaz** *n.* admirable person

**gumbe** *n.* [<KG *nkumbi*] type of drum, often square, played with the fingers, associated with MAYAL

**gunggu** *n.* [<KG *ngongo*, peas] Gandules, Congo or pigeon peas, *Cajanus cajan* [see PIIZ]

**guodi** *n.* large calabash used for carrying water —*syn.* KALABASH, PAKI

**guol** *n.* 1 goal 2 gold

**guot** *n.* goat —**ramguot** male goat [see MANISHWAATA]

**guotmout** *n.* invoking bad luck, ill or misfortune —**put guotmout** *v.* to speak ill into being, esp. unwittingly

**guzu** *n.* [<KB *nguzu* power, strength, force] magic, spell [see SAYANS] —**guzum** *int.* invoking magic power [see ZUZUMAN]

**gwaan** *v.* 1 to go on, continue, proceed 2 to act, behave —**gwaan laka se** *phr.* to act as if —*syn.* BIYEV, GALANG², TAN⁴

**gwaih** *v.* [WC *gwine*] future marker, will do or go —*var.* **gweih, gaah** [see AGO]

**gyaad** *n.* 1 object placed or buried in GRONG in the belief spirits will protect crops from thieves 2 object, such as ring, worn to ward off evil 3 *n., v.* guard —*var.* **gyaadi** —*syn.* WACHI

**gyaadn** *n.* garden —**gyaadna** *n.* gardener

**gyaadneg** *n.* eggplant, aubergine *Solanum melongena*

**gyou** *n.* [<SC *gow*] falsehood, falsity, insincerity —*v.* to misrepresent, mislead, dissemble, fabricate

## H  iech

**ha** *v.* to have —*var.* **ab, hab**

**haig** 1 *n.* hag, cantankerous old woman — **Oul Haig** witch character in folk tales 2 *v.* to annoy, pester —*syn.* AKL¹, FITIIG [see AAL-AH-PUL, BADA, CHOBL]

**hana** *n., v.* honor —**Yu Hana**, address to judge —*var.* **Mi Rana**

**hangkra** *n.* [<MA] 1 hoop, rack, or basket hung above fireplace to cure and pre-serve meat or fish —*syn.* KRENG-KRENG 2 side-bag of canvas, crocus, or thatch [see ANTANA]

**hanis** *adj.* honest

**hit** *phr.* it is that, that is what

**howa** 1 *n.* hour 2 *prn.* our —*syn.* FIWI

**huodias** *adj.* [<EN *odious*] dreadful, terrible —*syn.* TOROBL

**huol** 1 *n.* hole —**huoli-huoli** *adj.* riddled with holes perforated 2 *v.* to hold, get, acquire 3 *v.* to capture and detain

**Huse** *n.* annual Indian festival honoring Hussein, younger grandson of the Prophet Muhammed, with traditional music, procession and pageantry

## I  ai

**i** 1 *prn.* it, impersonal subject, or object already mentioned 2 *adj.* short form of definite article DI

**ib** *v.* to heave, to raise or lift with effort [see ELPOP] —**ibop** *adj., v.* to strut, to walk in an exaggerated manner

**Ibo** *n.* **1** descendants of people from southeast Nigeria [see KROMANTI] **2** person of African descent —*syn.* NIEGA — **red Ibo** *adj., n.* light-skinned person of African descent —*syn.* RED NIEGA [see AIKOLA, BROUNIN, KLIERSKIN]

**ich** *v.* to hitch —**ichaan, ichop** *adj.* caught, hitched on, fastened —*syn.* TIKOP, UKOP

**ie** *v.* to hear, pay attention [see YERI]

**iebl** *v.* to be able —**iebl fi** to deal with

**iej** *n.* age —**iejobl** *adj.* mature (person) —**iejpiepa** *n.* birth certificate

**iel** *v.* to call —**ielop** to greet

**iepni** *n.* 1/2 penny of colonial currency [see FAADN, JIL², KAPA, KUATI, PENIEPNI]

**ier** *n.* **1** hair —**ieri** *adj.* hairy —**ieriskin** *n.* hirsuteness **2** air **3** year

**ies** *n.* haste, hurry —**de pah ies** to hurry

**iez** *n.* ear —**iezkaana** *n.* area around ear —**iezuol** *n.* earhole —**iezring** *n. sng. & pl.* earring —**aadiez** *adj.* stubborn —**kaak iez** *phr.* don't listen —**kak iez** *phr.* listen closely

**igla** *n.* peddler, seller, itinerant vendor [see VENDA] —**iglarin** *n.* small-scale retail occupation

**ignarant** *adj.* **1** indignant, irritated, quick to anger [see BEX] **2** unaware, unknowing, unreasoning —**ignarans** *n.* folly, unreasoning anger

**ih** *prn.* universal 3rd person singular pronoun: he, she, it, him, her, his, hers, its —*var.* **im** esp. if following word begins with a vowel

**ih-ih** *int.* denial, dissent, no —*ant.* IIH-HI

**iibm** *adj., adv., v.* even

**iibnin** *n.* evening —*var.* **iivlin**

**iich** *v.* to itch, irritate —**iichi-iichi** *adj.* itchy [see KRACH]

**iidiat** *n.* fool, idiot [see BOBO, JAKAAS², MUKUT]

**iih?** *int.* questioning

**iih-hi** *int.* agreement, assent, yes —*ant.* IH-IH

**iin** *adv.* in, into, inside, within [see INA] —*sfx.* verb modifier to change meaning [see KOMIIN] (p. 50)

**iip** *n.* heap, pile, quantity [see PIIS] —**waniip** large amount —**wuoliip** very many [see BAG, BANZ]

**iis** **1** *adj., adv., n.* east **2** *n.* yeast

**lisindian** *n.* East Indian, premium type of MANGGO [see BAMBIE, SIN JUULIAN]

**iit** *n., v.* heat —**iitop** *v.* to reheat [see ATOP]

**iityuoti apl** *n.* Otaheite apple *Eugenia malaccensis* —*var.* **iityuopi, uotyiiti** [see KUOKOPLOM]

**iizi** *adj., adv.* easy, easily —**iizi-iizi** very easy, very easily —**iiziwel** *adv.* very well, undoubtedly —*syn.* WELAH

**iizop** *v.* **1** to allow, indulge, permit [see BLAIJ, LOU, PAAS³] **2** to shift position, move to accomodate —*syn.* JRESDONG¹

**-im** *sfx.* appended to personal name for emphasis

**ina** *adv.* inside, within —*prp.* in, into —*var.* **iina** [see IIN]

**inschral** *n.* [<EN *entrails*] innards, intestine, tripe

**it** *v.* to eat —*vi.* to be eaten, to be edible —*syn.* NIAM —**kiahit** *adj.* edible, can be eaten —**itgud** *adj.* appetizing, tasty —*vi.* make for good eating —*syn.* NIAM —**it-ah-lef** *n.* food set aside to be eaten later —*syn.* BAMBAI [see CHAKLATA]

**izim-skizim** *n.* controversy, philosophical dispute, intellectual ferment

# J jie

**Ja** *n.* **1** reference to God, Jehovah **2** Rastafarian title given to Emperor Haile Selassie I —*var.* **Jaa**

**jaa** *n.* jaw

**Jaaman** I *adj., n.* German 2 *n.* formerly generic for poor white, after German immigrants settled in Seaford Town, Westmoreland

**jaga-jaga** *n.* [<MA] uneven, untidy

**jag-jag** *n.* [<MA] bramble, twigs, kindling —*syn.* BRAM-BRAM, GRANG-GRANG

**jain** *v.* to join —**jaint** *n.* I joint 2 cannabis cigarette [see SPLIF]

**jakaas** I *n.* donkey —*syn.* DANGKI¹ 2 *adj., n.* fool [see BOBO, IIDIAT, MUKUT]

**jakaaskaan** *n.* thin, crunchy, coconut biscuit made from flour, sugar and grated coconut

**jakaasruop** *n.* tobacco wound into rope-like coils and sold by length

**Jak Manduora** *n.* <EN *Jack a Nory,* nursery rhyme] initial part of formulaic end to Anancy story *mi no chuuz non,* or to mark end of riddling

**jam** *v.* [<WL] to jab, prick, pierce

**jama** *n.* [<MA] I song to accompany digging, communal labor, or ring games [see SING] 2 tool for digging yam

**jangga** *n.* [<BK *njanga,* crayfish] river prawn *Macrobrachium jamaicensis* [see SUIMZ]

**jangkro** [see KIANGKRO]

**jangkro biid** *n.* red seeds of vine *Abrus precatorius,* or tree *Adenanthera pavonina,* strung as beads —*syn.* JUMBI BIID

**jangkunu** *n.* [<KG *nza a nkunu,* universe of ancestor spirits] I masquerade with drum and pan whistle music, traditionally performed at Christmas and year's-end 2 masked performer playing set character; John Canoe —

**jangko fies** *n.* mask, often of painted wire mesh, worn in performance

**janikiek** *n.* [<AE *Johnny-cake*] I dumpling, esp. made with mixture of flour and cornmeal 2 fried dumpling to which leavening has been added [see DOMPLIN]

**jantanop** *n.* bread made with easily detachable segments [see PEGBRED]

**jege-jege** *n.* [<AK *gyegyeegye,* noise, bustle, alarm, tumult] rattling sound or object that rattles

**jeli** *n.* young coconut, source of coconut jelly and coconut water —*syn.* WAATA KUOKNAT, YONG KUOKNAT

**jem** *n.* aphorism drilled into school children [see PUOYM, REZITIESHAN]

**jeng-jeng** *n.* [<BK] old clothes, rags

**jengklman** *n.* gentleman

**jeri** *v.* to taunt, jeer, mock

**jesta** I *v.* to joke, make fun of 2 *n.* dresser, wooden cabinet 3 *n.* [<EN *digester*] iron pot or kettle

**jiez** *n. Jeyes' Fluid,* a once common disinfectant —**jiezi** *adj.* infected

**jiga** *n.* measure for rum [see CHIGA]

**jil** *n.* I unit of measure, about 1/2 pint — *syn.* BIG JIL to distinguish it from LIKL JIL 2 value equal to three FAADN or half of a KUATI [see KAPA, PENIEPNI]

**jilopi** *n.* old car, jalopy

**jimbilin** *n.* small, sour greenish-yellow fruit *Phyllanthus acidus* — *syn.* BAAJ, BIMBLIM — **Chaini jimbilin** star fruit, carambola *Averrhoa carambola*

**jimskriichi** *n.* under hand deal —*v.* to finagle [see BANDUULU, JINAL, OLO², SAMFAI]

**jinal** *n.* con-man, crook, trickster [see BANDUULU, JIMSKRIICHI, SAMFAI]

**jingbang** *n.* I worthless belongings, junk [see BANGGARANG², KORUOCHIZ, KRUCHUMENT, PARANGGLZ, PERE-PERE³] 2 term of disapproval for group, crowd; rabble, riffraff

**jinja** *adj., n.* ginger

**jinjiflai** [see GINGGI]

**joerk** *n.* method of broiling meat in an open pit on a grill of pimento wood, with peppers and pimento berries —*adj.* food so prepared — *v.* to broil meat by jerking

**joj** 1 *n.* judge —*v.* to judge —**jojment** *n.* a judgment **b** reckoning, call to account [see AATAKLAPS] 2 *v.* to wear habitually or casually —**jojin** *adj.* for daily, casual wear

**jokoto** *n.* [<TW *dokoto*, growing wild] wild plants cooked as greens, wild KALALU

**jom** *n.* drum [see BIES, FUNDE, KETE, RIPIITA]

**jomp** *v.* to participate in ritual dance, characterized by pelvic movements, as in JANGKUNU, POKO, etc. —**jompop** *n., v.* lively social dance, way of dancing

**jompan** *n.* metal oil drum converted to various other uses

**jongk** 1 *adj.* drunk, inebriated [see BLAKOP[1], CHERI[1], PARO] 2 *n.* junk, trash

**jongkoto** *n.* [<MD] stooping or squatting position —*v.* to stoop or squat —*syn.* SANGKUKU, TUP

**jonjo** *n.* [<MA] fungus, mold

**joun** *v.* to drown —**joundid** *adj.* drowned

**jraa** 1 *n.* draw or puff on cigarette 2 *v.* to draw, pull, drag 3 *n.* turn or pull, of card in game, or payout in PAADNA —*ant.* CHUO 4 *n.* stalemate, tie 5 *v.* to brew, steep, as in tea 6 *v.* to look unwell

**jraadong** *adj.* withdrawn, lacking vigor — *v.* to reduce, lose weight [see MAAGADONG]

**jraafut** *adj., n.* lame —**jraazfut** slow, tardy person; laggard

**jrai** 1 *adj.* dry, low in moisture 2 *adj.* lacking hair, balding [see PIKI-PIKI[2]] — **jrayed** *adj., n.* thin or sparse hair (reproach to females) [see BAALED]

**jraib** 1 *v.* to drive —**badjraib** to cut off or otherwise force another driver to react 2 *v.* to drive off, chase away, ward off — *syn.* RON[2] 3 *n.* lift, ride —*syn.* JRAP[2]

**jraifut** *adj., n.* skinny or unshapely legs (general insult)

**jraifuud** *n.* bread, biscuits, crackers [see AADFUUD]

**jraitaim** *n.* drought, period of no or low rainfall

**jrap** 1 *n., v.* drop, fall —**jrapdong** to collapse —*syn.* FAAL-DONG[1], PICH[3], TOMBLDONG[1] 2 *n.* lift, ride —*syn.* JRAIB[3]

**jrapfut** *n., v.* dance —*syn.* SHIEKFUT

**jraps** *n.* coconut bits caramelized in brown sugar and dropped by the spoonful to set

**jrapsi** *n.* excessive sleepiness

**jred** 1 *adj.* dread, causing concern 2 *adj.* of or pertaining to Rastafarians —*n.* Rastafarian [see LAXMAN, RAS, RASTA] — **jredop** *v.* to grow and style hair in dreadlocks —**jredlax** *adj., n.* dreadlocks —*abb.* **lax**

**jresbak** *v.* to step back [see BAKBAK]

**jresdong** 1 *v.* to shift or adjust position to accommodate another —*syn.* IIZOP 2 *v.* to berate, put in place, tell off [see BUF[1], BULA[1], CHRIES, KOS, MOUTAAF, NIAMOP]

**jriepop** *v.* to arrest, restrain detainee by holding trouser waist

**juk** *n.* [<FL *chuk*, jab, poke] —*v.* 1 to jab, prick 2 to have sex —**juki-juki** *adj.* prickly, thorny, roughly textured

**jumbi** *n.* [<MA] ghost sent with intent to harm [see DOPI] —**jumbi biid** red seeds strung as beads —*syn.* JANGKRO BIID — **jumbi man** OBIA practitioner

**Jumieka** *adj., n.* Jamaica —*var.* **Jamieka**, **Jomieka**

**Jumiekan** 1 *adj.* of or related to Jamaica 2 *n.* **a** person of Jamaican descent or heritage **b** Jamaican language [see PATWA, DAYALEK]

**juok** *n.* joke, jest, prank —*v.* to joke, make light of; also **mek juok, ron juok** — **juokifai** *adj.* jokey, jocular

**juu** 1 *n.* dew, drizzle —*v.* to rain lightly 2 *adj., n.* due

**juun plom** *n.* June plum, *Spondias dulcis* —*var.* **Juu plom**

**K  kie**

**kaa** *cnj.* after all, because, since —*abb. of* **bikaazn** —*var.* **bikaa, kaaz** —*syn.* FAA [see ATA, SENS, SIEKA]

**kaachi** *n.* conchshell blown as signal, or to mark time [see KONGK¹]

**kaafi** *n.* **1** *Coffea arabica* introduced from Martinique in 1723 to become the premier crop grown in the Blue Mountains and the central highlands **2** coffee, traditionally boiled, and flavored with sweetened condensed milk, and sometimes salt —*var.* **kaafi tii** [see TII]

**kaak 1** *adj.* corked, blocked **2** *n.* cork, stopper **3** *v.* to cork, to stop up — **kaakop** *adj.* blocked up, filled to capacity, crowded —*syn.* BONGGLOP, KROUDOP

**kaamii(l)** *n.* cornmeal —**kaamii pap** cornmeal porridge —**ton kaamii** cooked cornmeal with seasonings, or as dog food; polenta —*syn.* FUNJI, TONTON

**kaan 1** *adj.* corned, cured, pickled —*v.* to salt, pickle in brine **2** *n.* corn, maize — **kaanpiis** corn field —**kaantik** corn cob, pieces used as bottle stoppers **3** *n.* scorn **4** *n.* painful skin growth on feet or toes —**mash kaan** *phr.* **1** to step on someone's toes **2** to hint, insinuate or offend inadvertently [see CHUO WODᵇ]

**kaapi** *n.* corporal, policeman

**kaaya** *n.* coir, coconut husk fiber formerly used to stuff mattresses, now to make mats, and as horticultural soil conditioner

**kaba-kaba** *adj.* [<YO] worthless, poorly done —*v.* to botch or execute clumsily [see MEKE-MEKE¹]

**kach** [<EN *scotch*] **1** *n.* temporary prop, support, wedge —*v.* to prop, block or restrain movement for a short time **2** *n.* improvised, provisional accommodation

**Kachbanit** *n.* cultivar of *Capsicum chinense* pepper, shaped like a Tam o'Shanter [see KONCHRI PEPA]

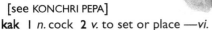

**kak 1** *n.* cock **2** *v.* to set or place —*vi.*

to be held or set in position —**kakop,**

**kakout** *adj., n.* erect, protruding, set in a particular way [see LANGOUT]

**kaka** *int.* [<FR, SP, *caca* excrement] expletive, often combined with **-faat**

**kakati** *adj.* arrogant, cocky, boastful — *syn.* EXCHRA², NOF² [see NIANGGA¹]

**kaki** *n.* penis —*syn.* BODI, DUDUS², UD² [see TIILI, TUTUS]

**kakshan** *n.* parched corn confection made in ball or cube form, sometimes colored pink or red [see ASHAM]

**kakuun** *n.* **1** Climbing shrub *Entada gigas,* which provides strong withes, edible seeds, and foliage used for camouflage by the Maroons **2** seed case of same made into toys, accessories —*syn.* MAFUTU

**kalaban** *n.* bird trap made of twigs

**kalabash** *n.* [<SP *calabasa*] **1** calabash tree *Crescentia cujete* **2** gourd **3** container or bowl made from same —*syn.* GUODI, PAKI

**kalalu** *n.* [<AS *calalu*, <MD *colilu*] leafy green vegetable, mostly *Amaranthus viridis* [see JOKOTO]

**kalembe** *n.* dance performed on parallel bars held by two supporters —*var.* **kalimbe** —*syn.* KOMBOLO¹

**kali** *n.* premium grade of GANJA

**kamanlaa** *adj.* in unmarried partnership, common-law relationship

**kananga-waata** *n.* fragrant liquid, distilled from *Cananga odorata*, used in rituals to ward off evil

**kanfyuujan 1** *n.* quarrel or dispute, often leading to a fight **2** *n.* confusion —*v.* to confuse, confound

**kangkiubain** *n.* unmarried partner — **kangkiubainij** *n.* unmarried partnership, common-law relationship

**kansikuenshal** *n.* arrogance, self-importance *syn.* EXCHRA[2], KAKATI, NOF[2] [see NIANGGA[1]]

**kantenshan** *n.* altercation, dispute, quarrel [see KASKAS, KECHOP, PASA-PASA, ROKSHAN]

**kapa** *n.* copper- or bronze-finish low denomination coins [see SILVA]

**karakara** *adj.* [<MA] rough or rocky — *var.* **korokoro, kurukuru**

**karato** *n.* [<AS caraguatá] coratoe *Agave americana,* whose succulent leaves yield juice used for cleaning, bleaching and as folk remedy, and fiber for rope making — *syn.* **miepuol**[3]

**karek** *adj.* correct, right —*syn.* RAIT —*ant.* RANG —*v.* to correct — **karekshan** *n.* correction

**kasaava** *n.* [<AR caçábi] cassava *Manihot esculenta* —*var.* **kasaada**

**kaskas** *n.* [<TW kasakasa] argument, dispute, quarrel —*var.* **koskos** [see KANTENSHAN, KECHOP, PASA-PASA, ROKSHAN]

**kata** I *n.* [<KG nkata] coil of cloth or banana leaf worn on the head for bearing burdens **2** *n.* type of drum, beaten with sticks —**nak kata** *v.* to drum, play rhythm on any convenient object

**katawaya** *n.* [<HN khat] cot or small, makeshift bed —*var.* **katya**

**katn chrii** *n.* silk cotton tree *Ceiba pentandra,* from which dugout canoes were made [see KUNU]; in folklore, thought to be the abode of DOPI

**kax** *n.* [<EN cog] favorable fall of dice or playing piece

**kech** *v.* [<WC ketcht caught] I to catch — **kech fait** to come to blows —**kech faya** to kindle, become ablaze —**kech fried**

to become afraid —**kech waata** to collect, fetch water **2** to arrive —*syn.* RIICH **3** to meet adequate level

**kechi-shubi** I *n., v.* haul-and-pull, give-and-take **2** metaphor for sex

**kechop** I *n.* snack, light meal —*syn.* RASHI —**kechop tomok** *phr.* to snack, eat lightly **2** *v.* to get into argument, dispute, fracas [see KANTENSHAN, KASKAS, ROKSHAN]

**keke** *v.* to laugh, giggle, cackle —*int.* echoic of laughter like *ha-ha* —*var.* **kiki, kia-kia**

**kem** *int.* fill-in sound for meaningless, insubstantial or insignificant thing

**kemps** *n.* small amount or portion —*syn.* CHENGX, LIKL BIT, TUPS —*var.* **kench** —*ant.* BAG, BANZ, NOF[1], WANIIP, WUOLIIP

**kete** *n.* small high-pitched drum used to hold melody in BURU and NAYABINGGI — *syn.* RIPIITA [see BIES, FUNDE, JOM, KATA]

**kia** *v.* to care, be concerned

**kiah** *v.* can, be able, may —*var.* **kian, kiang** —*neg.* **kyaah**

**kiangkro** *n.* I John crow, turkey vulture *Cathartes aura* **2** contemptuous epithet —*var.* **jangkro**

**kiapcha** *v.* I to capture, seize **2** to occupy, appropriate

**kiari-go-bring-kom** *n.* tattler, gossiper

**kiarikta** *n.* character

**kiashu** *n.* cashew nut, fruit and tree *Anacardium occidentale* —*var.* **kushu**

**kiata** *v.* to scatter —**kiata-kiata** *adj.* scattered

**kiatapol** *n.* catapult, slingshot made from a forked twig, leather and rubber for hunting birds —*syn.* BINGGI, SLINGSHAT

**kiba** [<EN kiver] *n.* cover, lid — *v.* to cover

**kichin bich** *n.* oil lamp made from recycled condensed milk can

**kiek** *n.* cake, confection

**kiekop** *adj.* congealed, solidified —*v.* to

cake, shape or form mass

**kies** 1 *n.* case 2 *adj.* scarce —**kiesli** *adv.* hardly, rarely, scarcely —*syn.* AADLI, BIELI

**kin** 1 *v.* to turn (out/over) —**kinout** expose —**kinuoba** flip, invert —**kin pupalik** somersault —**kintiit** grin widely 2 *n.* skin 3 *n.* body as a whole —**lik ina yu kin** strike all over

**kinop** 1 *v.* to grimace, show distaste —*syn.* KUINJ[2], MEKOP FIES, SKRUU

**kip** *v.* 1 to keep 2 to observe occasion, hold ceremony —*var.* **kipop**

**kirout!** *int.* abrupt dismissal, *get out!* —*syn.* KLIERAAF

**kistiit** *v.* to make sucking sound through protruding lips as expression of disgust, disdain —*syn.* SOKTIIT

**kiti** *n.* cat —*syn.* PUS [see PUSKITN]

**klaat** 1 *n.* cloth 2 class of expletives —*sfx.* appended to same 3 *v.* to box, hit, strike —*syn.* BAX[3], BOS[3], BUP, NAK[2], LIK[1], TOMP

**klaid** *adj.* cloying, cloyed, sated —*v.* to cloy, to be cloyed

**klam** 1 *v.* to cause mouth to pucker —*adj.* **klamish** sour or astringent —**klamop** puckered 2 to thicken mixture, to make sticky —**klami** *adj.* sticky, viscuous [see GLAMI]

**klapaz** *n.* firecracker —*syn.* FAYARAKIT [see SKUIBZ, TONDABUOLT[2]]

**klier** 1 *adj.* clear, light —**klier-skin** light-skinned —*syn.* AIKOLA 2 *adv.* all the way [see CHAK, SLAP] —**gaan klier** to succeed

**kleiraaf!** *int.* abrupt dismissal, *get out!* —*syn.* KIROUT

**kliin-kliin** *adv.* completely, totally

**kling-kling** *n.* echoic name for Greater Antillean or tinkling grackle *Quiscalus niger*

**klok** *v.* to suffer ill consequences —*syn.* FAALIITII, FENE, PREKE[3], TATA[2] [see PORO ]

**kobich** *adj.* greedy, miserly, stingy [see AGANIERIN, GRABALISHOS, GRABI-GRABI, KRABIT[1], KRIEBN, NIAMI-NIAMI] —**kobichuol** *n.* depression at back of head where skull

meets neck, said to indicate degree of selfishness

**kobiich** *adj., n., v.* [<SP *escabeche*, pickle] fried fish dressed with vinegar, UONIAN, PIMENTA and KACHBANIT —*var.* **(es)koviich**

**koersiin pan** rectangular metal oil container reused for multiple purposes from cooking to carrying and storing water —*syn.* ZINGK PAN, ZUNGGU PAN

**koko** *n.* 1 cocoa powder 2 hot drink of cocoa made with sweetened condensed milk [see CHAAKLIT, TII]

**kokobe** *n.* [<MA] 1 type of leprosy or yaws [see YAAZ] 2 toad secretion thought to cause yaws

**kola** *n.* 1 color, shade 2 complexion —**ai-kola** *adj., n.* brown and light-skinned —*syn.* KLIERSKIN [see BROUNIN]

**koltiviet** *v.* to cultivate, grow, raise —**koltivieshan** *n.* field —*syn.* GRONG

**kom** 1 *v.* to come, arrive 2 *v.* to come to be, become 3 *v.* command to enter or approach 4 *vau.* to emphasize verb following —*var.* **koh, kum** —**kom-koh, koh-koh** iterative for emphasis 5 *adv.* directly here —**kom dong** of rivers, in spate

**kombolo** *n.* [<KG *kombula*, group or assembly] 1 dance performed on parallel sticks held by two supporters —*syn.* KALEMBE 2 associate, companion, comrade —*var.* **kololo** [see AIJRIN, BREJRIN, PAADNA[1], PASIERO, SPAAR] 3 sexual partner 4 trusty machete

**komiin** *v.* to appear, seem

**komin** *adj.* next, referring to time *Monde komin, Julai komin* [ant GAAN[2]]

**kompelans** *n.* power over another, super-natural compulsion, seemingly effected by GUZU through use of oils, potions and botanicals

**kompolchri** *adj., adv.* compulsory —

**kompolshan** *v.* to have to, to be compelled —*syn.* MOS-AH-BOUN [see BOUN, FI³]

**konchri** 1 *n.* country, nation 2 *adj., n.* area, district, or region outside the Kingston Metropolitan Area [see DISCHRIK] 3 *adj.* unsophisticated, backward —**konchri bongkin** bumpkin —**konchri pepa** capsicum pepper [see KACHBANIT]

**kongk** 1 *n.* conch [see KAACHI] 2 *n., v.* [<MD] rap on the head

**kori** *n.* curry powder —**kori guot** spicy curried stew with goat mutton

**Kornieshan** *n.* Coronation Market, the largest market in Kingston —*abb.* **Kori**

**koruochiz** *n.* [<AS *corotos*, playthings, tools, trash] belongings, junk —*var.* **koro-koro** [see BANGGARANG², JINGBANG¹, KRUCHUMENT, PARANGGLZ, PERE-PERE³]

**kos** *v.* to curse, swear, berate —**kosin** *n.* upbraiding, telling off [see BUF¹, BULA¹, CHRIES, JRESDONG², MOUTAAF, NIAMOP]

**kosti** *n.* custard apple *Annona reticulata;* related to SOWASAP, SWIITSAP all native to the Caribbean

**kostom** *vi.* to be accustomed

**Kostos** *n.* 1 *Custos Rotulorum,* chief magistrate of parish 2 term of respect

**kot** 1 *n.* cut —*v.* to cut —**kotop** *adj.* — **kotop-kotop** *adj.* chopped, in small pieces, badly cut 2 *v.* to move or dance with agility, style —**kot ten** *v.* to sit with legs crossed 3 to use or speak language fluently

**kotai** *n.* disapproving sideways glance —*v.* to look askance

**kotkiek** [see GRIETA KIEK]

**kotlas** *n.* [<NE] machete —*abb.* **las** —*var.* **kotlis** —*syn.* BIL², MASHIET

**koukin** *n.* dish of ox hide, cooked down with beans and other vegetables

**koul** *adj.* cold [see KAUL] —**koulop** *v.* to become cold —*adj.* emotionally distant, restrained, subdued

**kount** 1 *n.* count, number —*v.* to count 2 *v.* to esteem, include, regard, value [see CHEK³]

**kowij** *n.* cow-itch or nettle *Tragia volubilis,* plant with fine hairs that sting

**kraa** *v.* to scratch —*var.* **kraab, kraap** — **kraa-op kraa-op** *adj.* badly scratched

**kraab** *n.* crab —**suoja kraab** hermit crab —**kraabtuo** illegible handwriting

**kraaf** *v.* to fool, deceive [see LAMP, PAP⁴]

**kraal** 1 *n.* animal pen, enclosure 2 *v.* to crawl, move slowly —**kraali-kraali** *adj., adv.* slow moving 3 *v.* of infant, to creep

**kraas** 1 *n.* cross, crucifix 2 *v.* to cross

**kraasiz** *n.* [<EN *crosses*] problem, trouble —*syn.* PORO, PREKE

**kraaskot** *v.* to interrupt one speaking

**kraasruod** *n.* crossroads

**krabit** 1 *adj.* avaricious, grasping [see AGANIERIN, GRABALISHOS, GRABI-GRABI, KRIEBN] —*v.* to grab 2 *adj.* brusque, cruel, rough

**krach** *n.* scratch, itch —*v.* to scratch, itch, irritate [see HIICH] —**krachi-krachi** *adj.* scratchy —**krachop** scratched, defaced, marred [see KRIEPOP]

**krachiz** *n.* crotch

**krai** 1 *n.* call —*v.* to call, declare 2 *v.* to cry, weep —**krai-krai** *adj.* prone to crying [see BAAL, BAALI-BAALI] —**krai krii** *phr.* call time-out

**kra-kra** *adj.* [<TW *kra kra,* restless, excited] careless, disturbed, nervous

**kramp** 1 *n.* cramp, muscular pain or spasm —*v.* to cramp —**krampop** *adj.* cramped 2 *v.* to inhibit, restrain

**kraps** *n.* scrap —*pl.* **krapsiz** —*syn.* PERE-PERE² [see MASH-MASH]

**krebe** *n.* 1 legacy —*syn.* DEDLEF 2 strange, odd goings-on, questionable proceedings

**krep (suol)** *n.* flat canvas shoes with rubber soles —*syn.* PUSBUUT [see BUGA²]

**kreng-kreng** *n.* [<FN *kereng-kereng,* basket] basket hung over wood-burning stove for curing, smoking meat —*syn.* HANGKRA¹

**kriebn** *adj.* craven, greedy, avaricious [see AGANIERIN, GRABALISHOS, GRABI-GRABI, KOBICH, KRABIT¹, NIAMI-NIAMI]

**kriep** *v.* to scrape —*adj.* **kriepop** scraped, scratched [see KRACHOP]

**krips** *adj.* crispy, crunchy

**kris** *adj.* well-groomed, well-appointed, fresh, sharp, stylish

**krisn** *v.* 1 to christen 2 to use or wear for the first time

**krof** *n.* crude, rough person —**krofti** *adj.* unkempt, rough-looking

**krokos (bag)** *n.* large bag made of hemp or jute for agricultural produce

**Kromanti** *n.* 1 Gold Coast origin of many slaves 2 Akan descendants who joined the Maroons [see IBO] 3 ritual language of the Maroons

**kroud** *n.* crowd —**kroudop** *adj.* crowded, congested —*syn.* BONGGLOP, KAAK

**kroun-ah-angka** *n.* betting game with dice, of British naval origin

**kruchument** *adj.* [<EN ] accoutrements, equipment [see BANGGARANG², JING-BANG¹, KORUOCHIZ, PARANGGLZ, PERE-PERE³]

**krumuujin** *adj.* [<EN *curmudgeon*] mean-spirited and deceitful [see BADMAIN]

**kruokn lizad** *n.* Jamaican croaking gecko, *Aristelliger praesignis*

**ku** *v.* look (*imperative of* **luk**) —**ku pah** look at —**kuya** *int.* now see here —*syn.* SIYA

**kuabz** *n.sng. & pl.* 1 companions, equals 2 sexual partners —*syn.* KOMBOLO

**kuashi** *adj., n.* [<AK *Kwasi*, day-name for Sunday-born male] simpleton, uncultured, lacking breeding

**kuati** *n.* three half-pence or 1-1/2 pence of colonial currency —*syn.* PENIEPNI [see FAADN, IEPNI, JIL², KAPA]

**kub** *n.* coop for chickens —*adj.* hemmed in, restrained —*v.* to pen in

**kuchi** *n.* bowl-type pipe for smoking GIANJA [see CHILOM]

**kuda** *vau.* could, could have —*neg.* **kuda no, kudn**

**kuiktaim** *adv.* quickly, immediately [see SIEMTAIM]

**kuinj** *v.* 1 to cringe, cower, huddle, scrunch 2 to distort, grimace —*syn.* KINOP, MEKOP FIES, SKRUU —**kuinjop** *adj.* cowering, scrunched, shrunken, squeezed up

**kuint** *v.* to blink or wink —**kuint afta** wink at

**kukshap** *n.* eating place, café, small restaurant —*syn.* FUNDA

**kuku** 1 *int.* echoic call to chickens 2 *v.* to stoop [see JONGKOTO, SANGKUKU, TUP]

**kukumaka** *n.* [<AS *coco macaco*] a tree *Bactris plumeriana* with very hard wood —**kukumaka tik** cudgel or club used in fighting or to administer punishment

**kulu-kulu** 1 *adj.* [<KG *kulu*] listless, weak from hunger 2 *n.* [<KG *nkulu*] abundance, plenty —*adj.* plentiful —*syn.* BAG, BANZ, LAGA-LAGA, NOF¹, PEMPEM, WANIIP, WUOLIIP —*ant.* CHENGX, KEMPS, KENCH, LIKL-BIT, TUPS

**kumbak** *v.* to come back, return

**kumina** *n.* rite of passage ritual with body movements accompanied by drumming, in

which participants are believed to become possessed by ancestral spirits

**kunu** *n.* [<BM] canoe, traditionally made from the trunk of the silk cotton tree *Ceiba pentandra* [see BUOT, KATN CHRII]

**kunumunu** *n.* simpleton, ingenuousness

**kuoknat** *n.* [<PT *coco*, head, skull] coconut *Cocos nucifera* —*var.* **kuotnat** —**jrai kuoknat** mature nut, with hard flesh used for grating, and expressing coconut milk —**jeli kuoknat** young nut, the source of coconut water and jelly —*var.* **waata**

kuoknat, yong kuoknat

kuoko  n. [<MA] 1 edible aroid root *Colocasia esculenta* and *C. antiquorum* —syn. EDO [see AADFUUD, GRONG PROVIJAN] 2 [<KW] bump on the head from blow

kuokobred  n. flat folded bread, often buttered before baking

kuokoplom  n. [<AR *hikako*] 1 small tree *Chrysobalanus icaco* with edible blue fruit and nuts  2 name applied to IITYUOTI APL *Eugenia malaccensis* in parts of western Jamaica

kuol  1 adj. cold —ant. AT —var. **kaul** very cold  2 n. respiratory or other ailment — **ed kuol, fresh kuol, kuol ina muol**  phr. 3 n. charcoal —**kuol pat** round cast-iron stove for cooking and once used for heating flatirons

kuot-av-aamz  n. 1 coat-of-arms  2 dish of rice and red kidney beans cooked in coconut milk —syn. RAIS-AH-PIIZ[1]

kushu  n. cashew tree, fruit and nut *Anacardium occidentale* —var. **kiashu**

kuskus  n. 1 aromatic grass *Vetiveria zizanoides* [see MAATGRAAS]  2 the perfume made from it

Kuuli  adj., n. Indian, of Indian origin or descent —**Kuuliplom** fruit resembling very small apple *Zizyphus mauritiana* — **Kuuliraayal** person of mixed Indian and African descent

kwaat  n. quart, unit of imperial measure

kwiel  v. to wilt —**kwielop** adj. wilted

kwiiz  v. to squeeze, be squeezed — **kwiizop** adj. squeezed [see BATA]

kyaa  v. to carry

kyaaf  n. calf

kyaah  v. neg. of **kiah**, can't, cannot

kyaakom  v. to bring here, fetch —syn. BRINGKOM

kyaarat  n. carrot

kyaat  n. cart — **ankyaat**  n. type of push-cart fitted with steering, and often with brakes and suspension, used in urban area markets

kyuor  n., v. cure

## L  el

laa  n. law —**laaya** lawyer

Laad  int. Lord —var. **Laa, Laad Gad**

laaf  n., v. laugh —**laafi-laafi** adj. prone to laugh —**laafata** to laugh at, to ridicule

laala  int. expression of mild delight

laama  n. new clothing, finery, dress for special occasion

laan  v. to learn, to teach

laas  1 adj. last, final —v. to last  2 adj. lost —n. loss —v. to lose

laasi  n. last or youngest child in family — syn. WASHBELI

laba-laba  adj. garrulous, indiscreet —v. to blab, chatter

labrish  n., v. chatter, gossip [see LAI-AH-TUORI, SUSU]

labsta  n. spiny lobster *Panulirus argus*

laga-laga  adj., n. [<MN *lagbalagba*]  plenty, in great amount, abundance —syn. BAG, BANZ, KULU-KULU, PEMPEM, WAGA-WAGA, NOF, WANIIP, WUOLIIP

lai-ah-tuori  n. gossip, rumor, slander [see LABRISH, SUSU]

laik  v. to like —**laikaaf** to have crush on, to be attracted to

laka (se)  cnj. as if —prp. like —**laka wa** phr. in the extreme, beyond description

lamp  v. to fool, deceive [see KRAAF, PAP[4]]

lang  adj. long, tall [see TAAL] —**langaz** n. very tall man [see LANGGULAALA]

langgot  adj. ravenous, insatiable —n. greedily hungry person [see ONGGRI]

langgilaala  adj., n. tall, thin person —var. **langgulaala** [see LANGAZ]

**langout** adj. protruding —v. to stick out, stretch, protrude [see CHRECH, KAKOUT]

**langtaim** adj., adv. long ago, of bygone times, for a long time

**lap** v. to fold —**lap fraktiel** phr. gesture of defiance —**lap tiel** phr. to show shame or embarrassment

**lash** 1 n. lash, hit, strike —v. to lash, beat, strike [see BAX³, BIIT¹, BUP, CHRASH², LIK¹, KLAAT³, NAK², TOMP] —**lashin** n. beating —syn. BIITN, CHRASHIN, FLAGIN 2 v. to perform or execute action with intensity 3 v. to penetrate sexually with vigor

**lat** 1 n. plot of land 2 n. number of children a woman is destined to bear

**layad** adj. lying, untruthful —n. liar

**laxman** n. Rastafarian, or other man, with dreadlocks [see JRED, RAS, RASTA]

**leda** n. 1 ladder 2 leather

**lef** 1 adj left —ant. RAIT 2 v. to leave 3 adj. left, remaining —**lef fi** phr. just about to, just short of, only remaining

**leginz** n. [<FR legumes] bundle of vegetables and seasonings regarded as essential base for soup

**lego** adj. loose, disorderly, uninhibited, unrestrained —**legobiis** out of control, rampaging person or animal

**lengki** adj. lanky

**lent** n. length, extent, limit

**letis** n.1 lettuce 2 latticework

**li** adj. little [see BIINI, LIKL, LILI, SUMAAL]

**lib** v. to live, reside

**liba** n. liver

**libati** n. 1 liberty 2 familiarity, impudence —**libati-tekin** n. gall, presumption

**lidong** v. to lie down —ant. GITOP

**lieba** v. to hyperventilate, inducing frenzy in Revival ritual —**liebarin** n. [see CHOMP, CHUUP]

**liedi** n. lady

**lietid** adj. belated, delayed, behind time

**lifop** v. 1 to lift up, raise 2 to depart, move away 3 to move rapidly —**lifop fut** to run quickly, sprint

**lignom vaiti** [see NINGGAM BAITI]

**lik** 1 n. blow, hit, strike —v. to beat, hit, strike [see BAX³, BIIT¹, BOS³, BUP, CHRASH², FLAG², KLAAT³, LASH¹, NAK², TOMP] —**likin** n. beating —syn. BIITN, FLAGIN, LASHIN 2 v. to perform or undergo intense action [see LASH] —**likdong** to demolish, knock out —**likop** to collide —**likout** to eliminate, remove —**likout gens** phr. to denounce, decry —**likwe** to hit away; launch, propel

**lik-ah-pram** v. to give quick, light cleaning

**liki-liki** adj. 1 of a gourmand, enjoying food and drink 2 sponging, waiting around for food [see ENGKA², KRIEBN, NIAMI-NIAMI] 3 fawning, obsequious

**likl** adj. little, small [see BIINI, LI, LILI, SUMAAL] —**likl-bit** adj. small, young (as child) —n. small amount —var. **libit** —syn. CHENGX, KEMPS, KENCH, LIKL-BIT, TUPS —ant. BAG, BANZ, KULU-KULU, LAGA-LAGA, NOF¹, PEMPEM, WANIIP, WUOLIIP —**likl-likl** adv. bit by bit, in small amounts, incrementally

**likl jil** n. unit of measure, about 1/8 pint [see BIG JIL]

**liklmuo** 1 adv. shortly, later 2 int. marking departure [see MUOTAIM³]

**liklmuos** adv. nearly, almost —syn. NIELI, PAATLI

**liklwail** adv. 1 little while ago 2 in a little while 3 for a little while, briefly

**lili** adj. little, small —var. **liili** [see BIINI, LI, LIKL, SUMAAL]

**liin** adj. inclined, not plumb, off kilter —ant. CHRIET

**lingk** v. to join, make contact, meet with

**listong** adj., n. speaking with a lisp [see TAITONG]

**liviti** n. living, vitality

**lob** n., v. love

**lou** v. to allow, permit, humor, indulge [see BLAIJ, IIZOP, PAAS³]

**luk** 1 n. look, glance, appearance 2 v. to look, seek —**luk-luk** v. **a** to keep searching **b** v. to stare, gaze, gawk 3 v. to forage, gather, hunt [see BROK[5], PICK[1]] **4** *v.* (*with* fi) to visit someone

**luudi** *n.* board game similar to Ludo or Parcheesi

## M em

**ma** *n.* **I** mother —*var.* **mami** —*syn.* MADA, MUMA —*ant.* PA **2** term of respect or affection to woman —*var.* **mam**

**maaga** *adj.* [<EN *meagre*] thin, emaciated —*syn.* WENIA-WENIA —**maagadong** *v.* to lose weight, slim down [see JRAADONG] —**maaganani** *n.* very thin girl or woman

**maagrij** *n.* mortgage

**maama** *n.* term of address for any woman —*var.* **maami**

**maamaman** *n.* **I** womanish man —*syn.* MAMPAALA[1] [see BATIMAN] **2** man doing traditional women's work

**maami** *n.* mammee apple *Mammea americana*

**maas** *n.* title of respect preceding first name of men and boys

**maasa** *n.* master, sir

**maat** *n.* moth —*syn.* BAT —**maatgraas** *n.* KUSKUS grass *Vetiveria zizanoides* used as moth repellent in closets

**maata** *n.* mortar, usually made from a hollowed-out tree trunk —**maatatik** *n.* pestle, a heavy pole used to pound yam, cassava, corn, etc.

**machiz** *n. sng. & pl.* match(es)

**machrimoni** *n.* dessert made from TORAPL and ARINJ mixed with sweetened condensed milk

**mad** *v.* **I** to drive mad, make crazy **2** to astonish, make envious

**mada** *n.* mother —*syn.* MA, MUMA —*ant.* PUPA

**madam** *n.* term of address to wife of Chinese shopkeeper

**madi-madi** *adj.* eccentric, slightly mad

**mafiina** *adj., n* [<PT *mofina*, miserable, wretched] outcast, wretch, worthless

person —*var.* **mufiina** [see DONGKIA, NIGRETFUL, WOTLIS]

**mafutu** *n.* [<KG *ma-fúti*, liana] **I** Climbing shrub *Entada gigas*, with strong withes and foliage used by the Maroons for camouflage, and edible seeds **2** seed case of same made into toys, accessories — *syn.* KAKUUN

**magich** *n.* maggot, larva —*var.* **magij**

**magl** *n., v.* model

**main** **I** *n.* mind, intuition **2** *v.* to care, be concerned **3** *v.* to tend, take care of **4** *v.* to be careful, cautious

**maita** *vau.* may (have), might (have) —*neg.* **maita no, maitn**

**maka** *n.* thorn, prickle —**maka-bush** any thorny plant —**maka-maka** *adj.* prickly, thorny

**makabak** *n.* shad or small fish with sharp dorsal fin spines

**makafat** *n.* macaw palm *Acrocomia slerocarpa* and other palms with edible oil-rich fruit

**mak-ah-fip** *n.* one shilling and three pence in colonial currency [see FIPANS]

**maki** *int.* [<TW *makye*] morning greeting

**makla-makla** *adj.* indistinct from having too many elements, ingredients [see KABA-KABA, MEKE-MEKE]

**malis** *adj.* estranged, grudgeful, unforgiving —*n.* grudge, malice —*v.* to estrange, distance [see BITA]

**mampaala** *n.* [<KG *mú-mpala*] **I** effeminate or unmanly man —*syn.* MAAMAMAN[1] **2** male homosexual —*syn.* BATIMAN

**man** **I** *adj., n.* male, associated with men, having male attributes —*syn.* BOKI[1] —*ant.* UMAN **2** *n.* generic man, person **3** *int.* address to anyone in casual conversation

**manaz** *n.* **I** manners, upbringing [see BRAATOPSI] **2** discipline —**ebi manaz** severe restrictions **3** *int.* spoken after a voluble belch

**manazebl** *adj.* polite, well-mannered

**mancha** *n.* formerly Martinique banana, later applied to any banana —*var.* **manchinik**

**manggo** *n.* mango tree and fruit *mangifera indica* [see BAMBIE, IISINDIAN, SIN JUULIAN]

**mangkishim** *n.* [<KG *mukishi*, ancestral spirit] realm of death, the afterlife

**manifak** *v.* to prepare product for use or sale

**manishwaata** *n.* soup made from offal of RAMGUOT, including head and genitals, reputed to increase libido; loosely, any goat soup

**manjariin** *n.* mandarin orange, *Citrus reticulata,* referred to as STANJARIIN in some areas

**manshan** *n.* any one of several Rastafarian sects or orders

**maraas** *n.* marsh, swampy land

**marid** I *adj.* married —*n.* marriage — *v.* to marry, to be married  2 to pair an item with another for sale

**mariina** *n.* singlet, sleeveless undershirt

**masakraa** *n., v.* massacre, drubbing, rout

**mash** I *n.* remainder, change from cash  2 *v.* to smash, crush —**mashop** I *adj.* broken, destroyed —*v.* to break, destroy —*syn.* BOSOP [ see BROK]  2 *adj.* feeling ill, unwell  3 *adj.* suffering post-alcohol hangover —**mashi-mashi** *adj.* mashed, squashed, squashy [see BATA-BATA]

**mashalaa** *n.* martial law, sanctions, repression, time of restriction

**mash-mash** *n.* I remaining fragments or particles —*syn.* PERE-PERE[2] [see KRAPS]  2 small change (coins)

**mashiet** *n.* machete —*syn.* BIL[2], KOTLAS

**mashietid** *adj.* in poor condition, ill appearing

**mashmout** *adj., n.* person without front teeth

**masi** *n.* mercy

**masiv** *n.* audience, crowd, masses

**maskita** *n.* mosquito

**masu** *v.* [<AK] to raise or lift heavy weight —*var.* **mashu**

**mata** *v.* to regard, care about, pay heed

**matompi** *n.* [<MA] eye mucus —**mata** *abb.*

**mayal** *n.* [<KG *mayele* intelligence, witchcraft] shamanic practice and ritual, often involving spirit possession [see OBIA]

**mechiz** *n.* message

**meja** *v.* to measure —*var.* **mieja** — **mejament** *n.* measurement

**mek** *v.* to make, allow, let —**mekop** *adj.* made, fabricated —*n.* a little extra on purchase [see BRAATA] —*v.* I to agree, connive, plot, plan together  2 to compensate, complete, reconcile —**mekop fies** *phr.* to grimace

**meke-meke** *adj.* I sloppy, messy  2 of food, improperly or insufficiently prepared, overdone or too runny [see KABA-KABA, MAKLA-MAKLA] —*ant.* SHELI

**mekso** *n.* the way things are, how it is

**memba** *v.* I to remember  2 to remind

**mento** *n.* form of rhythmic folk music which influenced later SKIA and REGE

**mesh** *n.* to cohere, match, integrate

**met** *n.* meeting, event, function

**mi** *prn.* first person singular: I, me, my

**miedn** *n.* virginity

**miepuol** *n.* I tall pole decorated with streamers for dancing around  2 form of dance introduced by the British colonists  3 coratoe *Agave americana,* a succulent with leaves yielding juice used for cleaning, bleaching and as folk remedy, and fiber for making rope —*syn.* KARATO

**mieti** *n.* lover, mistress [see BUPSI]

**migl** *adj., n.* middle —**migldie** *n.* midday

**mih** *vau.* marker for remote past action —*var.* **beh, eh, weh** —*syn.* BEN, EN, WEN, MIN

**miintaim** *adv.* meanwhile [see KUIKTAIM, SIEMTAIM]

**miitkain** *n.* flesh food, incl. beef, mutton, pork, poultry [see BREDKAIN, FISHKAIN]

**mikies** *v.* [<EN *make haste*] to hurry

**min** *vau.* marker for remote past action esp. preceding vowel —*var.* **ben, en, wen** —*syn.* BEH, EH, WEH, MIH

**mina** *vau.* marker for past continuous action —*var.* **ena, bena, wena**

**mini-mini** I *adj.* tiny, very small  2 *n.* small flies  3 *n.* shimmering, twinkling light effects, such as reflections on water, or of neural origin

**mirazmi** *n.* [<LT *marasmus*]  wasting away from malnutrition, emaciation [see BANG-BELI]

**mis** *n.* title of respect to any female, regardless of age or status [see MUM] —**Mis Lashi** *n.* metaphor for, or parody of daintiness, femininity

**misis** *n.* I title of respect to woman, esp. of higher status  2 wife

**mischris** *n.* title of married woman, or respectful term of address

**mixcho** *n.* mixture, potion

**mixop** I *n.* to mistake, confuse  2 *v.* to assort, vary —**mixop-mixop** *adj.* confused, assorted  3 *v.* to fraternize, be associated or involved with —*syn.* RAPOP

**Moko** *n.* after Mocho, place symbolic of backwardness, remoteness

**mongkifies** *n.* grimace — **mek mongkifies** *v.* to grimace [see SKRUU]

**mongkijaar** *n.* earthenware pot with handle and spout for storing water

**mongx** *prp.* among, between

**mos** *vau.* must —*neg.* **mos no, mosn** —**mosa** must be —*var.* **mosi**

**mos-ah-boun** *vi.* to have to, to be compelled —*syn.* KOMPOLSHAN [see BOUN, FI³]

**moskiah** *vi.* must, should be able to

**mouhn** *n.* I mountain  2 hillside holding, cultivated field or orchard

**moulop** *v.* to apply leaf mold, mulch at base of plant to form mound [see YAMIL]

**mouli** *adj.* moldy, musty, smelly —*syn.* FROUZI [see RENGK¹, TINGK]

**mout** *n.* I mouth, opening  2 brag, bombast, idle boast, pretentiousness — *syn.* BIGCHAT —*v.* to rib, tease, upbraid in jest —**fulamout** *adj.* deceptive, insincere —**ron mout** *v.* to blather, prattle

**moutaaf** *v.* to gibe, scold, tell off [see BULA¹, BUF¹, CHRIES, JRESDONG², KOS, NIAMOP]

**moutamasi** *adj., n.* chatterbox, garrulous person

**mouti-mouti** *adj., n.* chatterbox, gossiper

**moutwaata** *n.* saliva

**mudu** *n.* [<HS *muduk´uk´i*]  person of freakish appearance —*var.* **muduk**

**muku** *n.* idiocy, nonsense —**mukut** *n.* clown, idiot [see BOBO, IIDIAT, JAKAAS²]

**mum** *n.* address to female, esp. younger [see MIS]

**muma** *n.* mother [see MA]

**mumu** *n.* [<MA] I deaf-mute  2 slow, mentally deficient person

**muol** *n.* frontal fontanelle, top of skull, soft in infancy, thought to be vulnerable to entry by spirits and infection —**kech kuol ina yu muol** *phr.* get ill by exposure

**muorish** *adj.* appetizing, tasty

**muotaim** *adv.* I often, sometimes —*syn.* NOFTAIM  2 at a later time, another occasion  3 *int.* marking departure —*syn.* WAAKGUD [see LIKLMUO²]

**musmus** *n.* mouse, young rat [see RATA]

**muunshain** *n.* moonlight

**muuv** *n.* I action, move, shift  2 *v.* to move, act, behave —**muu** *abb.*

**myuul** *n.* I mule  2 insult suggesting a woman is infertile  3 courier of contraband

## N  en

**naa** *adv.* not, negative marker before continuous tense

**naana** *n.* grandmother, midwife, nanny or nursemaid —*var.* **nana, nani** [see GANG-GANG, GRANDI]

**naasi** *adj.* nasty, dirty [see DOTI¹] — **naasiop** *v.* to soil, make dirty —*syn.* DOTIOP

**naat** 1 *adj., n.* north 2 *n.* nought, zero

**nabis** *n.* inept novice, awkward beginner

**naida** *adj., prn.* neither —*var.* **niida**

**nailan** *adj.* asphalted [see BAABA-GRIIN]

**nain-nait** *n.* ninth and final night of funerary observances when the DOPI is believed to depart [see DEDYAAD, SETOP, WIEK, ZELA]

**naint** *v.* to anoint —**naintment** *n.* ointment, salve

**nais** 1 *adj.* nice 2 *adj.* of better class, superior status —**naisop** *v.* to impress, fawn, ingratiate oneself

**naiz** *n.* noise —**naizi** *adj.* noisy —**mekop naiz** *v.* to be noisy, to cause or create noise or disturbance

**nak** 1 *n.* knock, blow, hit 2 *v.* to box, knock, hit, strike —*syn.* BAX³, BOS³, BUP, KLAAT³, LIK¹, TOMP 3 *v.* to beat or play rhythm on drum or other implement 4 *v.* to imbibe, drink liquor

**nangka** *n.* [<AK] Jamaican Boa or yellow snake *Epicrates subflavus,* a nonvenomous boa species endemic to Jamaica

**nat** *n., v.* knot —**nati** *adj.* knotty —**nati jred** *n.* dreadlocked Rastafarian —**natop** *adj.* knotted, entwined [see TUISOP, UKOP]

**natawe** *adv.* nowhere —*syn.* NOWE

**Nayabinggi** *n.* 1 Rastafarian order or MANSHAN 2 convocation of the order 3 style of music con-sisting of chanting and drumming

**neba** *adv.* never

**neba-si-kom-si** *adj.* pretentious, showy, ostentatious —*n.* parvenu, adopting attitude —*syn.* PUOSHUOGRIET [see NIANGGA, NOF, NYUU NIEGA, ORIKUMOP]

**neda** *adj., prn.* another —*syn.* ADA, NEX²

**nej** *v.* of teeth, to ache, cramp, set on edge, or be set on edge

**nenge-nenge** *v.* to nag, whimper, whine

**nex** 1 *adj.* next 2 *adj., prn.* other, another —*syn.* ADA, NEDA

**niaka-niaka** 1 *adj.* [<MD *ñakañaka,* to scatter untidily] disorderly, untidy —*syn.* CHAKA-CHAKA 2 *v.* [<AK *nyaka-nyaka,* to cut into pieces] **a** to chop up **b** to hack roughly —*syn.* CHAMBA-CHAMBA, SAAKA-SAAKA

**niam** *v.* [<MA] to eat —*vi.* to be eaten — *syn.* IIT —**niamaaf** *adj.* eaten completely, done, consumed entirely —**niami-niami** *adj.* greedy, insatiable [see AGANIERIN, GRABALISHOS, GRABI-GRABI, KRIEBN, LIKI-LIKI] —**niamop-niamop** *adj.* eaten away, bitten all over —**niamout** *adj.* depleted, devoured —*v.* to devour —**niam-ah-guwe** *phr.* eat and run

**niam-daag** *n.* derogatory epithet for Chinese

**niamop** *v.* 1 to scold, berate [see BUF¹, BULA¹, KOS, CHRIES, JRESDONG², MOUTAAF] 2 to be consumed, distraught, obsessed

**niangga** [<MD *nyanga,* with pride, ostentation, airs] 1 *adj.* proud, dandy, showing off [see EXCHRA², KAKATI, NEB-SI-KOM-SI, NOF²] 2 *v.* to parade, swagger

**niecha** *n.* libido —**kot niecha** *phr.* dampen desire or reduce libido

**Niega** *adj., n.* Negro, associated with African origin or descent —*syn.* IBO — **nyuu Niega** *n.* person with newly acquired wealth or possessions —*syn.* ORIKUMOP [see NEBA-SI-KOM-SI, PUOSHUOGRIET]

**nieli** *adv.* nearly, almost —*syn.* LIKLMUOS, PAATLI

**niem** *n., v.* name, to be named, to claim to be

**nigaraitis** *n.* languor after a meal

**nigretful** *adj.* careless, indifferent, irrespon-sible [see DONGKIA, WOTLIS]

**nigrish** *adj.* I backward, unintelligent —
*syn.* DAAK³ 2 coarse, uncouth, unrefined,
unrestrained [see BUTU, BUGUYAGA,
RAACHAA]

**niizberi** *n.* [<AS
*nispero*] naseberry,
sapodilla *Manilkara
zapota*

**ninggam baiti** *n.* Lignum vitae tree
*Guaiacum officinale*, and its extremely
hard, fine-grained wood used to make
bearings and curios; the
blue blossom is the
national flower of
Jamaica —*syn.* LIGNOM
VAITI

**niniam** *n.* [<AK *ànyinam* a species of yam] I
food, prepared food, meal 2 yam

**no** I *adj.* none, not any 2 *adv.* negative
marker —*var.* **nuo** 3 interrogative
marker

**nof** I *adj.* many —*n.* large amount —*syn.*
BAG, BANZ, KULU-KULU, LAGA-LAGA, PEMPEM,
WANIIP, WUOLIIP —*ant.* CHENGX, KEMPS,
LIKL-BIT, TUPS 2 *adj.* arrogant, conceited,
overbearing, extravagant —*syn.* EXCHRA²,
KAKATI [see NIANGGA¹] —**nofa** *compara-
tive form* —**nofis** *superlative*

**nofnis** *n.* I abundance, plenty —*syn.*
KULU-KULU, LAGA-LAGA, PEMPEM 2 pride,
arrogance, haughtiness [see SHUORANS]

**noftaim** *adv.* frequently, often —*syn.*
MUOTAIM

**nomadi** *prn.* nobody, not anyone —*var.*
**nobadi**

**no main** *int.* for sympathy, 'never mind' —
*syn.* OSH

**nomo** I *adj.* alone, only, no more, nothing
more —*syn.* DEGE [see BIE, SUOSO] 2 *cnj.*
apart from the fact, except that

**nomos** *adv.* of course, certainly

**nontaal** *adv.* not at all, definitely not

**notn** *n.* nothing

**nou** *adj., adv., cnj.* now —*var.* **nong** —**nou-
nou** *adv.* immediately, right away

**nowe** *adv.* nowhere —*syn.* NATAWE

**nuo** I *adj., adv.* negative, not at all 2 *v.* to
know —**nuobout** *adj.* knowing,
knowledgable, in the know, privy

**nuoz** *n.* nose —**nuoznaat** *n.* nasal mucus,
snot

**nyaamps** *n.* [<MN *niamisi*] I yams in
general 2 useless, worthless person

**nyunifaam** *n.* uniform

## O uo

**obia** *n.* [<MA] obeah, shamanic practice
—*var.* **uobia** [see MAYAL] —*v.* to invoke
control or ill effect on someone —**wok
obia** to conduct or engage in the practice

**obm** *n.* oven —*var.* **uobm**

**oerb** *n.* I herbal mixture sold as home
remedy 2 hemp plant *Cannabis sativa*
smoked or ingested for its psychoactive
effect —*syn.* GIANJA, WIID [see KALI]

**ogli** I *adj.* ugly, unattractive —*var.* **uogli**
—*n.* ugliness, sin, wickedness 2 *n.* hybrid
type of citrus developed in Jamaica in
1882 by David Daniel Phillips of Davyton,
Manchester [see AATANIIK]

**ogop** *v.* I to hug, embrace 2 to fraternise
with, subscribe to, support

**okro** *n.* [<IG *ukwuru*] okra *Hibiscus
esculentus*, grown for its edible pods

**olo** *n.* [<IG *ólú*, thief ] I scamp, thief —*syn.*
TIIF 2 fabrication, deception —*syn.* SETOP⁴
[see BANDUULU, JIMSKRIICHI, SAMFAI]

**onggl** *adj., adv.* only —*syn.* BIE, PIO, SUOSO
[see DEGE, NOMO]

**onggri** *adj.* hungry —**ongribeli** *n.* greedy
person [see LANGGOT]

**op** *adv.* modifier for verbs, participles and
adjectives to intensify or change sense —
*prp.* up, up at, up to —**opde** *prp.* up
there, right there —**opya** *prp.* up here,
right here

**opm** *adj.* open —*v.* to open —*var.* **opin,
uopm**

**optiez** *adj., adv., n.*
upstairs —**optiez ous**
dwelling with upper
floor

**orikumop** *n.* parvenu, newly prosperous —*syn.* NYUU NIEGA [see NEBA-SI-KOM-SI, NIANGGA, PUOSHUOGRIET]

**orikien** *n.* [<AR *huracan*] hurricane

**osh** *int.* 1 for apology, *sorry* 2 for sympathy, 'never mind' —*syn.* NO MAIN

**ou** *adv.* 1 how 2 why —*syn.* WAMEK

**oul** *adj.* old [see AUL] —**oulbrok** *n.* anything old, used, worn, broken

**ous** *n.* house —**ousbatam** cellar — **oustap** roof

**out** 1 *adj.* external, exposed 2 *adv.* in the open 3 *v.* to plan, intend 4 *v.* to put out, extinguish (fire, lamp, etc.) 5 *v.* in a game, to eliminate 6 *sfx.* appended to verbs to mark completion or extension of action

**outa-aada** *adj.* 1 inoperable, out of service 2 impertinent, rude, impudent —*syn.* FARAD, FIESI [see RENGK²]

**outaduo** *adv.* outdoors, outside

**outfi** *v.* to be about to, intend —*syn.* GOFI²

**outlaa** *adj.* improper, indecent

**outsaid** *adj.* of offspring born outside of marriage

**ox** 1 *n.* husk, seed covering 2 *v.* to remove inedible husk of coffee bean, coconut, etc. prior to use [see SHEL]

**P pii**

**pa** *n.* father —*syn.* FAADA, PUPA, TATA — *ant.* MA

**paadna** *n.* 1 partner, friend —*short form* **paadi** 2 cooperative savings plan 3 sum of money available to partner in savings plan —**chuo paadna** to make contribution —**jraa paadna** to receive pay-out

**paalaaf** *v.* to sprawl —*ant.* SUMAALOP

**paan** *v.* to grasp, seize, take hold of —*syn.* PRA-PRA

**paar** *v.* to associate with, socialize

**paarat** *n.* parrot, of which there are two endemic Jamaican species: *Amazona agilis,* black-billed; and *A.*

*collaria,* yellow-billed

**paas** *n.* 1 time past 2 path [see PACHIZ¹] 3 access, pass, right-of-way [see BLAI, IIZOP, LOU] —*v.* 1 to pass, proceed, overtake 2 to meet requirement, succeed in exam

**paatli** *adv.* almost, nearly, partially, virtually —*syn.* LIKLMUOS, NIELI

**paatwe** *adv.* halfway, partially —*syn.* AAFWE

**pachiz** *n.* 1 corridor, hall, passage 2 extract or portion of poem, song, text, etc.

**pah** *prp.* [<WC *pon*] on, upon —*var.* **pan** esp. preceding vowel

**pain** *n.* [<AS *piña*] pineapple *Ananas comosus*

**paint(bakl)** *n.* glass bottle of any capacity [see GRAASBAKL¹]

**paizn** *adj.* poisonous, toxic —*n.* poison —*v.* to poison

**paki** *n.* [<TW *apákyi*] 1 calabash tree *Crescentia cujete* 2 gourd 3 bowl or container made from same —*syn.* GUODI, KALABASH

**pala-pala** *adj.* [<YO *pála-pàla,* uneven] badly washed or polished, soiled —*v.* to wash cursorily, cleanse incompletely

**palaava** *n.* [<PT *palavra,* word, speech] conversation —*v.* to converse

**pam-pam** *n.* spanking —*v.* to spank

**pang-pang** *v.* to diddle, dawdle, idle, putter, tinker [see AIGL, BAXBOUT] —*var.* **pangka-pangka, ping-pang**

**pap** 1 *n.* porridge 2 *v.* to break, come apart, burst —**papaaf** *adj.* detached, broken off —*n.* kickback, proceeds from illicit deal —*v.* to break off —**papdong** *adj.* collapsed, broken down —*v.* to break down, collapse —**papop** *adj.* broken to pieces [see BROK⁴] 3 *v.* to tell, relate 4 *v.* to fool, deceive [see KRAAF, LAMP] 5 *v.* to sport, adopt or affect manner or style 6 *v.* to emerge, pop out, germinate —

**papout** *adj.* broken out, protruding, sprouted

**papchou** *n.* [<HK *pak choi*, white vegetable] bokchoy, type of Chinese cabbage

**papishuo** *adj.* foolish, ridiculous —*n.* ridiculous behavior or display

**parangglz** *n.* 1 complicated matters, involved affairs 2 ornate trappings, trinkets, frou-frou [see BANGGARANG², JINGBANG¹, KORUOCHIZ, KRUCHUMENT, PERE-PERE³]

**paravencha** *adv.* maybe, perhaps

**paro** *adj.* drunk, inebriated [see BLAKOP¹, CHERI¹, JONGK]

**pasa-pasa** *n.* [<AK *apásá*, fraud, deception, falsehood, lie] quarrel, row, confusion resulting from rumours [see KANTENSHAN, KASKAS, KECHOP, ROKSHAN]

**pasiero** *n.* [<SP *pasajero*] companion, friend [see AIJRIN, BREJRIN, KOMBOLO², PAADNA¹, SPAAR]

**pata** *n.* [<MA] 1 frame or stand for storage, protection, drying of produce, clothing, dishes, etc. 2 hut or shelter 3 washboard or paddle —*v.* to beat clothes in washing 4 rhythm or beat

**pati** *n.* pastry with highly spiced savory filling of meat or vegetables

**patu** *n.* [<MA] 1 properly applied to nightjar *Nyctibius griseus* but generally applied to owls 2 ugly person —*var.* **patuk**

**Patwa** *n.* [<FR *patois*, local speech] range of language spoken in Jamaica, from creole to basilect —*syn.* DAYALEK [see JUMIEKAN²]

**peg** *n.* section of orange or similar fruit —*v.* to peel and divide fruit by sections

**pegbred** *n.* bread made with easily detachable segments [see JANTANOP]

**pempem** *adj.* [<TW *mpempem*, thousands] plenty, plentiful —*var.* **pempeni** —*syn.* BAG, BANZ, KULU-KULU, LAGA-LAGA, NOF¹, WAGA-WAGA, WANIIP, WUOLIIP

**penichriet** *v.* to conclude, understand after much thought —**peni** *abb.* [see SATA]

**peniepni** *n.* three half-pence or 1-1/2 pence of colonial currency —*syn.* KUATI [see FAADN, IEPNI, JIL², KAPA]

**pere-pere** [<MA] 1 *adj.* dishevelled, ragged 2 *n.* remnants, scraps —*syn.* KRAPS, MASH-MASH 3 *n.* small things of little value [see BANGGARANG², JINGBANG¹, KRUCHUMENT, PARANGGLZ]

**petikl** *n.* spectacles —*syn.* YAIGLAAS

**piaba** *n.* [<AK *peaba*] mint-like herb *Hyctis pectinata*, used in folk medicine

**piaka-piaka** *adj.* [<IG *pokopoko*] muddy, sloppy, squishy —*syn.* POKO-POKO —*var.* **piata-piata, pioko-pioko, plaka-plaka** [see POTO-POTO]

**pich** *v.* 1 to alight or perch 2 to settle in for a period, roost 3 to fall precipitously —*syn.* FAALDONG, JRAP¹, TOMBLDONG¹

**pichi-pachi** 1 *adj.* patched, patchy 2 *n.* stock JANGKUNU character 3 *n.* old, ragged clothing, tatters

**piepa** *n.* document, papers, certificate [see FRIIPIEPA, IEJPIEPA, SOERFITIKIT]

**pier** *n.* avocado *Persea americana*

**pieshans** *adj.* patient —*n.* patience

**pieza** *n.* colonnaded veranda, portico or sidewalk in front of a shop [see VARANDA]

**piiki-puoki** *adj.* given to speaking the Queen's English —*n.* affected speech

**piilnek foul** *n.* type of chicken with no feathers about the neck [see SENSE]

**piiniwali** *n.* [<SC *peely wally*, off-color] Jamaican bioluminescent click beetle *Pyrophorus plagiopthalmus*, unique in its ability to change light color from yellow-green through yellow to orange

**piipi** *v.* to urinate [*used with child*] —*syn.* SHIWI

**piipl** *n.* people, someone, somebody else —*syn.* SMADI

**piis** *n.* piece, quantity —**wan piis** large or excessive amount [see BAG, BANZ, IIP]

**piisn** *v.* to join, patch, piece together

**piiz** *n. s. & pl.* legumes: peas and beans [see GUNGGU, RAIS-AH-PIIZ¹]

**pik** I *v.* to pick, gather, harvest [see BROK⁵, LUK³] **2** to peck

**pik-pik** *v.* to pick and choose

**piki-piki** *adj.* I demanding, particular, fussy **2** of sparse hair growth [see JRAI²]

**pilikin** *n.* brown pelican *Pelecanus occidentalis* —*var.* **pilikan**

**pim** *n.* [<TW *epim*] vagina —*syn.* GLAMITI, PUMPUM², PUNAANI, PUSI¹

**pimenta** *n.* pimento tree *Pimenta dioica,* and its dried berries known as allspice —*var.* **primenta** —**pimenta jram** liqueur made from the ripe berries

**pinchikuobi** *adj.* stingy, parsimonious

**pinda** *n.* [<KG *mpinda*] peanut — **pindakiek** confection made from peanut and sugar [see WANGGLA]

**pingk-an-tap** [see GRIETA KIEK]

**pingwing** *n.* bromeliad *Bromelia pinguin,* a WAILPAIN with prickly leaves, often grown as a hedge or fence

**pio** *adj.* solely, only, nothing but —*var.* **pyuo** —*syn.* BIE, ONGGL, SUOSO [see DEGE, NOMO]

**pitieta** *n.* potato —**Arish** Irish potato

**piti-mi-likl** *n.* small reddish ant with very sharp sting

**pitni** *n.* [<PT *pequenino*, small] child, young one —*var.* **pikni, pikini**

**plaah** *v.* to plant

**plaahn** *n.* plantain

**plie** I *v.* to engage in game, sport [see RAMP] **2** to perform music on instrument **3** to tease or trifle with **4** to feign, pretend —*syn.* FAAM² —**plie-plie** *adj.* **a** playful [see RAMPIFAI] **b** pretend, not real

**po** *int.* [<MA] exclamation of impatience, disapproval, disappointment —*var.* **cho(t)**

**poerpos** I *adj.* deliberate, contrary, wilfull **2** *n.* purpose, reason

**pokomienia** *n.* cult combining revivalism and ancestral spirit possession —*abb.* **poko** —*var.* **pukumina**

**poko-poko** *adj.* I [<SP *poco*, small, not much] middling, neither good nor bad —*var.* **puoko-puoko** **2** [<IG *pokopoko*] muddy, sloppy, squishy —*syn.* PIAKA-PIAKA

**poliis** *n.* I policeman **2** constabulary — **poliisuman** *n.* female constable

**polp** *v.* to bulge, protrude —**polpout** *adj.* bulging, protruding

**poril** *n.* loofah, vine and fruit of *Luffa cylindrica;* young fruit used as vegetable, mature dried fibrous fruit used like a bath sponge —*syn.* SCHRIENA

**poro** *n.* [<AK *purów,* challenge, insult] trouble, conflict, disturbance —*var.* **puru** —*syn.* KRAASIZ, PREKE²

**poto-poto** *adj., n.* [<MA] muddy, of mud [see PIAKA-PIAKA, POKO-POKO]

**powa** *n.* I power **2** electricity

**praaspa** *v.* to benefit, add to

**pra-pra** *v.* [<AK *práp'ra*, to gather] I to seize, wrest **2** to take possession, appropriate —*syn.* PAAN

**praps** *adv.* perhaps

**praya** *n.* prayer —**prie** *v.* to pray

**prefa** *v.* to prefer

**preke** [<AS *pereque* disturbance, quarrel] I *n.* artless, gormless, naive person, butt of ridicule and abuse **2** *n.* predicament, calamity —*syn.* KRAASIZ, PORO **3** *v.* to get in trouble, suffer [see FAALIITII, FENE¹, KLOK, TATA²]

**pre-pre** [<AK *pèrepere,* impatient, hasty, rash, precipitate] I *n.* emotional break down, loss of self-control **2** *adj.* out of control, uncontrollable **3** *v.* to have diarrhea

**pres** 1 *n.* armoire, wardrobe 2 *v.* to iron —*syn.* AYAN²

**presha** 1 *n.* pressure 2 *v.* to coerce, insist —*syn.* DONGPAH, DEPAH 3 *n.* hypertension

**prii** *v.* examine, check out, observe

**priivios** *adj.* premature, presumptuous

**primz** *v.* to pose, posture, show off

**prips** *n.* tip, preview —**pripsaaf** *v.* to tip off, advise

**priti-priti** 1 *n.* anything frilly, colorful, decorative, esp. in dress 2 *adj.* very pretty, attractive, eye-catching —**pritiop** *v.* to make pretty, to decorate

**prizak** *adj.* exact, precise —**prizakli** adv.

**pruub** *v.* to prove

**pudn** *n.* baked pudding, usually of sweet potato, cassava or corn meal —*syn.* PUON

**pudong** *v.* to put down, place

**pul** *v.* to loosen, untie —**pul fut** to run quickly

**pumpan** *n.* basin or metal container for baking pudding, and other uses —*var.* **punpan**

**pumpum** 1 *adj.* [<AK *pumpung*] round and swollen, tumid —**pumpum yam** type of yam that grows round rather than long 2 *n.* vagina —*syn.* GLAMITI, PIM, PUNAANI, PUSI¹ —**pum** *abb.*

**punaani** *n.* [<AK *mpumpun-asé,* subterranean water-course] vagina —*syn.* GLAMITI, PIM, PUMPUM², PUSI¹ —*var.* **punash**

**puo** *adj., n.* poor

**puoli** *adj., adv.* unwell — *ant.* AATI

**puon** *n.* baked pudding, of sweet potato, cassava or corn meal —*syn.* PUDN

**puos** 1 *n.* post 2 *v.* to mail or post — **puos afis** *n.* post office —**puosi** *n.* postman, postal worker 3 *v.* to fail to turn up, no-show 4 *v.* to suppose — **puosn** suppose, what if? —*var.* **puozn**

**puoshuogriet** *adj.* pretentious, ostentatious —*n.* pretender, given to putting on airs [see NIANGGA, NOF, NYUU NIEGA, ORIKUMOP]

**puoym** *n.* poem —*syn.* REZITIESHAN [see JEM]

**pupa** *n.* father —*syn.* FAADA, PA, TATA — *ant.* MUMA —**Pupa Jiizas** *int.* exclamation of amazement —*syn.* ZAS KRAIS

**pupaa** *n.* tree and fruit of papaya *Carica papaya* —**man-pupaa, uman-pupaa** male and female dioecious trees resp.

**pupalik** *n.* somersault —**kin pupalik** *v.* to somersault —*syn.* BOMFLIK

**pus** *n.* cat —*syn.* KITI —**puskitn** *n.* kitten

**pusbuut** *n.* flat canvas shoes with rubber soles —*syn.* KREP [see BUGA²]

**pusi** 1 *n.* vagina —*syn.* GLAMITI, PIM, PUMPUM², PUNAANI 2 *int.* expletive, sometimes used with **-klaat** or **-uol** —*var.* **puusi**

**putus** *n.* term of endearment for females [see DUDUS, TUTUS]

**puun** *n.* spoon

**pwail** *adj.* spoilt —*v.* to spoil

**pyaa-pyaah** *adj.* so-so, insubstantial, inferior, weak —*syn.* DIBI-DIBI [see FENGKE-FENGKE, SAPSI]

## R  aar

**raa** 1 *int. abb. of* RAATID 2 *adj.* extremely hungry, ravenous

**raachaa** *adj.* uncouth, coarse, crass, rough —*syn.* BUGUYAGA, BUTU [see NIGRISH, TEGEREG, ZUTUPEK]

**raas** *int.* [<FL *ras,* buttocks] expletive, sometimes used with **-klaat** or **-uol**

**raatid** [<EN *wrothéd*] 1 *adj.* intensely annoyed or angry, wrought up 2 *int.* exclamation of extreme anger, annoyance, amazement, surprise, delight —**tu raatid** *int.* for emphasis, agreement or concurrence

**rachit** *n.* switchblade knife

**raga-raga** 1 *adj.* ragged, tattered —*n.* rags, old clothes 2 *v.* to tear into pieces

**raigin** *adj.* 1 severe, potent, not to be trifled with [see BULIRAIG] 2 incensed, outraged

**raip** *adj.* I of fruit, mature, ready for use [see FIT, FUL²] 2 of child, bright beyond years, precocious

**rais-ah-piiz** *n.* I rice dish with red kidney beans, cooked in coconut milk —*syn.* KUOT-AV-AAMZ² [see PIIZ] 2 the climbing shrub and flowers *Quisqualis indica*

**rait** I *adj.* right —*ant.* LEF 2 *adj.* right, correct —*ant.* RANG —*syn.* KAREK 3 *v.* to write —**raitdong** *adj.* written

**raitful** *adj.* appropriate, just, proper

**raitid** *adj.* rational, sane

**rak** [see BOSTAMANTI BAKBUON] —**Di Rak** *n.* the island of Jamaica

**rakstedi** *n.* rocksteady music

**raktuon** *n.* pebble, stone

**ram** *n.* male goat —**rampus** *n.* tomcat

**ramp** *v.* to play boisterously —**rampifai** *adj.* playful —**rampin** *n.* boisterous play —**daag rampin** rough play [see PLIE-PLIE]

**ramsak** *v.* to ransack

**ranch** *n.* [<SP *ranchero*] hut, makeshift structure for dwelling [see TATU]

**rang** *adj.* wrong —*ant.* KAREK, RAIT —**rang said** inside-out

**rapop** *v.* to associate with, fraternise —*syn.* MIXOP³

**ras, rasta** *n. short form of* Rastafarian [see JRED, LAXMAN]

**rashi** *n.* quick, light meal —*syn.* KECHOP

**rata** *n.* rat [see MUSMUS]

**ratbat** *n.* bat [see BAT]

**ratn** *adj.* rotten, decayed

**raxop** *v.* to berate, abuse verbally

**rayal** *adj.* hybrid, half-breed [see CHAINIRAYAL, KUULIRAYAL]

**red** I *adj.* any color of range from yellow, orange to red —**red jingx** any carbonated beverage, not cola or clear 2 *adj.* light-skinned [see AIKOLA, BROUNIN, KLIERSKIN] —**red Niega** light-skinned person of mixed African and other descent —*var.* **red Ibo** 3 *n.* egg yolk

**reda** I *adj.* comparative form of RED, more red 2 *v.* to prefer, rather

**redi** *adj.* ready, prepared —*v.* to get ready, to prepare

**redkuot plom** *n.* tree and fruit of red mombin *Spondias purpurea* [see AGPLOM]

**redyai** *adj.* envious, covetous

**rege** *n.* reggae music

**rengk** *adj.* I foul, offensively smelly, malodorous, putrid [see FROUZI, MOULI, RATN, TINGK] 2 grossly impertinent, offensive [see FARAD, FIESI, OUTA-AADA]

**rezitieshan** *n.* poem or verse, esp. for reciting —*syn.* PUOYM [see JEM]

**ribamuma** *n.* female deity of rivers, possibly syncretism of English mermaid with Yoruba orisha Oshun

**ridim** *n.* I rhythm 2 DAANSAAL track over which the DIIJIE toasts or raps —*syn.* BEAT³, DOB

**ridok** *v.* to deduct, subtract —**ridokshan** *n.* deduction, subtraction

**riek** *n.* I pattern, tendency, trend 2 ploy, sham, subterfuge —**kech riek** *v.* to get hint, insight, often through dreams

**rien** *n.* rain —**rien setop** *phr.* looking like rain will come —**man-rien** *n.* brief, heavy showers with large raindrops —**uman-rien** *n.* extended period of light showers

**riet** *v.* to regard favorably, rank highly

**riich** *vi.* to arrive, to arrive at

**riid** *v.* I to read 2 to interpret intuitively or psychically —**riidop** *n., v.* psychic reading, consultation 3 to declaim or denounce, as in church or meeting —**riidout** *n.* denouncement or revelation [see BLOD²]

**rijuus** *v.* to enervate, sap vitality, potency or fertility

**ring** I *n.* ring 2 *adj.* real

**ripiita** *n.* small high-pitched drum used to hold melody in BURU and NAYABINGGI —*syn.* KETE [see BIES, FUNDE, JOM]

**rispans** *adj.* responsible

**rokshan** *n.* altercation, disturbance —*var.*
**ropshan** [see KANTENSHAN, KASKAS,
KECHOP, PASA-PASA]

**rombomp** *n.* facial skin eruption due to
shaving over ingrown hair

**ron** 1 *v.* to run 2 *v.* to drive off, chase
away, ward off —*syn.* DRAIB

**rondong** 1 *adj., n.* method of cooking with
coconut milk, traditionally with pickled
mackerel [see DIP-AH-FAAL-BAK] 2 *v.* to
argue insistently 3 *v.* to chase, pursue

**rugu-rugu** *adj.* rough, rocky

**ruku-ruku** *adj.* rickety, shaky

**rukumbain** *int.* suggestive connotation,
euphemism for sex [see RUUDNIS,
SLAKNIS]

**rumbabax** *n.* box-like
instrument that carries
the bass line in MENTO

**rungkus** *n.* wild time, hanky-panky —*var.*
**rungkus-pungkus**

**ruolin kyaaf** *n.*
demonic fire-
breathing beast with
rattling chains that
prowls at night, thought to embody the
spirits of the wicked departed

**ruopiin** *v.* to enlist, contribute, join in

**ruoti** *n.* [<HN *roti*] flat, unleavened,
bread, often used as wrapper for other
cooked food

**ruoz apl** *n.* tree and fruit
of rose apple *Syzigium
jambos* introduced from
Southeast Asia in 1762,
found near rivers, inner
bark used in basketry

**ruudnis** *n.* coitus —*v.* to have sex [see
RUKUMBAIN, SLAKNIS]

**ruuts** 1 *adj.* pertaining to African
retentions, rural or country life, folk
practices 2 *n.* African, rural or country
origin 3 *n.* compatriot, person from same
district [see BLOD¹] 4 *n.* roots of various
plants regarded as medicinal and blended

into a **ruuts tanik** [see BLODWIS,
CHIENIRUUT, CHRANGBAK, SAASAPARILA]

**S  es**

**sa** 1 *n.* sir, polite term of address —*var.*
**sar** 2 *int.* at end of statement for
emphasis

**saab** *v.* to serve —**saabis** *n.* service

**saach-mi-aat** *n.* herb *Rytidophyllum
tomentosum* used as carminative and
stomachic TII

**saaf** *adj.* 1 soft, tender 2 vulnerable, easily
taken advantage of —**saafi-saafi** *adj., adv.*
too soft, defenseless, dependent, helpless

**saaka-saaka** *v.* [<MA] to rough cut or
saw crudely —*syn.* CHAMBA-CHAMBA,
NIAKA-NIAKA²

**saal** 1 *adj.* salted, salty —*n.* salt —**saalfish**
*n.* dried salted codfish —**saalting** *n.* any
salted meat or fish 2 *adj.* unlucky

**saasaparila** *n. Smilax
regelii,* a perennial, vine
with prickly stems, used
in RUUTS TANIK —*syn.*
BLODWIS [see CHIENIRUUT]

**sabi** *v.* [<SP *saber*] to know

**sadamait** *n.* lesbian

**sagua** *n.* [<AK *nsaguá,* place for receptions,
drinking] show, entertainment

**said** *n.* side, area, location —*syn.* AN⁴ [see
BATAMSAID, TAPSAID, USHSAID, WASAID]

**saida** *prp.* beside

**salad** 1 *n.* tomato [see TUMATIS] 2 *n.*
salad 3 *adj., n.* inferior person or thing

**samfai** *n.* charlatan, swindle, swindler —*v.*
to swindle, hoodwink [see BANDUULU,
JIMSKRIICHI, JINAL, OLO², SETOP⁴]

**sampata** *n.* [<PT *sapato,* shoe] sandals, often
made from recycled tyres —*var.*
**samplata, slampata**

**sangki** *n.* 1 religious song, after Ira David
Sankey, composer and evangelist 2
adherence to convention, received
wisdom

**sangkuku** *v.* [<KG *sanguka*] to stoop, sit on
one's heels —*abb.* **kuku** [see TUP]

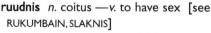

**sangwij** *n.* sandwich

**saps** *n.* passive, ineffectual person —*syn.* NYAAMPS[2] —**sapsi** *adj.* ineffectual, weak [see DIBI-DIBI, FENGKE-FENGKE, PYAA-PYAAH]

**saril** *n.* sorrel or roselle *Hibiscus sabdariffa*, the calyces used to make a spicy red drink traditionally around Christmastime

**sata** *v.* [<RS] to sit and reason, contemplate, meditate [see PENICHRIET, SIDONG]

**satisfai** *v.* to satisfy, to be satisfied

**savana** *n.* [<AR *zabana*, plain] savanna

**sayans** *n.* 1 science 2 sorcery, occult practice [see GUZU]

**schraan** *n.* strand —*v.* to string, make or separate into strands—**schraani** *adj.* stringy, wispy, in strands

**schriena** *n.*1 sieve, strainer —*syn.* SIB 2 loofah, vine and fruit of *Luffa cylindrica;* young fruit used as vegetable, mature dried fibrous fruit used like a bath sponge —*syn.* PORIL

**se** *cnj.* that, following cognitive verbs such as *biliib, fiil, jriim, kansida, nuo, sospek, taak,tel, tingk,* etc.

**sebm** *n.* seven

**sed** *adj.* the very same —*var.* **sedsiem**

**sese** *n.* [<TW *se* to say, tell] hearsay, rumor [see SUS]

**senfi** *v.* to request, summon

**sens** 1 *cnj.* after all, because, since [see ATA, BIKAA, FAA, SIEKA] 2 *n.* sense

**sense** *n.* [<TW *asense*] type of fowl without feathers about the neck — *syn.* PIILNEK FOUL

**sensobl** *adj.* sensible

**seshan** *n.* dance hall party —*syn.* BASHMENT

**setaan** *n.* instigator, provocateur —*v.* to incite, instigate

**set** 1 *adj.* set, ready, prepared 2 *n.* set, group 3 *v.* to set, prepare 4 *v.* to cast, direct, invoke —**set daag** *phr.* sic dog —**set dopi** *phr.* afflict with evil spirit — **set guzu** *phr.* to bewitch, cast spell, put hex on

**setop** 1 *adj.* overcast, threatening rain [see BLAKOP[2,] BLIIKI] 2 *n.* wake, funerary observance [see NAIN-NAIT, WIEK, ZELA] 3 *n.* arrangements, situation [see SITIESHAN] 4 conspiracy, plot, deception —*syn.* OLO[2] [see BANDUULU, JIMSKRIICHI, SAMFAI]

**shaat** *adj.* short

**shaatrij** *n.* shortage

**shain** *adj.* shining, shiny —*v.* to shine — **shain-yai** *adj.* ambitious, greedy, grasping

**shaka** *n.* rattle made from gourd filled with JANGKRO BIID, on a stick —*var.* **shieka, shiek-shiek**

**shat** *n.* 1 shot —*v.* to shoot 2 appropriate solution

**sheda** *n.* shadow

**sheg** *v.* to annoy, obstruct, trouble — **shegop** *adj.* non-cooperative, disruptive —**shegri** *n.* annoyance, irritation, unacceptable situation

**shel** 1 *n.* shell 2 *v.* to separate peas, corn, etc. from inedible husk or pod [see OX] 3 *vi.* to crumble, separate

**sheli** *adj.* of cooked rice when grains remain separate —*ant.* MEKE-MEKE[2]

**shepoerd** *n.* lead practitioner in OBIA or MAYAL ritual

**shet** *adj.* closed, shut —*v.* to shut — **shetpan** *n.* covered tin with handle for carrying food [see CHIIZPAN]

**shiekfut** *n., v.* dance —*syn.* JRAPFUT

**shiem** *n., v.* shame, ashamed, to be ashamed

**shiwi** *v.* to urinate [*used with child*] —*syn.* PIIPI

**shot** *n.* shirt

**shub** *v.* to shove, push

**shuda** *vau.* should, should have —*neg.* **shuda no, shudn**

**shuo** 1 *n.* show, movie 2 *v.* to show

**shuorans** *adj.* confident, self-assured [see

NOFNIS]

**shuuz** *n.* shoe, pair of shoes [see BUUT]
—**shuuzlies** *n.* shoelace, pair of shoelaces

**shux** *v.* to disappoint, let down

**sib** *n.* sieve, strainer —*syn.* SCHRIENA¹ —*v.* to sift or strain

**Sibl arinj** *n.* Seville orange *Citrus vulgaris*, a bitter orange used for flavoring, and making marmalade —*syn.* SOWA ARINJ

**sidong** *v.* to sit [see SATA]

**sieka** *cnj.* because (of) [see ATA, BIKAA, FAA, SENS]

**siem** *adj.* same —*var.* **sieh** esp. if next word begins with consonant —**sedsiem** *adj.* very same, aforesaid —**siem laka** *phr.* same as, just like —**siem ou** *phr.* just as —**siemplies** *adv.* just here, right there —**siemso** *adv.* just so, just like that —**siemtaim** *adv.* just then, concurrently, meanwhile [see KUIKTAIM, MIINTAIM] —**siemwan** *adj.* self-same, the very same —**siemwie** *adv.* just so, just like that

**sient** *n.* saint —*short form* **sin** as in parish names —*var.* **sint** *before vowel*

**sietan** *n.* devil [see DEBL]

**siid** *n.* I seed 2 testicles —**siidbag** scrotum 3 single banana —*syn.* FINGGA² [see BONCH]

**siiros** *adj.* serious, severe, important

**silva** *n.* silver-finish coinage [see KAPA]

**simadong** *v.* to relax, settle down

**simuud** *adj.* smooth —**simuud out** *v.* to make smooth

**sing** *n.* song —*v.* to sing [see JAMA]

**singklbaibl** *n.* aloe vera *Aloe vulgaris,* succulent plant with thick gel used in many folk remedies

**singkuma** *adj.* [<HS *sungume*] oversized, huge, swollen —*var.* **zingkuma** —*syn.* AASTIERIN, BOFO

**siniek** *n.* snake

**siniki** *adj.* sneaky, untrustworthy

**Sin Juulian** *n.* premium type of MANGGO —*abb.* **Juuli** [see BAMBIE, IISINDIAN]

**sinting** *n.* something, thing —*var.* **sinti, sitn, sopm**

**Sin Vinsn** *n.* type of early-bearing soft white yam introduced from St. Vincent

**sipl** *adj.* slippery, mucilaginous

**sista** *n.* term of respect preceding female personal name —**Sta** *abb.*

**sitieshan** *n.* situation [see SETOP³]

**siya** *int.* now see here —*syn.* **kuya**

**skailaak** *v.* to loaf, goof off —**skailaakin** *n.* idling, loafing [see GIALAANT]

**skelian** *n.* escallion —*var.* **kelian**

**skeng** *n.* I weapon, knife or gun 2 guitar effect in dub music echoing the sound of gunshot —*var.* **skenge**

**skia** *n.* ska music which evolved out of MENTO in West Kingston

**skol** I *n.* skull 2 *v.* to absent self, shirk duty, play truant [see TIIFWE]

**skruu** *v.* to grimace, scowl —*syn.* KINOP, KUINJ² MEKOP FIES [see MONGKIFIES]

**skuibz** *n.* small firecracker [see FAYARAKIT, KLAPAZ, TONDABUOLT²]

**slak** *adj.* I careless, inept —**slaknis** *n.* carelessness 2 sexually suggestive, immorally loose —**slaknis** *n.* impropriety, indecency, suggestiveness [see RUUDNIS]

**slap** *adv.* all the way [see KLIER²]

**slingshat** *n.* catapult, slingshot made from a forked twig, leather and rubber, used for hunting birds —*syn.* BINGGI, KIATAPOL

**smadi** *prn.* someone, person, anyone —*var.* **sumadi**

**smadifikieshan** *n.* becoming a person, acquiring agency and autonomy

**so** *adv.* like that, in that way, in that place —*cnj.* as, like, while —*prn.* and, and thus

**sochilaik** *prn.* such the like, so on, etcetera

**soerfitikit** *n.* certificate [see PIEPA]

**soersi** *n.* cerassee or bitter melon *Momordica balsamina* used to make **soersi tii**; and *M.*

*charantia,* the fruit used green in Hakka cooking —*var.* **sorosi**

**sofais** *v.* to be enough, adequate — **sofishant** *adj.* adequate, enough, sufficient

**sohtaim** *adv.* sometimes —*var.* **somtaim**

**sokl** 1 *adj.* subtle —**soklti** *n.* subtlety 2 *v.* to suckle, breastfeed

**soksok** *n.* frozen confection

**soktiit** *v.* to make sucking sound through protruding lips as expression of disgust, disdain —*syn.* KISTIIT

**soktong** *n., v.* infantile habit of sucking own tongue through protruding lips

**solangx** *adv.* as long as, so long as

**sonat** *n.* midday, noon

**sop** *v.* to put up with, to tolerate indignity

**sotel** 1 *adv.* excessively, extremely 2 *cnj.* until —*var.* **sote, tel**

**sowa arinj** *n. Citrus vulgaris,* a bitter orange used for flavoring, and making marmalade —*syn.* SIBL ARINJ

**sowasap** *n.* guanabana or graviola tree and fruit of *Anona muricata;* the leaves are infused as a herbal remedy; closely related to KOSTI and SWIITSAP, all native to the Caribbean

**spaar** *n.* friend, companion [see AIJRIN, BREJRIN, KOMBOLO, PAADNA¹, PASIERO]

**spiiki-spuoki** *n.* affected speech —*v.* to speak pretentiously

**spina** *n.* dumpling formed by rolling dough between palms to make a spindle shape [see DOMPLIN]

**splif** *n.* cannabis cigarette [see JAINT]

**sprii** *v.* to have fun, enjoy self

**staarbwai** *n.* 1 movie protagonist [see FLIM SHUO] 2 vendor of *The Star,* afternoon daily newspaper

**stagabak** [see BOSTAMANTI BAKBUON]

**stamp-ah-go** *n.* saltfish fritter —*syn.* FLAA-FLAAH [see FLITAZ]

**stanjariin** *n.* tangerine, *Citrus tangerina,* referred to as MANJARIIN in some areas

**stodi** *v.* to consider, figure out, scheme — **stodi brien/ed** *phr.* work out a plan

**stuoshos** *adj.* showy, impressive

**stush** *adj.* [<SC *stooshie,* commotion] high class, well-dressed

**suif** *adj.* 1 hasty, impatient 2 interfering, meddlesome —*syn.* FAAS]

**suimz** *n. sng. & pl.* crayfish, shrimp [see JANGGA] —**pepa suimz** highly spiced St. Elizabeth specialty

**suingk** *v.* to shrink

**suinj** *v.* to singe

**suips** *adv.* quickly and easily —*v.* to pass swiftly, easily —*int.* suggestive of swift motion [see BAPS, FLUPS, FUPS, VUPS] — **suipsaaf** *v.* to down a drink quickly [see FUPSAAF, GUAP]

**sumaal** *adj.* small [see BIINI, LI, LIKL, LILI] — **sumaalop** *v.* to make small or smaller, to take less room —*ant.* PAALAAF

**sumail** *n., v.* smile

**sumel** *n., v.* smell

**sumoch** *adj., prn.* 1 so much, so many 2 that number or quantity —**sumoch-sumoch** that much or many

**sumuok** *n., v.* smoke

**sunsum** *n.* [<AK] soul or spirit

**sunuor** *v.* to snore

**suoso** *adj., adv.* [<IG *sòosò*] only, solely — *syn.* BIE, ONGGL, PYUOR [see DEGE, NOMO]

**sus(u)** *n., v.* gossip, rumor [see SESE]

**susumba** *n.* [<GB *susruba*] turkey berry, *Solanum mammosum* and *S. torvum,* used for soups and stews, grows wild in ruinate land, used as rootstock for GYAADNEG —*syn.* GOLIBIIN

**suuh** *adv.* soon —*var.* **suun** —**suun-suun** very soon, very early

**suut** *n.* liking, preference, satisfaction

**swaati** *adj.* fat, heavyset, obese

**swiit** 1 *adj.* pleasant tasting like sugar — **swiiti** [<SC] *n.* candy, sweet 2 *v.* to please, amuse —*vi.* to be pleased, amused —**swiitmout** *v.* to flatter —*n.* glib or

persuasive tongue —**swiitop** v. to flatter, curry favor, seduce

**swiitkop** n. type of aromatic passionfruit *Passiflora maliformis*, with a hard, shell-like rind

**swiitsap** n. tree and fruit *Annona squamosa;* related to KOSTI, SOWASAP

**T tii**

**taa** n. [<GB *tayi*] type of yam

**taak** v. to talk, speak [see KOT³] —**taakin** n. talking, speech —**taaki-taaki** adj. talkative —**badtaak** v. to speak ill of

**taal** adj. high, long, tall [see LANG]

**taament** v. to annoy

**taat** n. l thought 2 start —v. to start 3 tart, usually with plantain filling

**taata** n. [<MA] father, grandfather —var. **tata** —syn. FAADA, PA, PUPA —**Taata Faada** n. God the Father, Our Father

**taaya** n. edible aroid rhizome of *Xanthosoma* spp. —var. **tania** —syn. BADU, DASHIIN [see AADFUUD, GRONG PROVIJAN]

**tab** v. to stab —adj. **tabop** stabbed

**tagoram** n. very old person, old-timer

**taidi** l adj. neat and clean 2 v. to make spic and span 3 v. to bathe, esp. children

**tai-ed** n. head wrap, traditionally from a square of predominantly red madras plaid known as BANDAANA

**tailiif** n. pudding of cornmeal or other starch, roasted, boiled or steamed in banana leaf —syn. BLUUJRAAZ, DUKUNU

**taitiit** l adj. chewy and sticky 2 n. type of gluey candy

**taitong** n. speech impediment [see LISTONG]

**talawa** adj. strong, sturdy, not to be underestimated, to be reckoned with

**taliman** n. person who keeps count —

syn. CHEKA

**tambariin** n. tambourine —var. **tambariil**

**tambran** n. tamarind *Tamarindus indica* used for making beverage, and rolled in brown sugar to form confection **tambran baal** — var. **tambrin**

**tambrik** n. turmeric *Curcuma longa* related to ginger, used in cooking and as a folk remedy

**tan** v. l to remain, stand, stay —syn. TAP³ 2 to bear, endure, or tolerate [see BIE] 3 to look, seem to be, appear 4 to act or behave —syn. BIYEV, GWAAN², GALANG²

**tanop** v. to stand

**tantodi** v. to settle down, be still

**tap** l n., v. stop —int. of surpise, 'hold on a minute' —var. **bot tap** 2 adj., n. top — ant. BATAM 3 v. to dwell, reside, stay —syn. TAN¹

**tapanaaris** adj. upper class —n. society person

**tapsaid** adv., prp. above, higher up, further up —ant. BATAMSAID

**tara** prn. the other —var. **teda, tida** — **tara-tara, tara-wara** assorted, etcetera, miscellaneous —syn. DIFRAAH-DIFRAAH, SOCHILAIK, TIIRI

**taris** n. tiled floor

**tata** l n. [<MA] father, grandfather —var. **taata** —syn. FAADA, PA, PUPA 2 v. to suffer ill consequence, pay dearly —syn. FAALIITII, FENE¹, KLOK, PREKE³ [see PORO ]

**tatu** n. hut, makeshift structure, open shed often thatched [see RANCH]

**tayad** adj. l tired, weary 2 dull, hackneyed, passé

**teda** adj., prn. another, the other —var. **tida** —syn. ADA, NEX², WANEDA

**tegereg** n. uncouth, abusive person —syn. ZUTUPEK [see BUGUYAGA, BUTU, RAACHAA]

**tek** v. l to take, help oneself to 2 to act out feelings —**tek grojful** phr. to act out of envy, spite —**tek set** phr. to pester, stalk, pursue or obsess over someone —

**tek shiem** *phr.* to act out of shame, embarrassment —**tek taim** *phr.* **a** to be careful, patient, painstaking [see TIKIA] **b** admonition to slow down, take it easy **3** to overwhelm —**hed tek** *phr.* have mental lapse —**pien tek** *phr.* suffer pain, overcome with pain

**tel I** *v.* to tell **2** *cnj., prp.* till, until —*var.* **sotel**

**tengki** *n.* thanks —*var.* **tengx**

**tep** *n., v.* step

**tetes** *n.* aficionado, enthusiast —*syn.* BESI

**tide** *adv.* today —*var.* **tidedie** —**tide-tide** this very day

**tier** *v.* **I** to tear —**tierop** *adj.* torn up —**tier-tier** *adj.* tattered, torn all over [see RAGA-RAGA] **2** to stare

**ties** *n.* taste, flavor —*v.* to taste

**tii** *n.* **I** any hot beverage, including coffee, tea, cocoa, fish broth, herbal infusions [see BUSH TII, CHAAKLIT, KAAFI, KOKO] **2** first meal of the day, breakfast [see CHAKLATA] —**jringk tii** to breakfast

**tiif** *n.* thief —*v.* to steal —*syn.* OLO¹ —**tiifnis** *n.* theft, thievery —*var.* **tiifri**

**tiifwe** *v.* to abscond, duck out [see SKOL]

**tiili** *n.* boy's penis —*syn.* TUTUS [see BODI, DUDUS, KAKI, UD]

**tiiri** *n.* **I** theory **2** assorted things, miscellaneous, etcetera —*syn.* DIFRAAH-DIFRAAH, TARA-TARA, TARA-WARA

**tiit** *n. sng. & pl.* tooth —**tiitiek** *n.* toothache

**tii-taa-tuo** *n.* game of noughts and crosses, tic-tac-toe

**tik I** *adj.* thick —**tikop** *v.* to thicken —**tikop-tikop** *adj.* thickened **2** *n.* stick **3** *v.* to stick —*adj.* caught, stuck, fastened —*syn.* ICHOP, UKOP

**tikia** *v.* to mind, be cautious, take care, be careful lest [see TEK TAIM]

**tiki-tiki** *n.* [<EW *crowded, thronging*] **I** very small fish **2** guppies *Poecilia reticulata*

**tinait** *adv.* tonight —**tinait-tinait** this very night

**tingk I** *adj.* smelly, stinky [see FROUZI, MOULI, RENGK¹] **2** *v.* to think —*var.* **ting**

**tinin** *adj.* [<EN *tinnen*] made of tin

**tinsimit** *n.* tinsmith

**tix** *n. sng. & pl.* tick

**toch** *adj.* tainted, rancid

**todarieshan** *n.* study, studying, higher thinking [see PENICHRIET, SATA]

**todi** *adj.* [<SC *studdie*] steady, calm [see TANTODI]

**toermos** *n.* brand name generically applied to vacuum flasks

**tombldong I** *v.* to fall, collapse —*syn.* FAALDONG, JRAP¹, PICH **2** *v.* euphemism for sexual intercourse **3** *adj., n., v.* first pregnancy of unwed girl —*syn.* BROKFUT

**tombltod** *n.* dung beetle, scarab *Scarabaeoidea* sp.

**tomoch** *adj., adv.* too much, excess

**tomok** *n.* stomach —*syn.* BELI, BEMBEM —**kechop tomok** *phr.* to snack, eat lightly

**tomp** *n.* thump, blow, hit —*v.* to thump, hit, strike —*syn.* BAX³, BOS, BUP, KLAAT³, LIK¹, NAK²

**tompa** *adj.* stumpy, short and thick [see TUKU]

**tompi** *n.* thumb, big finger

**ton I** *n.* ton **2** *n., v.* turn —**ton han** *phr.* to apply oneself, improvise —**ton kaamii** cooked cornmeal, polenta —*syn.* TONTON [see FUNJI] **3** *v.* to turn out, become —**ton fuul** *phr.* to go crazy, become irrational, confused or enthralled **4** *v.* of fruit, to be almost ripe

**tonda** *n.* thunder

**tondabuolt** *n.* **I** thunderbolt **2** large firecracker [see FAYARAKIT, KLAPAZ, SKUIBZ]

**tong** *n.* **I** tongue **2** town, usually referring to Kingston —**dongtong** *adj., adv.* downtown —**optong** *adj., adv.* uptown

**tontid** *adj.* stunted, malformed —*syn.* DONGGRUO, WINJI [see DUFIDAYA², DWAAF]

**tonton** *n.* seasoned cooked cornmeal,

polenta or as dog food —*syn.* TON
KAAMIIL [see FUNJI]

**tor** *v.* to stir —**torop**
*adj.* stirred,
disturbed

**torapl** *n.* star apple
*Chrysophyllum*
*cainito* grown for its purple- or green-
skinned fruit with sweet milky pulp,
ingredient for MACHRIMONI; the bark and
leaves are used in herbal medicine; in
folklore, it is associated with stinginess as
the fruits never fall but must be picked

**torobl** *adj.* dreadful, fearsome, terrible —
*syn.* HUODIAS

**tosti** *adj.* thirsty; also applies to plants in
need of watering

**tuang** *n.* twang —*v.* to twang, affect a
foreign accent —**tuangin** *n.* attempt
to speak with a different accent

**tuis** *n., v.* twist —**tuisop** *adj.* twisted
[see NATOP, UKOP]

**tuku** *adj.* [<GB *túku-tukui*, small, tiny, little]
small, short and stocky [see TOMPA]

**Tukuma** *n.* [<TW *ntikuma*, species of spider]
sometime son of ANANSI with whom he is
often in conflict —*var.* **Takuma**

**tumatis** *n. sng. & pl.* tomato [see SALAD]

**tumba** *n.* [<AK *atumpang*] 1 large drum
[see JOM] 2 dance accompanied by
drumming —*var.* **tumbe, tambu**

**tuni** *n.* [<BM *tutunin*, female genitals] term
for vagina used with children —*var.*
**tuntun**

**tuori** *n.* 1 story 2 fib, lie [see ANCHUUT]

**tuoris** *adj., n.* tourist —**jrailan touris**
local tripper

**tuoto** *n.* [<SP *torta*, round cake] flour cake
made with brown sugar, baking powder
and grated coconut

**tup(dong)** *v.* to stoop —*syn.* JONGKOTO,
KUKU², SANGKUKU

**tups** *n.* small amount —*syn.* CHENGX,
KEMPS, KENCH, LIKL-BIT —*ant.* BAG, BANZ,
NOF¹, WANIIP, WUOLIIP

**tutus** 1 *n.* term of endearment [see

DUDUS, PUTUS] 2 boy's penis —*syn.* TIILI
[see BODI, KAKI, UD²]

**tuuna** *n.* type of cactus
*Opuntia tuna*, used as a
soap substitute

# U  **yuu**

**ud** 1 *adj.* wooden —*n.* wood —*syn.* BUOD
2 *n.* penis —*syn.* BODI, DUDUS², KAKI [see
TIILI, TUTUS]

**uda** *vau.* would, would have —*var.* **wuda**
—*neg.* **uda no, udn**

**uk** 1 *n., v.* hook —**ukop** *adj.* hooked,
entwined [see NATOP, TUISOP] 2 *n.* [<SP
*bejuco*, flexible plant or vine] withe or bark
used in basketry [see WIS]

**uman** *n.* woman

**umoch** *adv.* 1 how much, how many 2 no
matter how —**umoch-umoch** large,
indeterminate number or quantity —*var.*
**omoch**

**unu** *prn.* [<IG] 2nd person plural,
collective *you*

**uoba** *adj., adv., prp.* over —*v.* to be over,
concluded

**uobm** *n.* oven —*var.* **obm**

**uol** 1 *n.* hole 2 *v.* to hold

**uola** *adj.* whole, entire —*var.* **wuola** esp. if
preceding word ends in a vowel

**uoliip** *adj., prn.* very many, plenty —*var.*
**wuoliip** *syn.* BAG, BANZ, LAGA-LAGA, KULU-
KULU, NOF¹, PEMPEM, WAGA-WAGA, WANIIP
—*ant.* CHENGX, KEMPS, KENCH, LIKL-BIT, TUPS

**uon** *adj., v.* own —**uona** *n.* owner

**uonian** *n.* onion

**uonwie** *adj.* disobedient, obstinate,
stubborn —*var.* **uonawie** [see AADIEZ,
WILFUL]

**uopna** *n.* can or bottle opener

**ush** *adj., prn.* which —*var.* **wish, wishn**

**ushpaat** *adv.* where —*syn.* WEPAAT —**eni-
ushpaat** *adv., cnj.* wherever

**ushsaid** *adv.* where, which side, what part
—*syn.* WASAID [see USHPAAT, WEPAAT]

**uu** *prn.* who

**uufa** *prn.* whose

**uusoeba** *prn.* whoever, whomever

**V vii**

**vailens** *n.* violence

**vais** *n.* voice

**vap** *n.* evaporated milk

**varanda** *n.* veranda [see PIEZA]

**venda** *n.* vendor, seller [see IGLA]

**vijan** *n.* vision

**vikchri** *n.* victory

**voerjan** *n.* version

**voerviin** *n.* vervaine or porter bush *Stachytarpheta jamaicensis* widely used for herbal tea and all-round folk remedy [see TII]

**vups** *int.* suggesting sudden action —*syn.* ABASODN [see BAPS, FLUPS, FUPS, SUIPS]

**W doblyu**

**wa** *adj., adv., int., prn* what, which, who — *var.* **we, wara**

**waagen** *phr.* what else?

**waah** *v.* I to want 2 to tend, have tendency 3 should —*syn.* FI, MOS, SHUDA

**waak** I *v.* to walk, proceed, wend — **waakbout** *adj.,* aimless, loitering, wandering —*n.* aimless, unoccupied person — *syn.* FALALAIN —**waakfut** *adj.,* walking, on foot —*n.* walker, pedestrian —**waakwaak** *adj.* prone to walking 2 *n.* grove, orchard, planting

**waakgud** *int.,* farewell, goodbye —*syn.* LIKLMUO², MUOTAIM³

**waarifai** *adj.* belligerent, warlike

**waatakris** *n.* watercress —*var.* **waatakrishiz**

**waata kuoknat** young coconut, source of coconut water and jelly —*syn.* JELI KUOKNAT, YONG KUOKNAT

**waatamilian** *n.* watermelon

**wachman** *n.* I watchman, guard —**wachi** *abb.* —*syn.* GYAADI 2 protective fetish placed in GRONG 3 portion of SAALTING placed on top in cooking RAIS-AH-PIIZ

**wachya** *int.* look here, not so fast, hold on a minute

**wach yuself** *phr.* I be careful, vigilant 2 excuse me

**wafidu** I *int.* no point, what's the use trying 2 *n.* homemade straw hat —*var.* **wefidu**

**wagati** *adj.* [<YO *wágawàga,* clumsy, awkward] awkward, clumsy —*syn.* BAFAN

**waga-waga** *adj.* abundant, plentiful —*syn.* BAG, BANZ, LAGA-LAGA, KULU-KULU, NOF¹, PEMPEM, WUOLIIP —*ant.* CHENGX, KEMPS, KENCH, LIKL-BIT, TUPS

**wah** *adj.* indefinite article a, an

**wai** *int.* expression of grief, amusement or surprise

**wail** I *adj.* wild, uncontrolled 2 *cnj., n.* while, as long as, since — *var.* **wails**

**wailpain** *n.* bromeliad, mostly *Tillandsia* spp. which grow wild in Jamaica [see PINGWING]

**wain** I *n.* wine 2 *v.* to move hips provocatively in dance or walk

**wakl** *n.* wattle —**waklah-daab** method of wall construction with clay plaster over wattle

**wala-wala** *v.* I to wallow, roll about 2 to mix together, mix up

**walef** *n.* remainder

**wamek** *adv., cnj.* why, for what —*syn.* OU [see WARA]

**wampi** *n.* [<HK *wong pii,* yellow skin] *Clausena lansium* fruit native to Asia introduced to Jamaica by the Chinese

**wan** I *adj.* one, single, same 2 *adv.* only, alone, by oneself 3 *prn.* certain person or thing —**wan-wan** *adv.* one by one, singly, alone, occasionally, sporadically —**wan-ah-tuu** *adj.* few —*ant.* NOF¹, WANIIP, WUOLIIP

**wandie-wandie** *adv.* someday, sometime

**waneda** *adj., prn.* another, the other — *syn.* ADA, NEX[2], TEDA

**wanggla** *n.* [<KG *wangila*] **1** sesame plant *Sesamum orientale,* and its oil-rich seeds —*var.* **vangglo 2** confection made from sesame seed, now mostly replaced with peanut [see PINDAKIEK]

**waniip** *adj., prn.* large amount —*syn.* BAG, BANZ, LAGA-LAGA, KULU-KULU, NOF[1], PEMPEM, WAGA-WAGA, WUOLIIP —*ant.* CHENGX, KEMPS, KENCH, LIKL-BIT, TUPS

**wantaim** *adv.* **1** once, formerly **2** at once, together at the same time

**wap 1** *n., v.* hit, strike with heavy blow — *syn.* LIK [see BIIT, TOMP] **2** *v. abb.* of GUAP

**wapi** *n.* card game in which players discard following suit or number [see DANGKI[2]]

**wapm-bapm** *adj.* thrown together, poorly constructed —*n.* shanty, one-room shack [see TATU]

**wara** *adv., cnj.* what, why —*syn.* WA, WE [see OU, WAMEK]

**wasaid** *adv.* where, which side, what part —*syn.* USHSAID. USHPAAT, WE, WEPAAT]

**washbeli** *n.* last or youngest child in family —*syn.* LAASI

**wash mout pah** *phr.* to speak negatively of others, defame, slander

**wash kin** *v.* to bathe —*syn.* BIED[1]

**washout 1** *adj.* rained out **2** *adj.* faded, pale **3** *n.* purge, esp. for children before returning to school after summer holidays —*v.* to purge, to induce catharsis —*syn.* APARIET —*ant.* BAIN

**wasoeba** *adj., prn.* whatever

**was-was** *n.* wasp —**wasi** *adj.* easily inflamed, irritable —**wasnes** *n.* wasp nest —**waswies** *adj., n.* narrow-waisted —*syn.* WAYAWIES [see WENIA-WENIA]

**wat** *adv.* **1** how —**wat a kraasiz** *phr.* how unfortunate —**wat a wie** *phr.* how remarkable **2** how much is?

**waxi** *adj.* attractive, appealing, lively

**wayawies** *adj., n.* narrow-waisted —*syn.* WASWIES [see WENIA-WENIA]

**we 1** *adj., adv., int., prn.* what, which, who, where —*var.* **wa 2** *adv.* away

**weda 1** *cnj.* whether **2** *n.* weather, esp. stormy weather over days

**weh** *vau.* remote past action marker — *var.* **eh, beh, mih** —*syn.* BEN, EN, WEN, MIN

**wel** *adv.* very, extremely, very much

**welah** *adv.* very well, undoubtedly —*syn.* IIZIWEL

**wen** *vau.* marker for remote past action esp. preceding vowel —*var.* **ben, en, min** —*syn.* BEH, EH, WEH, MIH

**wena** *vau.* past continuous action marker —*var.* **ena, bena, mina**

**wenia-wenia** *adj.* [<GB *winiwini,* fine, thin] thin —*syn.* MAAGA [see WASWIES, WAYAWIES, WERAKETA, WERE-WERE, WINJI]

**wentaim** *adv.* whenever —*var.* **wenebataim**

**wepaat** *adv.* where —*syn.* USHPAAT, USHSAID, WASAID] —**eni-wepaat** *adv., cnj.* wherever

**weraketa** *adj.* spindly, undersized, inferior, defective —*var.* **werakete** —*syn.* WERE-WERE, WINJI [see DONGGRUO, WENIA-WENIA]

**were-were** *adj.* [<YO] small, undersized ––*var.* **wiri-wiri** —*syn.* WERAKETA, WINJI [see DONGGRUO, DUFIDAYA[2]]

**widoutn** *cnj., prp.* without, unless

**wie 1** *n.* method, style, way —**fili a wie** *phr.* to be affected—**wiez** attitude, behavior, habit **2** *v.* to weigh

**wiek** *n.* funerary observances over nine nights with feasting, dancing, singing and story-telling [see NAIN-NAIT, SETOP, ZELA]

**wies 1** *n.* waist **2** *adj., n.,* waste —*v.* to waste, squander

**wiet 1** *n.* weight **2** *v.* to wait —**wietin** *n.* wait

**wiid** *n.* [<HN *ganja*] hemp plant *Cannabis sativa* smoked or ingested for its psycho-active effect —*syn.* GIANJA, OERB [see KALI]

**wiini** *adj.* small, tiny —*var.* **biini** [see WINJI]

**wilful** *adj.* deliberate, disobedient,

obstinate  [see AADIEZ, UONWIE]

**winji** *adj.* undersized, shrunken —*syn.*
WERAKETA, WERE-WERE

**wis** *n.* withe, flexible plant or vine  [see
UK]

**wod** *n.* word —**chuo wod** to hint,
insinuate —**chuu wod** truth

**woi** *int.* expression of despair

**wok** *n., v.* work —**wokhous** workhouse,
prison —**wok brien/hed** to concoct,
figure out, plot, scheme

**woklis** *adj.* worthless, good for nothing —
*var.* **wotlis**

**wol** *n.* world

**wos** *adj.* worse —**wosa** still worse —
**wosara** even worse —**wosis** worst

**wot** *adj., n.* worth

**wowatu** *v.* [<AK *awâwâ-(a)túù*, welcome by
embracing]  to acclaim, exalt, make much
of someone —*syn.* BIGOP

**wuda** *vau.* would, would have —*var.* **uda**
—*neg.* **wuda no, wudn**

**wuoh** *vau.* will not

**wuola** *adj.* whole, entire —**wah wuola
wan** a whole, entire one

**wuoliip** *adj., prn.* very many, plenty —*var.*
**uoliip** *syn.* BAG, BANZ, LAGA-LAGA, KULU-
KULU, NOF¹, PEMPEM, WAGA-WAGA, WANIIP
—*ant.* CHENGX, KEMPS, KENCH, LIKL-BIT, TUPS

## X  ex

**x** *n.* illiterate voter's mark

**x-amount** *n.* indeterminate number

**xmos** *n.* Xmas, Christmas

**xtian** *n.* Christian

## Y  wai

**ya** *adv.* here —*ant.* DE —*var.* **yaso** —*ant.*
DESO

**yaa** *adv.* conclusive indicator, perhaps
derived from *yu ie* or *yes,* often followed
by **sa**

**yaad** *n.* yard, home

**yaaz** *n.* yaws, skin disease *Framboesia,*
once prevalent in the tropics [see
KOKOBE] —**yaazi** *adj.* afflicted with yaws

**yaba** *n.* [<FN] tradi-
tional handbuilt
earthenware pot
used for cooking,
mixing and storage

**yai** *n.* eye —**yai-glaas** *n.* spectacles [see
PETIKL] —**yai-kin** *n.* eyelid —**yai-sait** *n.*
eyesight —**yai-waata** *n.* tears —**libm yai-
waata** copious tears

**yamil** *n.* mound of soil and leaf mold at
base of yam vine to accommodate
growth of tuber [see MOULOP]

**yampi** *n.* [<MA] small
finely textured yam
*Dioscorea trifida*
indigenous to the
Caribbean [see
AADFUUD, GRONG
PROVIJAN]

**yaso** *adv.* right here [see DESO]

**yela-aat** *n.* type of breadfruit, best for
roasting [see BRESHE]

**yeri** *v.* to hear, pay attention [see IE]

**yeside** *adv.* yesterday

**yipiyapa** *n.* [<AS *Jipijapa,*
Ecuador] Palm-like plant
*Carludovica palmata*
yielding fine straw used to
make Panama hats —*var.*
**jipijapa**

**yong kuoknat**  young
coconut, source of
coconut water and jelly
—*syn.* JELI KUOKNAT,
WAATA KUOKNAT

**you** *int.* salutation

**yumiliti** *n.* humility

**yunivoers** *n.* universe —**yunivoersal** *adj.*
universal

**yunivoersiti** *n.* university

**yuoyo** *n.* spinning toy of wood
or KAKUUN shell

**yuujal** *adj.* usual —*ant.* **anyuujal**
—*v.* to be in the habit of

**yuus** *n.* use, function, value

**yuusn** *adj., v.* used to, accustomed

**yuut** *n.* I young male —*var.* **yuutman** 2 child, children

**yuuz** *v.* to use, apply

## Z zed

**Zas Krais** *int.* exclamation of amazement —*syn.* PUPA JIIZAS

**Zayan** *adj., n.* of or related to Revivalist sect

**zela** *n.* funerary observance [see BURU, GERE, NAIN-NAIT, SETOP, WIEK]

**zingk** *n.* corrugated galvanized iron sheet used for roofing and siding —**zingk fens** fence made of same —**zingk pan** rectangular metal oil container reused for multiple purposes from cooking to carrying and storing water —*syn.* KOERSIIN PAN, ZUNGGU PAN

**zing-zang** *n.* swing, often of rope hung from a tree with a board seat or old tyre —*var.* **sing-sang**

**zumbi** *n.* [<KG *zumbi,* fetish] ancestral spirit, or person possessed by one [see DOPI]

**zunggu pan** [<KG *nzungu,* pot, cauldron] rectangular metal oil container reused for multiple purposes from cooking to carrying and storing water —*syn.* KOERSIIN PAN, ZINGK PAN

**zutupek** *n.* undesirable female, virago — *var.* **zutupeng** [see BUTU, TEGEREG]

**zuzuman** [<IG *nzuzu,* magic] obeahman [see GUZU]

**zuzuwap** *n.* [<MA] children's tag game

# GLOSSARY

**acrolect**  Register of a spoken language that is considered formal and high-status. In the early 1970s Derek Bickerton proposed the words acrolect, mesolect and basilect to refer to the phenomenon of code-switching used by some users of creole languages who also have some fluency in the standard language upon which the contact language is based. The words subsequently were generalized to refer to code-switching between registers within any language.

**basilect**  Dialect of speech that has diverged so far from the standard language that in essence it has become a different language. A basilect represents the opposite end of the scale of linguistic formality from an acrolect. Basilects typically differ from the standard language in pronunciation, vocabulary and grammar and can often develop into different languages as the basilects of Vulgar Latin eventually developed into Romance languages.

**code-switching**  Seamless and usually unconscious, social context-dependent change of register or language variety, within a single conversation.

**continuum**  Range of language spoken in Jamaica, from Standard English through several registers to deep Patwa.

**copula**  Word or particle that connects subject to predicate, such as the verbs to be, to seem, to appear.

**creole**  A stable natural language that has developed from a pidgin, having been nativized by children as their primary language, with the result that creoles have features of natural languages that are missing from pidgins, which are not anyone's first language.

**diglossia**    The coexistence of two languages, one regarded as literary and of higher status, known as acrolect; the other spoken by the majority of the populace, referred to as the basilect. Their interaction often produces a mesolect or intermediate form.

**Jamaican Creole**    Linguistic classification of the language of Jamaica as belonging to the family of Western Atlantic Creoles, resulting from an amalgam of Guinea Coast Creole English, 17th Century English and British dialects, with Niger-Congo languages.

**Jamaican English**    Standard English, adhering to British spelling and usage mostly, with the introduction of Jamaicanisms, words and usage particular to Jamaica.

**lexifier**    The dominant language in the social context of the creole's construction that provides the basis for the majority of vocabulary though there are often clear phonetic and semantic shifts.

**mesolect**    A register of spoken language whose character falls somewhere between the prestige of the acrolect and the informality of the basilect. Mesolectal speech, where it is distinguished from acrolectal speech, is often the most widely spoken form of a language generally being used by the middle class.

**orthography**    The distinctive way a language is written using a standard alphabet or script to convey particular sounds. English orthography is variable and inconsistent. The spellings of *bough, cough, though* and *through* exemplify this. It follows that attempts at writing Jamaican based on familiar English forms produce *chaka-chaka*.

**patois**    Originally any form of non-standard French but since applied generally to creole languages, and when capitalized, specifically to Jamaican Creole since 1934.

**pidgin**    Rudimentary verbal communication system resulting from a combination a European language vocabulary with local or native syntax, pronunciation and intonation.

**register**    Mode or variety of a language used for a particular purpose or in a particular social setting.

# BIBLIOGRAPHY

Adams, L. Emilie. *Understanding Jamaican Patois: An Introduction to Afro-Jamaican Grammar.* Kingston: LMH Publishing Company, 1991.

Akers, Glenn Alan. *Phonological Variation in the Jamaican Continuum.* Ann Arbor: Karoma Publishers, 1981.

Anderson, Izett, and Frank Cundall. *Jamaican Negro Proverbs and Sayings.* Kingston: The Institute of Jamaica, 1927.

Bailey, Beryl Loftman. *Jamaican Creole Syntax: A Transformational Approach.* Cambridge: Cambridge University Press, 1966.

Beckwith, Martha Warren. *Black Roadways: A Study of Jamaican Folk Life.* Chapel Hill: University of North Carolina Press, 1929.

Bennett, Louise. *Aunty Roachy Seh.* Ed. Mervyn Morris. Kingston: Sangster's Book Stores, 1993.

——. *Jamaica Labrish,* Kingston: Sangster's Books, 1966,1991.

Bible Society of the West Indies. *Di Jamiekan Nyuu Testiment: The Jamaican New Testament.* Kingston: Bible Society of the West Indies, 2012.

Bickerton, Derek. *The Dynamics of a Creole System.* Cambridge University Press, 1975.

Cassidy, Frederic G. "Multiple Etymologies in Jamaican Creole." *American Speech,* Vol. 41, No. 3 (Oct., 1966).

——. *Jamaica Talk: Three Hundred Years of the English Language in Jamaica.* London: Macmillan Education, 1982.

Cassidy, Frederic G. and Robert Le Page. *Dictionary of Jamaican English.* Cambridge: Cambridge University Press, 1980. Reprint, Kingston: University of the West Indies Press, 2002.

Christie, Pauline. *Language in Jamaica.* Kingston: Arawak Publications, 2003.

DeCamp, David. "The Development of Pidgin and Creole Studies." In *Pidgin and Creole Linguistics,* ed. Albert Valdman. Bloomington: Indiana University Press, 1977.

Dexter, Noel, and Godfrey Taylor. *Mango Time: Folk Songs of Jamaica.* Kingston: Ian Randle Publishers, 2007.

Durrleman-Tame, Stephanie. *The Syntax of Jamaican Creole: A Cartographic Perspective.* Linguistics today / Linguistik aktuell, 127. 127. 208. Amsterdam: John Benjamins, 2008.

Farquharson, Joseph T. "The African Lexis in Jamaican: Its Linguistic and Sociohistorical Significance." Ph.D. diss., University of the West Indies, 2012.

Goodison, Lorna. *Tamarind Season.* Kingston: Institute of Jamaica Publications, 1980.

Jamaica Language Unit. *Writing Jamaican the Jamaican Way/Ou fi Rait Jamiekan.* Kingston: Arawak Publications, 2009.

James, Winston. *A Fierce Hatred of Injustice.* New York: Verso Books, 2000.

Jekyll, Walter. *Jamaica Song and Story.* London: David Nutt, 1907. Reprint, New York: Dover, 1966

Jettka, Daniel. "The Language Situation of Jamaica". Paper, University of Dublin, 2010.

Lalla, Barbara A., and Jean D'Costa. *Language in Exile: Three Hundred Years of Jamaican Creole.* Tuscaloosa: University of Alabama Press, 1990.

Lee, Easton. *From Behind the Counter.* Kingston: Ian Randle Publishers, 1998.

Le Page, Robert B. *Jamaican Creole: An Historical Introduction to Jamaican Creole.* London: Macmillan, 1960.

Le Page, Robert B., and David DeCamp, eds. *Jamaican Creole: Creole Language Studies 1.* London: Macmillan, 1960.

McKay, Claude. *Songs of Jamaica.* Kingston: Gardner, 1912.

Meade, R.R.. *Acquisition of Jamaican Phonology,* Dordrecht: Holland Institute of Linguistics. 2001.

Murray, Tom. *Folk Songs of Jamaica.* Oxford: Oxford University Press, 1953

Nettleford, Rex, ed. *Jamaica in Independence: Essays on the Early Years,* Kingston: Heinemann Caribbean, 1989

Patrick, Peter L.. "Recent Jamaican Words in Sociolinguistic Context." *American Speech* 70, no. 3 (1995).

——. *Urban Jamaican Creole: Variation in the Mesolect.* Varieties of English Around the World, no. G17. Amsterdam & Philadelphia: John Benjamins Publishing Co., 1999.

——. Jamaican Patwa (Creole English). In *Comparative Creole Syntax: Parallel Outlines of 18 Creole Grammars,* edited by J. A. Holm & P. L. Patrick. London: Battlebridge Press. 2007.

Pollard, Velma. *Dread Talk: The Language of Rastafari.* Montreal and Kingston, Ontario: McGill Queens University Press, 2000.

Roberts, Peter A. *West Indians & Their Language.* Cambridge: Cambridge University Press, 1988.

Russell, Thomas. *The Etymology of Jamaica Grammar by a Young Gentleman.* Kingston: M. DeCordova, MacDougall & Co., 1868.

Senior, Olive. *A-Z of Jamaican Heritage.* Kingston: Heinemann Educational, 1983.

Sherlock, Philip M. *Anancy The Spider Man.* London: Macmillan, 1966.

Sibley, Inez Knibb. *Quashie's Reflections in Jamaican Creole.* Kingston: Bolivar Press, 1968.

Todd, Loreto. *Modern Englishes: Pidgins & Creoles.* Oxford: Basil Blackwell, 1984.

Watson, G. Llewellyn. *Jamaican Sayings: With Notes on Folklore, Aesthetics and Social Control.* Tallahassee: Florida A&M University Press, 1991.

# ACKNOWLEDGMENTS

This project began as a website, Langwij Jumieka (www.jumieka.com) in 2005. Much appreciation goes to thousands of internet users who have visited it and interacted so much so that it comes up at the top of searches for Jamaican language, and is widely cited by Wikipedia and other websites. The input of the internet community has been invaluable. This response prompted me to expand the material, compelling responsibility to meet an obvious need.

For a mere wordsmith, the support of the linguistic community has meant a great deal, in particular from Joseph Farquharson and John Wells, whose comments on early drafts of the manuscript were instrumental.

Supportive and generous in granting permission to use work produced using Cassidy orthography were:
Bible Society of the West Indies, *Luuk I*; Clive Forrester, *Zeno's Paradox*; Peter Patrick, *Anansi a Mek Grong* and *Di Niti-Griti*; Carolyn Cooper, *Aal Bakra a No di Siem Bakra* and *Heroes Day Duppy Story*; Bertram Gayle, *Wa Relivant*; Javed Jaghai, *ischri pah 'i tip a mi tong*.

Appreciation for permission to translate or transcribe:
Joan Andrea Hutchinson, *Tenky Miss Lou Tenky, A Yuh Mi Waan Fi Deh Wid*, and *Thug No Show Love*; Valerie Bloom, *Language Barrier*; Yasus Afari, *Wine Pon Paper*; Linton Kwesi Johnson, *Sense Outa Nansense*; Lorna Goodison, *For My Mother – May I Inherit Half Her Strength* and *The Road of the Dread; New Left Review* for extract from Stuart Hall's "Negotiating Caribbean Identities."

Ray Chen for permission to use images to illustrate *gig* 204, *sense foul* 227, *slingshat* 228 and *yuoyo* 235; Mark Ramsay for research assistance.

Special thanks to those who contributed to the Indiegogo crowdfunding campaign which made the first print-run possible. Pempem wowatu fi unu.

# INDEX

# The AUTHOR

Larry Chang grew up in Brown's Town, St. Ann, Jamaica, a major mid-island market center, where he was immersed in the gamut of Jamaican speech from all linguistic regions of the island. He combines his training in art and design with love of words, and activism.

His other books are *Wisdom for the Soul: Five Millennia of Prescriptions for Spiritual Healing* and *Wisdom for the Soul of Black Folk*. He lives in Washington DC.

# The TYPE

Gill Sans™ Font Family was first introduced in 1928 by
Eric Gill, who studied under the renowned calligrapher,
Edward Johnston, the type designer of the London
Underground sans serif typeface. Gill Sans Font Family is
a twentieth century sans serif that has a simplicity of
form which does not reject traditional forms and
proportions, and gives the Gill Sans font face a humanist
feel. The typeface was used in 1935 by designer Edward
Young on the now iconic Penguin Books jacket design,
putting Gill Sans on bookshelves around the world.

CPSIA information can be obtained
at www.ICGtesting.com
Printed in the USA
LVHW081319111120
671404LV00029B/554